산업
한류
혁명

대한민국의 지구촌 허브 전략

산업
한류
혁명

박광기 외 지음

뉴패러다임미래연구소 소장

한국경제신문

산업한류는 한국 사회에
새바람을 일으키는 도미노

필자는 지난 30여 년간 누구보다 먼저 글로벌 경쟁의 최전선에서
한국의 주력 산업 대부분이 공급 과잉을 겪으며 성장이 정체되고
세계 시장 곳곳에서 중국 기업들의 거센 도전에 직면해 있는 광경
을 목격해왔다. 1990년대 초반 동남아 시장에서 삼성과 LG가 소니
와 파나소닉을 따라잡으려고 무던히 애쓰던 시절에도 현장에 있었
고, 2000년 후반 아프리카에서 중국 기업들이 무섭게 한국 기업을
추격하는 모습도 목도했다. 텔레비전 사업을 포기하지 못하는 소니
가 외주로 생산한 저가 텔레비전으로 시장 점유율을 지키려고 분투
하는 장면도 지켜봤다.

10여 년 전부터 글로벌 시장에서 고속 성장하며 승승장구하던 한
국의 대표 산업들이 점점 경쟁력을 잃고 뒤처지고 있는 모습이 눈에
띄기 시작했다. 필자가 삼성에 입사한 1987년 당시 한국은 12.5퍼

센트의 최고 성장세를 누리던 시기였다. 퇴임을 결심한 2015년 한국은 불과 2퍼센트대의 성장률을 기록했다.

한국은 지금 청년 실업, 중소기업 문제, 사회 양극화 등 미증유(未曾有)의 갈등을 겪고 있다. 필자는 이 모두가 한국이 글로벌 시장에서 그 역할을 상실한 것으로부터 비롯된 문제라고 생각한다. 한국의 산업화 시대와 궤를 같이한 공동 운명체이자 한국 경제의 첨병으로서 현장에서 살아온 필자는 기업과 나라가 재도약할 수 있는 새로운 패러다임이 무엇인지를 연구하고 제시해야 할 막중한 책임감을 느꼈다.

필자는 삼성에서 아시아와 아프리카 지역장으로 근무할 때 컨트리 마케팅(Country Marketing, 삼성의 컨트리 마케팅은 각사 차원의 단품 판매를 넘어 그룹 관계사 간 업종과 기술을 융합해 주로 신흥 개도국 대상으로 지역 개발, 도시 개발, 국가 전체 경제 개발 관련 콘셉트를 컨설팅하고 사업화시켜 경제 성장에 기여하는 해외 사업 전략임)을 추진하면서 신흥 개도국의 정관계(政官界)와 학계의 지도층을 만나 폭넓게 교류해왔다. 캄보디아 훈센 총리, 남아프리카공화국 고(故) 넬슨 만델라 전 대통령, 에티오피아 물라투 테쇼메 대통령, 태국 전 총리이자 왕실 자문기관 추밀원의 쁘렘 띤술라논 원장, 싱가포르 리센룽 총리, 가봉의 봉고 대통령 등이 대표적이다.

필자는 이 분들을 통해 한국이 국제 사회 속에서 어떻게 비치고 있으며 개도국에 필요한 것이 무엇인지 이해하게 되었다. 신흥국에 필요한 업종과 기술은 무엇인지, 그것이 한국에 어떤 기회를 가져다주는지, 쌍방 간의 필요를 충족시켜주는 사업은 무엇인지를 연구하게 되었다.

국제 사회에 무역 강국으로 등장한 한국은 후발국가가 봤을 때 분명 부러움의 대상이다. 선진국이 볼 때에는 신흥국가로서의 역동성이 흥미롭게 느껴질 것이다. 그런데 국제 사회에서 한국의 영향력을 좌우하는 평판은 그리 긍정적이지 않다. 필자는 국가 간 경쟁이 치열하게 펼쳐지는 대형 인프라 사업 수주 경쟁과 같은 냉정한 비즈니스 세계에서 한국이 가진 국가 신용의 취약성을 절감했다. '코리아'라는 브랜드가 외형적 경제 규모와는 비교가 되지 않을 만큼 일천하다는 것이다. 중국과 일본이 한국에 대해 갑으로 행세하려는 것도 낮은 국격(國格)이 배경이다. 국제 사회에 별반 기여한 바 없는 나라로 비쳐지는 한 국제 신용은 기대할 수 없다.

지금 지구촌은 저성장이 지속되는 가운데 수많은 문제와 어려움에 봉착해 있다. 필자는 경제학자도, 관료도 아니다. 다만 한국인의 한 사람으로서, 그리고 기업인으로서 세계 곳곳을 누비며 한국을 객관적으로 바라볼 수 있었으며 이런 경험들은 필자 자신에게 '한국과 세계'라는 큰 화두를 던져줬다. 빈곤과 기아의 덫에서 벗어나지 못하는 아프리카의 고통이 곧 지구촌의 아픔임도 깨달았다. 국제 사회 속에서 한국은 어디까지 와 있고 어떤 역량을 갖고 있으며 어떻게 지구촌의 문제를 해결하고 기여할 수 있을지를 고민했다. 글로벌 시장에서 한국의 역량(경쟁력)을 객관적으로 평가하고 그 역량이 필요한 나라가 어디인지(소비자)를 파악할 수 있다면 한국이 가진 자원을 좀 더 효율적으로 배분하면서 성장의 기회를 만들고 재도약의 기틀을 마련할 수 있다는 확신을 갖게 되었다.

한국의 대표적 기업인 삼성은 필자의 청춘과 열정, 꿈과 희망을 모두 공유한 기업이다. 그런 기업이 사회로부터 지탄을 받고 개혁 대상 1호로 지목되고 있다는 점이 혼란스러웠다. 필자는 우리 사회가 갖고 있는 반(反)기업 정서의 본질이 무엇인지에 대해 고민했다. 삼성의 오늘이 있기까지 필자의 인생 전반부를 모두 걸었던 삼성맨으로서, 삼성을 위해 일하는 것이 한국을 위해 일하는 것이라고 자부했던 국민으로서 국민에게 사랑받지 못하는 삼성에 대한 일말의 회한과 책임감을 느끼지 않을 수 없다.

삼성만이 아니다. 개발 시대 국부를 키워온 그룹들이 경제 위기의 원흉으로 비난받고 경제 성장의 주역인 586세대(60년대에 태어나 80년대 학번으로 대학교 생활을 했으며 현재는 50대의 나이를 가진 세대) 이자 베이비 붐 세대의 경우 지금 청년들이 봤을 때 자신들의 미래를 막고 있는 기득권으로 비치고 있다. 대통령 역시 실패의 연속이다. 왜 그럴까? 우리 모두가 이 시대에 해야 할 일을 다 하지 못하고 있기 때문이다. 재벌이라고 불리는 대기업들이 우리 사회가 직면한 문제들을 해결하는 데 앞장서 국민에게 사랑받는 기업으로 거듭나는 길은 없을까? 이에 대한 답을 찾는 것이 오늘도 지구촌을 달리는 후배들과 필자를 키워준 이 사회에 대한 최소한의 의무요, 도리라고 생각한다. 선배 세대가 만들어 놓은 주력 산업의 성장기 혜택을 가장 많이 받은 베이비 붐 세대는 청년 세대에게 노력과 열정만 강조할 게 아니라 새로운 진로를 열어줘야 할 책임도 있다.

한국은 글로벌 개방 경제다. 보호 무역도 반기업 정서의 글로벌 버전이다. 수출 기업이 현지에 필요한 일을 하지 못할 때 봉착하는 반작용이다. 국제 사회 속에서 한국의 역할과 한국 기업의 역할을 찾지 않으면 국내 문제를 해결할 해법도 찾을 수 없다.

한국 경제와 사회 위기를 분석하고 경고하는 인사는 많지만 다음 좌표와 지향점, 그리고 미래에 대한 청사진은 누구도 제시하지 못하고 있다. 세계적인 컨설팅사인 맥킨지는 2013년에 발표한 보고서에서 한국 경제를 '냄비 속의 개구리'로 묘사했다. 즉각적인 노력이 없으면 더 이상 GDP(Gross Domestic Product, 국내총생산) 성장을 지속할 수 없는 상황에 이를 수 있다고 지적했다. 벌써 몇 년 전 이야기이니 이미 너무 많은 시간이 낭비되었다. 앞으로 2~3년 동안의 골든타임 안에 국가의 방향을 틀어 경제를 되살리지 못한다면 대표적인 압축 성장의 성공 모델에서 졸지에 실패한 국가로 전락할 수 있다는 우려가 팽배해지고 있다.

19세기에는 시대의 흐름을 알지 못해 나라를 잃었고 20세기 후반에 산업화를 통해 세계를 따라잡았지만 21세기에는 새롭게 봉착한 국가 발전의 변곡점(變曲點, 위로 볼록인 상태에서 오목인 상태로, 또는 위로 오목인 상태에서 볼록인 상태로 변하는 점을 가리키며 대변혁의 전환점을 말하기도 함)에서 우리는 또다시 어디로 가야할지 몰라 헤매고 있다. '잘 살아보세'라는 생존 이념으로 빈곤에서 벗어나고 극일주의, 일등주의, 성장제일주의로 세계적인 무역입국(貿易立國, 무역으로 국가 경제를 우뚝 서게 하자는 의미)을 이뤘으나 그다음은 무엇인지 알지 못한다.

중국이 추진 중인 신(新)실크로드 전략인 일대일로(一帶一路, One belt One road), 아베 정권 출범 이후 일본 경제 재건을 목적으로 수립된 일본재흥전략(日本再興戰略, JAPAN is BACK)에 맞설 한국의 뉴 코리아노믹스는 무엇이어야 하는가? 건국과 산업화와 민주화, 그다음은 무엇인가? 산업화와 민주화의 양분된 두 세력을 융합할 사회 통합의 비전은 무엇인가? 한국의 재도약을 위한 비책은 무엇인가?

필자는 국가 발전의 변곡점에 도달한 한국이 어디에서 새로운 성장의 기회를 찾아야 하는지, 경제 재건을 위한 근본적인 대책은 무엇인지, 미래의 한국을 위한 청사진은 어떤 것인지를 제시하기 위해 이 책을 쓰게 되었다. 분야별로 위기의 본질을 짚어본 뒤, 잘못된 진단으로 그릇된 처방을 내려 시간을 낭비하는 일이 없도록 경계하고자 했다. 그런 다음, 경제 규모 세계 11위지만 GDP의 85퍼센트를 무역에 의존하고 있는 한국의 유일한 선택이자 구체적인 국가 재도약 전략으로 '산업한류'를 제안한다. 산업한류는 우리나라를 무역 강국으로 발돋움시킨 상품 수출형 무역 패러다임을 현지 사회 문제를 해결하는 맞춤형 투자로 전환해 현지에 공헌하면서 함께 성장하는 원원형(win win型) 글로벌 진출 모델을 의미한다.

21세기 한국은 기성 세대가 이룩한 산업화의 롤 모델인 압축 성장 경험과 청년 세대가 창조한 한류를 활용하면 지구촌에 산업한류를 일으키면서 신흥 개도국의 허브국가로 진화할 수 있다. 이 책에서 허브국가로서의 청사진과 이를 달성하기 위한 7대 산업한류 플랫폼 사업을 소개하고자 한다. 산업한류를 지렛대로 삼아 우리 사회가 안고 있는 다양한 사회 문제에 대해 해결책도 제시한다.

오늘날 우리가 사는 세상은 초(超)연결 사회다. 모든 사회 문제가 긴밀히 연결되어 있다는 의미다. 그렇다면 1번 핀은 저성장, 2번 핀은 청년 실업, 3번 핀은 저출산 등 얽히고설킨 제반 사회 문제를 한꺼번에 해결할 수 있는 킹핀(Kingpin, 볼링에서 스트라이크를 치기 위해 공으로 맞혀야 하는 5번 핀을 말하는데 핵심 목표를 의미하기도 함)은 무엇인가? 각각의 처방으로는 해결이 불가능하기 때문에 필자는 산업한류가 어떻게 다양한 사회 문제를 통합하고 해결할 수 있는 킹핀 솔루션인지를 실증해 보이고자 한다. 산업한류는 하나를 건드려서 다른 모든 한국 사회의 복합적인 위기를 도미노처럼 변화시킬 수 있는 결정적 킹핀이 될 것이다. 그래서 분야마다 일부 내용이 중복되더라도 그대로 뒀다. 독자들이 관심 있는 부분만 골라 읽어도 전체 내용이 이해될 수 있도록 구성하려고 했기 때문이다. 독자들의 이해를 돕기 위해 최근 사례를 많이 소개하고자 노력했다. 특히 〈조선일보〉, 〈동아일보〉, 〈중앙일보〉, 〈한겨레신문〉은 물론 〈한국경제신문〉과 〈매일경제신문〉에서 기사화한 통계 수치와 사례들도 인용했음을 밝혀둔다. 이 책의 내용에 이견이 있을 수도 있다. 하지만 이 시대의 지식인에게는 당면한 사회 문제에 대한 대안을 모두 내놓고 답을 찾아야 할 의무가 있다고 믿는다.

끝으로 산업한류에 대해 국가 경영 차원에서 많은 조언을 주신

한승수 전 국무총리, 이홍구 전 국무총리, 글로벌 차원에서 산업한류의 역할을 지지해준 컬럼비아대학 제프리 삭스 교수에게 감사드린다. 동료 기업인들이 비즈니스 관점에서 산업한류를 연구할 때 필자는 시대 흐름을 꿰뚫어 보는 재야의 현인 한 분을 멘토로 만나게 된다. 왜 한국과 대표 기업 삼성이 인류의 숙원과제인 기아를 퇴치하는 데 앞장서야 하는지, 그 일이 한국의 미래에 어떤 의미인지, 한국과 홍익인간에 대한 원대한 비전과 철학적 원리에 눈뜨게 해준 천공 스승에게 특별한 감사를 드린다. 에티오피아 수도인 아디스아바바 현지에서 맞춤형 시범단지 구상을 위해 에티오피아 정부와 함께 열심히 뛰어준 테데우스, 산업한류 프로젝트를 논문으로 만들어준 세계은행 이사 보에기레와 국무총리실 산하 공적개발원조(ODA: Official Development Assistance, 선진국에서 개발도상국이나 국제기관에 하는 원조) 심사위원인 이진상 교수, 산업한류를 유엔(UN)에 SDG(Sustainable Development Goals, 지속가능발전목표)과제로 제안하기 위해 노력을 아끼지 않은 양수길 전 OECD(Organization for Economic Cooperation and Development, 경제협력개발기구) 대사, 국내외 프로젝트 홍보에 열정을 쏟은 뉴패러다임미래연구소 대표 리사와 전문위원 모두에게 깊은 고마움을 표한다.

2018년 새봄,
남아프리카공화국 항구도시 더반에서 박광기

4장 신흥 개도국을 위한 허브국가로서의 6대 역할 비전

부록 국제 신용을 위한 최우선 과제는 '지구촌 기아 퇴치'

1장

가장 큰 위기는
/
국가에
/
비전이 없는 것

갈림길에 선 대한민국

청년 실업과 헬조선

한국은 인구 노령화 속도 1위, 노인 빈곤층 1위, 가계 부채 1위 (GDP의 89퍼센트, OECD 평균은 60퍼센트), 자살률 1위, 저출산 1위, 양극화 1위, 최장 근로 시간 1위 등 부정적 의미의 각종 지표에서 OECD 국가 중 1등 자리를 차지하고 있다. 이밖에도 이혼율, 낙태율, 청년 불행지수, 고소율, 위증죄율, 사기죄율 등이 있다. 각종 통계에서 세계 1위에 오른 부정적 지표의 목록은 그 수치를 계속 갱신하고 있다. 희망적인 지표를 찾기가 쉽지 않다. 짧은 기간 동안 고도의 압축 성장을 이룬 만큼 사회 문제도 압축적으로 경험하고 있는 것이다. 이와 관련된 하나의 사례로 한국은 세계에서 가장 빠른 속도로 저출산 고령화의 길로 접어들고 있지만 이를 감당할 만한 사회적 여건과 재원이 마련되어 있지 않다. 이것이 바로 한국의 병이라 일컬어지는 헬조선이라는 말이 생겨나게 된 배경이다.

청년들이 헬조선이나 7포 세대(어려운 사회·경제적 상황 때문에 연애, 결혼, 출산, 내 집 마련, 인간관계, 꿈, 희망을 포기한 세대를 일컫는 말)라는 자조적 현실을 극복하는 길은 단발성 지원이 아니라 미래에 대한 확실한 비전 제시다. 청년들에게 미래를 꿈꿀 수 있는 희망을 보여주는 것이 우선이라는 말이다. 새로운 기대와 희망은 국민에게 새로운 관점과 정책 프레임을 제시할 수 있어야 비로소 생겨난다.

오늘날 기성 세대는 환경이나 여건이 지금보다 훨씬 더 어려운 시절을 보냈지만 절망보다는 희망을 품고 달려왔다. 그때는 노력한 만큼 더 나은 삶을 살아갈 수 있다는 미래에 대한 희망이 사회 전반에 퍼져 있었다. 현재 청년 세대가 좌절하는 이유는 살아갈 미래가 너무나도 불투명하기 때문이다. 다음 세대를 위한 국가의 비전이 없는데 어떻게 청년 세대가 희망을 품을 수 있겠는가?

청년 세대에게 스스로 미래에 대한 비전을 만들라고 요구할 수도 없다. 지금의 기성 세대가 젊은 시절 희망과 비전을 가질 수 있었던 것은 이미 선배 세대가 국가 주력 산업의 토대를 튼튼하게 만들어 놓은 덕분 아니었던가? 한국은 1960년대 경공업 육성에 이어 1970년대 중화학공업 육성으로 산업화의 불을 지펴 중후장대한 제조업 중심의 주력 산업이 국부를 축적한 결과, 중진국을 넘어 선진국 문턱에까지 다다를 수 있었다. 그런데 10여 전부터는 주력 산업이 성장 변곡점에 도달한 데다 새로운 성장 엔진을 찾지 못하는 바람에 심각한 성장 정체를 겪고 있다.

수출 절벽, 내수 절벽, 인구 절벽, 일자리 절벽 등 한국은 온통 절벽에 에워 쌓여 있다. 절벽은 한계를 의미하며, 한계는 지금까지의 방법과 제도가 더 이상 작동하지 않았을 때 드러난다. 시작과 끝이 있는 모든 만물은 생명주기곡선(Sigmoid Curve)을 따른다. 변곡점은 양적인 성장기를 마감하고 질적인 성숙기로 전환되는 시기다.

선진국 문턱에 진입하며 과거보다 훨씬 잘살게 된 한국이 왜 경제 수준이 훨씬 더 낮은 국가보다 불행해지는 것일까? 이는 경제적 성장과 정신적 성장 사이의 괴리라고 할 수 있다. 산업화가 불러온 과잉 경쟁으로 인한 사회 피로와 민주화가 불러온 과잉 정치의 비효율 역시 우리 사회를 질식시키는 요인이다. 산업화와 민주화의 성공이 가져온 승자의 저주이고 후유증이다. 산업화 사회의 변곡점에서 겪는 구조적 모순이 축적된 결과이자 노력과 경쟁을 통해 성공한다고 믿었던 개발 시대의 논리가 시효를 다한 결과다.

우리 사회를 고도성장기에서 성숙기로 발전시킬 새로운 패러다임이 필요하다. 한국이 나아가야 할 새로운 지향점, 진정한 선진국으로 도약하기 위한 새로운 비전이 절실히 요구되는 시점이다. 국가가 새로운 비전을 가질 때 사회 구성원도 미래에 대한 희망을 가질 수 있기 때문이다.

반복되는 대통령들의 불명예 퇴진

우리나라 대통령은 임기 초에는 인기를 얻다가 임기 말이 되면 하나같이 척결의 대상으로 전락하고 만다. 헌법이 낡아서일까? 대통령이 무능해서일까? 정치 풍토가 미숙해서일까?

민심은 천심이다. 국민은 시대에 맞는 대통령의 역할이 어떠해야 하는지를 본능적으로 알고 있다. 소비자가 자신에게 꼭 필요한 것이 무엇인지 모르지만 평소 필요하다고 생각했던 제품이 새로 나오면 환호하는 것과 같은 이치다. 뭔가 역할을 기대하고 뽑았는데 시간이 지나도 해야 할 일을 하지 못하니 실망감이 분노로 바뀌는 것이다. 대통령 자리에 오른 국가 최고 지도자가 자신에게 주어진 시대적 역할을 자각하지 못했기 때문에 일어나는 현상이다.

국가 조직은 갈수록 비대해지니 자리가 새로 생겨나면서 더 많은 사람이 오가는데 제대로 지도력을 갖춘 사람은 찾아보기 어렵다. 지도자는 새로운 생각을 할 수 있어야 정체된 조직을 활성화시킬 수 있다. 진짜 지도자가 없으니 비대해진 조직은 점점 와해되고 있다. 박근혜 전 대통령의 탄핵 사유로 부각된 비선실세, 정경유착 등의 폐해를 분석한 다양한 해석들은 제 역할을 다하지 못한 지도자를 단죄하려는 구실일 뿐이다. 우리는 단점 없는 만능의 지도자를 대통령으로 기대하지만 실상은 전혀 그렇지 않다. 지도자가 시대에 맞는 역할을 한다면 많은 단점과 실책에도 불구하고 국민 절대 다수가 지지를 보낼 것이다. 국가 발전의 변곡점에 위치한 대한민국에 요구되는 차기 국가 지도자의 제1 조건은 비전을 제시할 수 있는 역량이다.

　기업에서 사장을 인선하거나 특정 국가에서 일할 법인장을 임명할 때도 현재 조직이 어떤 단계에 있는가를 먼저 들여다본다. 성장에 주력할 때인지, 내실을 다질 때인지 판단한다. 조직 상황에 따라 리더의 책무가 달라지기 때문이다. 한 국가를 경영하는 대통령 자리도 크게 다르지 않다. 국가도 더 나은 복지국가로 발전하려는 구체적인 목적을 가진 조직인 까닭이다. 시대에 맞는 역할을 수행한 대통령은 존경을 받지만 포인트를 잘못 짚은 대통령은 지탄의 대상이 된다.

　국가 발전의 생명주기곡선에 따라 대통령의 역할도 진화하고 발전해야 한다. 1세대 대통령은 국가 산업의 발전 방향을 잡고, 2세대 대통령은 고도성장기를 잘 관리하며, 3세대 대통령은 1, 2세대에 걸쳐 키워온 주력 산업이 수명주기를 다하는 성장 변곡점에 이르러 새로운 비전을 제시하고 2차 도약의 씨앗을 뿌려야 한다. 이승만과 박정희 전 대통령은 대한민국의 기본 토대를 구축한 창업기 1세대 지도자들이다. 전두환, 노태우, 김영삼, 김대중 전 대통령은 1세대가 마련한 토대 위에서 고도성장기를 이끈 2세대 지도자들이다. 노무현, 이명박, 박근혜 전 대통령은 우리 경제가 성장기를 마감하고 성숙기로 넘어가는 변곡점에서 정체된 국가를 맡은 3세대 지도자로 구분할 수 있다. 1세대는 과감한 도전을, 2세대는 성장 속 튼튼한 내실을, 3세대는 성장을 마감한 후 새로운 좌표를 놓는 시기였다. 역대 대통령 가운데 박정희 전 대통령은 경제 발전의 토대를 닦았다는 점에서, 김대중 전 대통령은 구조조정으로 국가 경제의 내실을 다졌다는 점에서 국민 대다수로부터 평가를 받고 있다. 시대에 맞는 역할을 수행했기 때문이다. 특히 박정희 전 대통령은 자원이라고는 사람밖에 없는 상황에서 국가 개발 비전으로 중화학 산업 강국을 제시해 오늘날 대한민국의 기초를 세웠다는 점을 부인할 수 없다.

그렇다면 우리의 대통령은 어디에서 멈춰 있는가? 3세대 대통령으로서 새로운 비전을 제시하며 새로운 시대를 열어가야 하는데 아직도 새로운 국가의 비전을 찾지 못한 채 제자리걸음만 계속하고 있는 상황이다. 유독 3세대 대통령들이 임기 말에 불명예 퇴진을 이어가는 이유가 뭘까?

지난 15년 동안 한국의 3세대 대통령들은 도태냐, 재도약이냐 하는 변곡점에 선 대한민국 5,000만 국민이 미래를 준비할 수 있는 골든타임을 모두 낭비해 버렸다. 전부 실패한 대통령뿐이다. 그 첫 값으로 겪고 있는 것이 퇴임 후의 불명예다. 역대 대통령 가운데 누구도 퇴임 후에 국민으로부터 존경받고 타국으로부터도 국가 고문으로 요청받을 만큼 명예를 얻은 인물이 없다. 한국 사회가 대통령에게 요구하는 역할을, 국제 사회가 한국에 기대하는 역할을 다하지 못했기 때문이다.

싱가포르 리콴유 전 총리는 작은 도시국가의 지도자임에도 불구하고 인도, 중국과 같은 대국을 포함해 수많은 국가에서 명예고문으로 위촉받았다. 이렇듯 시대 상황을 제대로 인식하는 것이 국가 리더십의 출발점이다.

지금의 정치, 경제, 사회 시스템으로는 더 이상 대한민국을 전진시킬 수 없다. 국가 지도자는 국민에게 희망을 주고, 위기 속에서도 기회가 어디에 있는지 진로를 제시해야 하는 직책이다. 사회가 바뀌려면 구성원의 신념체계를 바꾸는 새로운 개념이 나와야 한다. 미래에 대한 희망이 없을 때 갈등은 증폭된다. 대안이 없다면 누가 대통령이 되더라도 실패할 수밖에 없다. 차기 대통령에게는 지난 30년에 걸쳐 짜인 한국이라는 판을 새롭게 바꿀 임무가 주어져 있다. 재창조와 재건국이 필요한 한국에 새로운 비전은 무엇이어야 하는가? 과거를 부정하기보다 국가 발전의 변곡점 현상을 이해하고 국가가 진화 및 발전할 수 있는 지향점, 국가가 나아가야 할 새로운 방향과 새로운 좌표를 제시해야만 한다. 이것이 부문별 개혁과제보다 우선이다.

어째서 대선 후보들 중 전체 유권자 절반 이상의 지지를 받는 대통령이 좀처럼 나오지 못하는 걸까? 국민이 공감하는 비전을 제시하지 못하니 사분오열된 일부 세력의 지지만 받게 되는 것이다. 국민 절반의 지지도 받지 못하는 대통령이 어떻게 국가 경영을 제대로 할 수 있겠는가? 악순환의 연속일 뿐이다. 국가 지도자라면 그 자리에 맞는 국가적 비전과 과제를 공약으로 제시해야 한다. 대통령 후보가 시·도지사나 구청장이 챙겨야 할 수준의 공약을 갖고 경쟁한다면 나라가 어찌 되겠는가? 사장이 부장이 할 일을 챙기는 것과 같다. 인기 있는 공약 상품으로 표를 구걸하는 것은 물건을 파는 장사꾼과 다를 바 없다. 장사꾼이면 '을'이지만 국민이 공감할 수 있는 비전을 팔 수 있다면 '갑'이다. 대선 후보 모두가 국가 개조를 외치고 있지만 '국가 개조가 지향하는 비전은 무엇인지'를 보여주지 못하고 있다. 그 누구도 '10년 후의 대한민국'을 말하지 않았다. 대한민국이 중진국의 함정에서 벗어나 진정한 선진국으로 도약하게 만들 청사진이 없다. 중국몽(夢)은 들리는데 한국몽(夢)은 들어본 적이 없다. 국가가 나아가야 할 방향과 좌표를 제시하는 지도자가 없으니 과거에 매몰되어 우리끼리 치고받고 있다. 이래서는 국민을 미래로 이끌 수 없다. 이미 10년 전에 결정된 지금의 성장률을 갖고 책임을 물을 게 아니라 앞으로 20년, 30년 후를 바라보며 대한민국의 비전을 물어야 할 것이다. 대통령의 진정한 업적은 재임 기간 중 다가올 미래를 위해 얼마나 새로운 기회를 심었느냐에 달려 있다. 미래 비전을 선점하는 국가에 전 세계의 인재와 자금, 그리고 기술이 모여드는 시대다. '건국 대통령→산업화 대통령→민주화 대통령', 그다음은 어떤 대통령이 나와야 하는가?

다음 대통령은 글로벌 대통령이어야 한다. 국제 사회에 대한민국의 새로운 역할을 비전으로 들고 나올 지도자여야 한다는 말이다. 비정규직의 정규직화, 공무원 충원 등 개별 정책을 쏟아내기에 앞서 청년 세대가 살아갈 미래에 대한 발전 비전을 먼저 준비하는 것이 순서가 아닐까? 지금 정치권은 국민에게 미래를 보여주지 못하고 있다. 바야흐로 국가 전체에 불어 닥친 비전 부재로 인한 리더십의 위기인 셈이다.

갈등이 극대화되는 원인

지금 우리 사회가 맞닥뜨린 가장 무서운 위기는 국민 모두가 공유하는 꿈, 미래에 대한 비전이 없다는 것이다. 이것이 바로 인구 고령화보다 더 두려운 사회 의식의 노령화다. 글로벌 경쟁 속에서 한국의 위치를 직시하고 재도약과 사회 통합으로 나아가기 위한 새로운 국가 비전을 설정할 시기를 수년째 놓치고 있다. 1970년대의 한국에는 선진국을 따라 잡겠다는 강력한 국가적 야망이 있었다. 그런데 지금 우리에게는 어떤 야망이 있는가? 사회 갈등이 증폭되는 근본 원인이 여기에 있다. 시대정신으로 불평등 해소, 재벌 개혁, 경제 민주화, 남북관계 개선 등을 들고 있지만 한국이 진정한 선진국으로 도약하려면 이를 뛰어넘는 비전이 필요하다.

우리 사회에 제일 필요한 것은 국민이 갈등을 넘어 함께 바라볼 수 있는 비전의 콘텐츠다. 국민이 애타게 찾고 있고, 목말라하는 것은 대한민국호의 새로운 비전 스토리다. 이는 대한민국의 재도약 해법이기도 하다. 경제뿐만 아니라 사회 전반에 걸쳐 시효를 다한 성장기의 관행과 시스템을 개혁하고 총체적인 국가 운영의 새로운 패러다임을 찾아야 할 때임은 분명하다. 문제는 조타수가 방향키를 돌려야 할 때인데 넥스트(Next) 국가 좌표를 제시하지 못하고 있다는 점이다. 이것이 우리 사회가 당면한 최대 위기다.

[대한민국 현 위치]

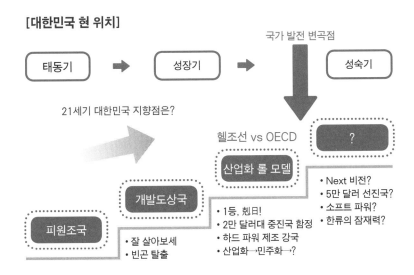

노동 개혁, 금융 개혁, 공공 개혁 등 수많은 개혁과제가 난무하고 있다. 그런데 무엇을 위한, 어디로 가기 위한 개혁인가? '우리가 일본의 잃어버린 20년을 따라가지 않을까?'라고 우려하지만 이미 잃어버린 10년을 보내고 있다. 산업구조의 혁신 기회를 10여 년 넘게 놓치고 있기 때문이다. 시대 변화에 맞춰 새로운 비전으로 산업을 진화시켜야 하는데 그 길을 찾지 못하고 있다. 사고의 틀을 바꾸지 못하면 잃어버린 10년이 20년이 될 수도 있고, 30년이 될 수도 있다.

답은 위기의 본질을 파악하고 기회를 찾아가는 혁신 방향에 달려 있다. 중국은 중국몽이라는 비전 아래 글로벌 확장 전략을 추진하고 있다. 중국판 4차 산업혁명 대응 전략인 '인터넷 플러스', 중국산 제품의 질을 세계 수준으로 끌어올리기 위한 '중국 제조 2025', 중간재를 중국산으로 대체하려는 '홍·색공급망(Red Supply Chain)' 등 중국이 나아가야 할 비전을 분명히 하고 있는 것이다.

국가 발전 변곡점의 사회 변혁기에는 모든 부문에서 역기능이 순기능을 압도한다. 우리 사회가 새로운 출발선 위에 서 있다는 뜻이다. 변곡점은 2막으로의 대전환이다. 2막의 비전을 찾지 못해 재도약 곡선을 생성할 수 없는 것이 변곡점 위기의 실체다. 1막에서 쌓은 자산과 역량을 잘 활용할 수 있는 비전만 개발한다면 변곡점의 한계를 극복할 수 있는 길이 열린다. 국가 지도자가 반드시 국가의 방향성을 먼저 제시해야 하는 이유이기도 하다. 4대 개혁, 적폐 청산 등은 모두 국가의 비전을 달성하기 위한 수단이고 진화의 과정일 뿐이다. 더욱이 국민 모두가 공감하는 방향도 없이 부문별로 따로따로 이뤄지는 개혁은 효과도 없다. 오늘날과 같이 고도화된 사회는 모든 사회 문제가 연결되어 있기 때문이다. 국가 지도자가 정작 해야 할 일인 미래 좌표는 제시하지 못하면서 구호만 외친다고 나라가 개조되는 것은 아니다.

우리 국민의 시선을 내부 문제에서 외부 기회로 향하게 하여 사회 갈등을 해소할 수 있는 지렛대는 무엇인가? 사회 계층 간 갈등은 모두 자신이 속한 집단과 타 집단 간의 이해관계 충돌과 편 가르기에서 발생하므로 외부의 공통 기회를 같이 볼 때 비로소 소속한 집단에서 벗어날 수 있다. 국가 대항전 경기에서 국민 모두 하나가 되는 것과 같은 이치다. 로마제국, 칭기즈칸의 몽골, 유럽 강국들 모두 시야를 외부로 향하면서 시대를 지배할 수 있었다. 어느 나라든 시선이 외부로 향할 때 성장하고 발전했다. 외부 세계와 담을 쌓고 살아온 결과, 세계사의 도도한 발전 대열에서 멀어진 것이 지금의 북한이다.

지금 필요한 국가 비전의 요건

외부 지향적 역할을 위한 비전이 필요하다

▌국가의 일자리를 잃어버리다

한국은 고도성장기 때 원가와 품질의 제조 경쟁우위를 앞세워 수출로 성장했다. 하지만 이제 규모의 경제와 인건비 경쟁력에 기반을 둔 제조우위는 중국으로 넘어가고 있다. 우리의 역할을 상실한 결과로 나타난 것이 저성장이다. 일본이 잃어버린 20년을 보낸 것은 제조 수출국의 역할을 한국에게 넘겨준 이후 제때 역할 변신을 하지 못한 탓도 크다. 한국의 재도약은 국제 사회 속에서 새로운 역할을 찾는 데 있다. 주력 산업이 세계 시장에서 경쟁력을 잃어 가는 것이 일자리 문제의 근원이다. 주력 산업의 경쟁력을 회복할 대안이 없는 일자리 창출은 모두 꼼수에 불과하다. 탄생, 성장, 성숙의 생명주기를 따르는 만물은 성장과 성숙의 전환점에서 새로운 도전에 제대로 응전하지 못하면 소멸한다. 지금 우리에게 필요한 것은 새로운 산업 방향성이다.

4차 산업혁명과 글로벌 보호 무역의 대두로 기존의 구(舊)체제가 신(新)체제로 빠르게 바뀌고 있다. 4차 산업혁명이 국가 간의 경쟁 우위를 바꿔놓고 있다. 새로운 세계 질서 속에서 각국의 역할이 신속하게 교체되며 진화하고 있는 것이다. 미국은 정보통신이 주도하던 산업 지형이 4차 산업혁명이 주도하면서 재성장단계에 돌입하고 있다. 중국은 선진국을 제치고 전기자동차 생산 1위국으로 등장하고 있다. 싱가포르나 호주 같은 선진국도 제약 산업과 의료 산업 등에 4차 산업혁명 기술을 접목해 3D 프린팅 설비로 제조업에 뛰어들고 있다. 시대 변화에 맞춰 역할을 새롭게 진화시키는 것이다. 국제 분업구조, 즉 글로벌 가치 사슬(Global Value Chain, 하버드대 마이클 포터 교수가 주창한 개념으로 세계화가 급속도로 진행된 현재에는 어떤 기업도 독자적으로 상품과 서비스를 생산할 수 없게 되어 글로벌 경영 여건, 지리적 위치, 생산 요소 부존도 등을 감안해 비교우위가 있는 경영 환경에서 기업 활동을 수행하는 것을 가리킨다)에 적극적으로 참여하는 것인데 차별화된 역할이 있는 국가는 크게 성장하지만 국제 사회에 별반 기여한 바가 없는, 즉 차별화된 역할이 없는 국가는 성장 기회가 없다.

역할에 대한 보상이 곧 국부이자 GDP 성장이다. 미국은 기초과학과 원천 기술로, 영국은 첨단 금융과 서비스로, 독일은 인더스트리 4.0(제조업의 경쟁력 강화를 위해 독일 정부가 추진하고 있는 제조업 성장 전략)으로, 싱가포르는 동남아시아의 허브 역할로, 중국은 세계의 공장을 자처하며 ICT(Information and Communication Technology, 정보통신기술) 산업의 다크호스로 떠오르고 있는 냉엄한 현실 속에서 한국의 차별화된 역할은 과연 무엇이어야 하는가?

우리는 국제 사회의 원조로 빈곤 시대를 벗어나고 제조 경쟁우위의 수출기지 역할을 맡아 지구촌에 등장했다. 그러나 이제 제조 강국으로서의 역할은 중국을 위시한 후발 개도국으로 넘어가고 있다. 현재 GDP 수준도 우리 기업이 국내 시장이 아닌 세계 시장에서 얻은 것이므로 국부를 더 성장시키려면 국제적 역할을 다시 찾아야 한다. 소규모 개방 경제인 대한민국은 국제 사회 속에서 차별화된 역할 없이는 지속적인 성장이 불가능한 경제구조를 지녔다는 의미이기도 하다.

한·중·일은 현재 구조조정 전쟁을 벌이고 있다. 글로벌 분업체제에서 탈락하면 우리 제조업이 하청업체로 전락하고, 한국은 영원히 일자리를 잃을 수도 있다. 중국에 치인 제2의 대만이 될 수 있다는 말이다. 한국은 GDP에서 제조업 비중이 30퍼센트가 넘고 제조업 중에서도 첨단 제조업 비중이 65퍼센트가 넘는다. 중국은 '제조 강국 2025'를 목표로 핵심 부품과 소재 자급자족률을 높이고 있다. 독일로부터 공장자동화, 로봇생산 기업 등도 인수하고 있다. 중국의 제조 강국 전략으로 가장 큰 타격을 받을 국가는 당연히 한국이다. 내부적으로는 내수 절벽, 금리 인상으로 중소기업의 고비용 저부가화가 심화되고 좀비 기업이 급증하고 있다. 자체적으로 사업을 진화시킬 여력이 없는 것이다. 조선소가 위치한 거제, 울산, 군산 등은 해당 기업이 문을 닫고 철수하면서 황폐화되고 있다. 삼성, LG 등의 공장이 축소되고 해외로 이전하면서 구미산업공단도 근로자가 계속 줄어들고 있다. 조선에 이어 철강, 자동차 등 중후장대형 제조업체들이 포진한 동남권 경제 벨트 전체가 한국판 러스트 벨트(Rust Belt, 한때는 미국 제조업의 호황을 구가했던 중심지였으나 제조업의 사양화 등으로 불황을 맞은 미 북부와 중서부 지역을 가리킨다)로 전락하고 있다. 전국에 산재해 있는 1,000여 개가 넘는 산업단지들이 공동화되고 있다. 해운, 조선, 철강 등 주력 산업의 글로벌 경쟁력이 약화되고 산업을 견인하는 선도 기업이 무너지면 국가 산업 전체 생태계가 붕괴될 수 있다. 양질의 제조업 일자리를 잃는 것이다. 4차 산업혁명에 대해서는 목소리만 높일 뿐 생존에 급급한 기업들은 대응 여력도 없고 중소기업과 대기업 간 갈등만 첨예하게 대립되고 있다. 이대로 가면 결국 한국은 국제 사회 속에서 후발 개도국들이 전철을 밟지 말아야 할 반면교사가 될 수도 있다.

흔히 일본이 잃어버린 20년을 보냈다고 하는데 대체 일본이 잃어버린 것은 무엇인가? 바로 국제 사회에 있어 일본의 역할이다. 제조 수출우위, 좀 더 구체적으로는 규모의 경제와 양산 기술우위의 제조업종이 일본에서 한국을 거쳐 다시 중국으로 넘어간 결과다. 주력 산업의 경쟁력 상실이 곧 국가의 역할과 국가 일자리의 상실로 이어진다. 일이 있어야 일자리가 만들어진다. 일이 없는 일자리는 꼼수다. 일자리를 찾기 전에 새로운 일을 먼저 찾아야 하는 이유다. 그렇다면 한국은 어떤가? 일본에서 제조업을 넘겨받아 고도성장을 이룬 뒤, 이를 중국에 넘겨주고는 그 역할을 잃어버렸다. 이는 백화점식 먹거리 찾기로 해결될 일이 아니다. 개별 기업의 경쟁력만으로 극복할 수 있는 과제도 아니다. 국가 전체의 역량을 결집해 차별화된 역할을 다시 찾아내야 한다. 국가 차원의 성장 기회 발굴을 의미한다. 한국 경제가 산업화 시대를 마감하고 도태할 것인지, 4차 산업혁명에 합류해 다시 한 번 재도약할 것인지 기로에 서 있는 것이다.

인간은 사회적 존재다. 사회 구성원은 공동체에 기여하는 분업화된 역할이 있을 때, 즉 일자리가 있을 때 삶의 의미를 찾는다. 기업은 차별화된 사업분야가 있을 때 성장하고, 국가는 국제 사회의 일원으로서 그 역할이 살아 있을 때 성장한다. 잘살고 못살고는 사회 구성원으로서 어떤 역할을 하느냐에 따라 보상 메커니즘이 작동한 결과다. 국제 사회도 마찬가지다. 아프리카는 왜 못살고 미국은 왜 잘사는가? 지구촌의 모든 선진국은 예외 없이 차별화된 역할을 갖고 있다. 지구촌 공동체에 편입되지 못하고 격리되어 역할이 없는 북한의 궁핍한 경제를 보라!

신흥 개도국이 선진국의 산업과 기술을 들여와 더 낮은 원가로 국부를 키워 중진국이 될 수는 있지만 그 이후 선진국에 진입하려면 반드시 차별화된 고유의 역할을 갖고 있어야만 한다. 타국과 경쟁하지 않는 차별화된 역할이 있어야 가능하다는 말이다. 즉, 자국만의 고유한 비경쟁적 역할을 찾아야 한다. 국가별로 각기 다른 문화가 부가가치의 성장 원천이 되는 배경이다. 캐치 업[Catch Up(따라잡기), 특히 발전도상국이 선진국을 따라잡기 위해 노력하는 일] 전략의 한계가 바로 중진국 함정이다. 많은 중진국이 선진국에 진입하지 못하는 이유가 여기에 있다. '우리의 강점은 무엇인가?', '국제 사회는 우리에게 무엇을 필요로 하는가?'라는 질문을 스스로에게 먼저 던져야 한다. 국가의 일자리를 찾아야 청년들의 일자리도 생기고, 우리 기업이 다시 도약할 수 있는 기회도 열리는 법이다.

중진국 함정은 곧 국가 발전의 변곡점을 의미한다. 국가의 성장 단계에 있어 성공과 실패를 가르는 결정적 분기점인 것이다. 한국의 저성장은 외견상 선진국과 같은 저성장이지만 이미 어느 정도 삶의 질이 개선되고 사회 통합을 이룬 선진국과는 근본적으로 차이가 있다. 한국은 마치 부자가 되기 전에 늙어 버렸고 노후를 지탱할 수 있는 부를 축적하기도 전에 은퇴하는 것과 같다. 일본만 봐도 선진국 진입 후 노령화를 맞이해 한국과는 상황이 다르다. 대한민국이 산업화의 롤 모델을 넘어 신흥 개도국의 희망이 될 것이냐, 아니면 중진국 함정에 빠져 실패한 국가의 반면교사로 전락할 것이냐 하는 갈림길에 서 있다.

한국은 2006년 GNI[Gross National Income(국민총소득), 한 나라의 국민이 일정 기간 생산 활동에 참여한 대가로 벌어들인 소득의 합계] 2만 달러 진입 이후 11년째 2만 달러대에 갇혀 있다. GNI 3만 달러 이상인 국가는 43개국이다. 세계 경제 성장률 3.3~3.6퍼센트보다 못한 2퍼센트대로 추락한 한국 경제의 성장 잠재력을 어떻게 올릴 것인가, 그것이 문제다.

대외 여건이 좋아지면 한국 경제가 다시 살아날 것인가? 중국, 일본이 한국보다 먼저 구조 개혁에 성공한다면 시장을 압도할 것이다. 경제 회복을 기대할 수 없는 이유다. 2퍼센트대의 저성장을 벗어나려면 다른 궤도로 진입해야만 한다. 10년 이상 제자리걸음이라면 지금까지의 방식을 계속 고집할 경우 십중팔구 같은 결과가 나올 것은 자명하다. 지금 우리 사회를 위협하는 문제 대부분은 근본적 해결을 회피한 채 시간만 끌다가 더 악화된 것들이다. 허송세월을 보낸 결과다. 항상 해오던 일을 하면 항상 얻던 것만 얻는다. 철학자 베이컨의 명언이다. 사람들은 같은 행동을 하면서 결과가 달라지기를 기대한다. '4차 산업혁명이 살 길이다', '재벌 개혁을 통한 경제 정의 실현이 우선이다', '창업과 벤처를 통한 혁신이 답이다' 등 난국에 처한 한국 경제를 살리기 위한 해법을 다양하게 내놓고 있지만 모두 우물 안 개구리식 사고에 지나지 않는다. 소규모 개방 경제라는 한국 경제의 특성을 간과하고 있다. 글로벌 시장을 떠나서 한국 경제의 해법을 찾을 수는 없다. 국제 사회의 역할 재정립이 답이다. 그 답에 어떤 차별화된 역할로 국제 사회 속에서 대한민국이 기여할 것인가에 대한 해법이 있다.

▎3가지 우물 안에 갇힌 나라

첫째, 내수 시장에 빠져 소규모 개방 경제의 한계를 보지 못하고 있다. 한국의 내수 시장은 성장한 기업 모두를 담을 수 있을 정도로 그 규모가 크지 않다. 오늘날 한국 기업들은 좁은 우물 안에서 살아가는 덩치 큰 개구리 신세다. OECD 국가 중 최고 인구 밀도를 가진 좁은 안방에서 과잉 출혈 경쟁을 벌이고 있는 것이다. 재정 확대, 복지 확대, 공공 일자리 확대 등으로 정체된 내수 수요를 살려 경제를 활성화시키겠다는 정책(정부 주도)이나 규제 완화, 혁신 경제 시스템, 공정 경제 시스템 구축 등으로 공급 측면에서 기업 활동을 촉진해 경제를 살려보겠다는 정책(민간 주도) 모두 내수 시장을 염두에 둔 패러다임이다. 좌파와 우파 간의 이분법도 모두 국내에서의 편 가르기에 불과하다. 정부의 경제 정책이 전반적으로 내수 지향적이고 과거 지향적이다. 우리 경제의 글로벌 연계성을 간과하고 미래 환경 변화를 수용하지 못하고 있다.

한국 경제의 해법은 '케인즈식이 필요하다', '신자유주의여야 한다', '소득 주도 성장이어야 한다'처럼 국내 시장을 다루는 경제학 이론에서 찾을 게 아니다. 개방 경제의 특성과 중소기업의 태생적 한계, 인구 밀도와 국내 일자리 한계를 이해한다면 글로벌 시장 내 한국의 역할에서 찾아야 한다. 우리나라보다 앞서 잃어버린 20년에 저성장, 장기 불황을 겪은 일본은 대규모 경기 부양책을 주기적으로 추진했지만 성과 없이 오히려 재정 악화만 초래했다. 많은 일본 기업이 해외 시장에서 새로운 성장 동력을 찾았다는 점에 주목해야 한다. 내수 시장의 한계에 직면한 일본 기업들은 잃어버린 20년을 겪으면서 결국 신흥국 해외 시장에서 돌파구를 찾게 된 것이다.

둘째, 의식 수준이 아직도 우리끼리 먹고 사는 문제에서 벗어나지 못해 국제 사회에 공헌할 기회를 보지 못하고 있다. 공헌 기회가 곧 성장 기회다. 민도(民度)가 사회 선진화 수준의 척도다. 민도, 즉 문화 수준은 사회를 이끌고 있는 지도자의 언행과 품격으로 가늠할 수 있다. 글로벌 관점에서 바라본 품격 있는 국가는 어떤 모습일까? 품격 있는 지도자의 성숙한 소통이 국가와 기업의 품격을 대변한다. 경쟁이 아닌 상생, 자국과 자사만의 이익 추구가 아닌 기여와 공헌 등 지구촌 공동체를 지향하는 지도자의 태도는 선진 리더십의 기본 요건이다.

'세일즈 외교'라는 제목 아래 52조 원 규모의 수주 성과에 관한 (당시) 대통령의 이란 방문 홍보가 요란했었다. 세일즈가 무엇인가? 문화 강국을 주창하는 대한민국이 아직도 온 국민을 장사꾼 수준에 묶어 두자는 것인가? 미래 먹거리, 통일 대박, 중국과 경쟁 등 국제 사회에 비쳐지는 한국은 온통 먹고 살기에 급급한 나라다. 이제 우리도 배고픔은 벗어난 나라가 아닌가?

언어의 품격부터 올려야 하지 않을까? 지도층의 말은 그 사람의 인격 수준은 물론 국민 수준을 대변한다. 한국 기업인들은 종종 경쟁사를 누르고 글로벌 1등을 달성했다는 식의 공격적인 말투로 자사 비전과 전략을 홍보한다. CEO의 말이 그 회사의 수준이고 품격이다. 국내 뉴스가 실시간으로 전 세계로 기사화되는 시대다. 얼마 전 한 국회의원이 "중국인은 거지 떼"라고 표현해 물의를 일으켰다. 중국 네티즌들이 들고 일어났다. 지도자의 말 한마디에 따라 양국 국민 간 정서적 유대감이 깊어지기도 하고 멀어지기도 한다.

셋째, 각자도생에 빠져 4차 산업혁명의 시대정신인 융합 기회를 놓치고 있다. 왜 융합 시대인가? 교통사고 우려로부터 해방된 자율주행 자동차, 단순 반복적인 비인간적 노동을 대체할 로봇 서비스 등 좀 더 진화된 소비자의 자아실현 욕구는 개별 기업이 자체 기술로만 해결할 수 없다. 청년 일자리, 미세먼지 등 사회적 난제들도 정부가 개별 부처 차원에서 해결할 수 없다. 시대가 융합을 필요로 하는 이유다.

우리 기업들은 어떠한가? 10대 그룹이니, 30대 그룹이니 하는 식의 줄 세우기로 선대 때부터 내려오던 재벌 간 라이벌 의식이 국내 기업 간의 협업 기회를 막고 있다. 협력업체로 같이 성장해온 대기업과 중소기업은 동반 성장을 외치고 있지만 오늘날 상생 협업은커녕 양극화를 일으킨 갑을관계가 되어 반(反)기업 정서의 원인으로 전락하고 말았다. 대기업이 과연 중소기업의 성장 없이 글로벌 경쟁력을 유지할 수 있을까? 중소기업이 글로벌 브랜드를 가진 대기업과의 협업 없이 각개전투로 글로벌 기업으로 성장할 수 있을까? 민과 관의 관계는 어떠한가? 국가 간 대항전이 되고 있는 오늘날의 글로벌 시장에서 정경유착으로 오염된 대한민국의 민관협업이 경쟁력을 발휘할 수 있을까?

개발 시대의 '코리아주식회사'식 정부 주도 경제 시스템은 시효를 다했다고 주장하는 사람도 있다. 코리아주식회사가 무엇을 위한 틀인가? 정부 주도라는 형식 속에 담겨 있는 목적을 이해한다면 폐기의 대상이 아니라 오늘의 시대 변화에 맞추어 '팀 코리아'로 보완하고 진화 및 발전시켜야 할 경제 모델이다. 일본의 기업들은 잃어버린 20년을 통해 각자도생으로는 더 이상 생존할 수 없다는 것을 깨달았다. 오늘날 일본 기업이 제 살 깎아 먹기식의 경쟁에서 탈피해 각자의 강점을 살려 자발적으로 합종연횡에 적극 나서고 있는 배경이다.

▌산업화와 민주화, 그다음은?

정치 지도자들이 제각각 비전이라고 제시한 바가 없는 것은 아니다. 일례로 주력 산업이 성장 변곡점에 이른 상황에서 새로운 도약을 위한 구조 개혁과 성장 비전도 없이 이명박 전 대통령은 747(7퍼센트 성장, GDP 4만 달러, 7대 강국), 박근혜 전 대통령은 474(4퍼센트대 잠재 성장율, 70퍼센트 고용, GDP 4만 달러)의 성장 구호를 제시했다. 혁신 경제, 녹색 성장, 창조 경제가 국가 비전이 될 수는 없다. 모두 비전 달성을 위한 수단에 불과하다. 국가 비전도 국가 발전 단계에 따라 진화해야 한다. 기존 정치인들이 제시하는 국가 비전은 필요충분조건을 갖추지 못하고 있다. 국가 발전 1단계(건국, 태동기)와 2단계(산업화, 경제 성장기)에서는 국가가 성장하는 과정으로 내부 지향적, 즉 힘을 기르는 비전을 지향했지만, 3단계(경제 성숙기, 전환기)에서는 국제 사회 속에서 대한민국이 어떤 역할로 기여할 것인지의 외부 지향적 역할 비전을 지향해야 한다. 주력 산업이 성장 변곡점에 위치한 한국에 필요한 국가 비전은 국제 사회 일원으로서 새로운 공헌 역할, 이를 통해 얻고자 하는 국가 위상, 국민 모두가 함께 바라볼 수 있는 국가의 미래 모습을 담고 있어야 하지 않은가.

시진핑, 아베, 푸틴 등 스트롱맨으로 불리는 주변국 지도자들이 높은 지지율을 얻고 있는 배경은 시대적으로 국가에 필요한 일을 하고 있다는 믿음이 국민에게 있기 때문이다. 아베만 봐도 역대 최고의 지지를 받으며 장기 집권하고 있다. 잃어버린 20년을 보내면서 무기력증에 빠진 일본 국민에게 일본재흥전략을 비전으로 내세우며 마이너스 금리 등 과감한 경제 정책으로 새로운 활력을 불어넣고 있다.

반면 우리나라의 경우 사회를 분열시키는 이분법적 논리를 뛰어넘는 비전을 제시하지 못하니 대타협을 이룰 수 없고, 외부 기회로 국민의 관점을 돌리게 할 비전이 없으니 내부 문제에만 집중해 사회 갈등이 확대되고 있다. 더욱이 사회 문제를 해결할 통합 솔루션이 없어 부분적인 개혁에만 매달리다 보니 개혁 방향이 분열되고 있는 실정이다.

오늘날 지구촌은 국가 간 분업으로 서로 연결되어 있다. 특히 개방 경제로 대외 의존성이 높은 우리나라는 주력 산업 모두가 해외 시장에 의존해 있다. 국제 사회에서 유리된 국내 지향적 비전으로는 우리 내부 문제를 해결할 수 없다는 말이다. 내부 문제가 아닌 외부 기회를 바라보는 비전이 나올 때 국민의 공감을 얻을 수 있고, 내부 문제도 해결될 수 있는 물꼬가 트인다.

지구촌의 구성원으로 국제 사회에 기여하는 바가 차별화되지 않는 이상 진정한 선진국으로 도약할 길은 없다. 굳이 매슬로우(미국의 심리학자인 그는 인간의 내면에는 5가지 욕구가 존재한다고 설명했다. 생물학적 욕구, 안전에 대한 욕구, 사회적 욕구, 자긍심 대한 욕구, 자기실현에 대한 욕구가 그것이다)의 욕구 5단계설을 빌리지 않더라도 이제는 우리 국민도 국제 사회로부터 존경받고 자아실현을 꿈꾸는 사회에서 살고 싶어 한다. 그래서 낮은 욕구단계의 먹거리 비전으로는 더 이상 국민에게 희망을 줄 수 없다는 뜻이다.

우리나라는 FTA[Free Trade Agreement(자유무역협정), 국가 간 상품의 자유로운 이동을 위해 모든 무역 장벽을 완화하거나 제거하는 협정]를 통해 경제 영토를 세계 제2위 국가로 확장시켰다. 우리나라 기업과 국민을 세계로 진출시킬 여건은 갖춰 놓았으나 진출할 비전과 명분을 가진 지도자가 보이지 않는다. 글로벌 대통령 1세대가 나와야 하는 이유다. 대한민국을 지구촌의 허브국가로 자리매김할 대통령이 필요하다. 좁은 국내에서 성장한 기업들과 국민이 우물 안을 떠나 드넓은 세계 시장으로 눈을 돌리게 하는 대통령이어야 한다. 우리 민족끼리 잘 먹고 잘사는 것을 추구하는 안목에서 벗어나 지구촌에 공헌하는 대한민국만의 역할을 찾아나서는 대통령이어야 한다. '생존 시대→성장 시대→분배 시대→각자도생의 시대', 그다음은 무엇인가? 각자도생의 경쟁 사회로부터 국내는 물론 글로벌하게 상생 융합의 시대를 여는 대통령이어야 한다.

정치는 비전과 희망을 주는 직업이다. 지금 이 시대에 필요한 지도자는 국민에게 나라가 어디로 간다는 새로운 방향을 제시하고 다시 해보자는 의욕을 만들어 낼 수 있어야 한다. 또한 구조적 장기 불황에서 경제를 살릴 수 있는 능력과 구상이 있어야 한다. 이 과정에는 대타협이나 대개조의 비전이 절대적으로 필요하다.

미래를 관리하는 사람이 지도자인데 지금 우리에게는 선각자적인 지도자가 필요하다. 국제 사회에서 어떤 역할을 하는 나라가 될 것인지 구체적인 미래의 비전을 제시하고 그 방향으로 만들어 가는 지도자다. 리콴유 전 총리는 저서 《내가 걸어온 일류 국가의 길》에서 1950년대에 세운 싱가포르의 국가 비전이 50년 후 90퍼센트 이상 그대로 현실화되었다고 고백한다.

새로운 지도자는 단기적 성과가 국민에게 가시적으로 와닿지 않더라도 최소한 미래에 더 많은 일자리를 창출할 수 있는 잠재적인 성장 기회를 만들어야 한다. 그리고 우리 사회의 공동체 의식을 건강하게 만들도록 사회 대타협을 이끌어낼 수 있는 상생 비전을 제시해야 한다. 뻔한 먹거리를 놓고 안에서 치고받지 않고 국민이 함께 바라볼 수 있는 희망과 비전을 제시할 수 있어야 하는 것이다. 바이킹이나 몽골족은 모두 치졸한 동족 간 다툼을 멈추고 넓은 세상으로 시야를 돌려 내부 문제를 해결했다. 지금 우리에게 필요한 지도자는 무엇보다 대한민국을 국제 사회의 일원으로 바라볼 수 있는 국제적 안목을 지닌 사람이다.

한국이 1인당 GDP 2만 달러를 처음 돌파했던 2006년, 영국 셰필드대와 미국 미시간대는 10년 후 경제 판도를 전망하는 〈2015 세계 경제력 지도〉 보고서를 발표했다. 그 보고서에서 2015년 한국의 1인당 GDP는 38,249달러로 세계 6위, 전체 GDP는 1조 9,000억 달러로 세계 7위가 될 것으로 전망했다. 그때까지 한국의 성장 추세를 감안해 나온 계산이었다. 그러나 우리는 이미 10년 이상 1인당 GDP 2만 달러대의 늪에 빠져 있다. 지난 15년은 성장 관점에선 허송세월이었다. 여기에 최순실 국정농단 사태 등으로 바닥까지 내려간 신뢰 위기가 우리 공동체를 무기력하게 만들고 있다.

그렇다면 한국 경제 재건을 위한 뉴코리아노믹스는 무엇이어야 하는가? 이렇게 하면 되겠다는 비전으로 국민이 희망을 갖고 자신감을 회복하려면 무엇부터 해야 하는가? 우리는 언제 GDP 3만 달러를 넘어 4만 달러, 5만 달러에 도달할 수 있을까? 희미해져 가는 한국 경제에 대한 자신감을 되살리는 일이 가장 급하다. 한국 경제에 활력을 불어넣고 다시 뛸 수 있게 만들 방법을 찾아야 한다. 일본은 경제가 성장 활력을 되찾으면 많은 사회적 문제가 자연스럽게 풀린다는 것을 보여주고 있다.

한국은 지금 AIIB[Asian Infrastructure Investment Bank(아시아 인프라투자은행), 미국과 일본 중심의 아시아개발은행(ADB), 세계은행(WB) 등에 대항하여 중국 주도로 설립되는 다자개발은행] 가입, 극동 개발 참여 등 강대국의 원대한 비전에 끼어들기 바쁘다. 유라시아 이니셔티브는 남북관계 개선에 무게 중심을 두고 있다. 그동안 우리 사회는 남북관계에 지나치게 매달려 있었다. 우리 사회가 우리만의 비전을 찾아 한 방향으로 나아갈 때 통일 여건은 자연적으로 조성된다. 우리가 국제 사회에 기여할 때 얻어지는 국제 신용, 즉 국격이 바로 통일의 자산이다. 이 시대에 필요한 국가 비전은 자국만의 필요를 대변하는 것이 아니라 지구촌 공동체에 어떻게 기여할 것인지 한 차원 성숙된 비전이어야 한다.

보호 무역은 현지에 기여하라는 요구

▌쉽게 돈 버는 시대의 종말

글로벌 무역 환경이 급변하고 있다. 수출 3대 시장인 중국, 미국, 베트남 모두 보호 무역을 강화하고 있다. 한국은 2017년 7월 말 기준, 28개국에서 총 190건의 수입 규제를 받고 있다. 전 세계에서 중국 다음으로 많은 소송을 당하고 있기도 하다. 미국의 트럼프 정부는 관세 장벽 강화, 자국 내 투자 압박, 외국 기업에 대한 세무 조사를 추진하고 있다. 포스코에 57퍼센트의 반덤핑 관세를 부과했다.

선진국에서 시작한 보호 무역이 신흥국으로까지 점차 확대되고 있다. 신흥국도 세계 경기 둔화로 자국 산업을 보호하기 위해 수입 규제를 강화하고 있다. 한국에 가장 많은 수입 규제 조치를 적용 중인 나라는 인도다. 인도는 최근 한국산 필라멘트사에 반덤핑 관세 부과를 결정했다. 베트남은 포스코 등에서 생산한 한국산 아연도금 강판에 5년간 반덤핑 관세를 물릴 계획이다. 또한 2016년 200억 달러로 증가한 무역 적자에 항의하면서 농산물 시장 개방을 요구하고 있다. 중국의 경우 중간재 수출 시장으로서의 특수는 사라지고 사드 보복에 더해 글로벌 시장의 강력한 경쟁자로 떠오르고 있다.

이 같은 상황 속에서 국내 기업 간에 벌어지고 있는 해외 시장에서의 치열한 수주 경쟁은 공멸 위기를 초래하고 있다.

왜 갑자기 미국이 한미 FTA 폐기를 주장하고 나서는가? 왜 중국에서 한국 기업들이 퇴출당하고 있는가? 중국 통상 관료들은 사드 보복 훨씬 이전부터 이미 한국을 거의 유일한 무역 적자국으로 여기며 불만을 토로하고 있었다. 사드 보복 이면에 자국 산업을 보호하려는 의도가 저변에 깔려 있는 것이다. 보호 무역의 본질은 반(反)외국 기업 정서다. 우리 기업이 중국에서 철수하는 배경도 현지 기업의 경쟁의식이 그 뿌리다. 신흥 개도국들도 외화 유출을 막기 위해 완제품에 대한 통관을 대폭 강화하는 형식으로 보호 무역을 강화하고 있다. 더 이상 다른 나라의 수출 시장이 되는 것을 방치하지 않겠다는 의도다.

보호무역주의와 국제 분업체제 폐쇄화로 우리나라 1만 2,000여 개에 달하는 법인들의 해외 진출과 투자 전략이 변곡점을 맞고 있다. 글로벌 가치 사슬의 생산 네트워크가 큰 폭으로 변모하는 상황에서 저임금 생산기지로 떠났던 기업의 수익성이 급격히 낮아지고 있기 때문이다. 글로벌 가치 사슬이 깨짐으로써 해외 진출 전략의 수정이 불가피하게 되었다. 코트라(대한무역투자진흥공사)의 〈우리 기업 글로벌 생산 네트워크 분석〉에 따르면, 제조업 1,475개 법인을 대상으로 하여 현지 매출액과 고용지표를 기준으로 생산성과 노동 비용의 효율성을 살펴본 결과, '저생산성·저비용' 유형에 속하는 기업이 무려 81.9퍼센트에 달했다. '고생산성·고비용'은 12.5퍼센트, '고생산성·저비용'은 3.9퍼센트밖에 되지 않았다. 우리 기업의 해외 진출 동기가 주로 단순·저임금 생산기지를 겨냥해 떠났음에도 불구하고 정작 수익성(생산성)은 매우 낮은 셈이다. 해외에 진출한 기업은 국내 경쟁력이 낮은 업종들인데 비용이라도 절감하려고 저임금을 찾아 중국에서 동남아로, 다시 제3국 시장으로 철새처럼 이동하고 있으나 싼 인건비에 의존한 수익성 개선 효과는 점점 사라지고 있는 추세다. 한국이 FTA로 세계 제2위의 경제 영토를 확보했는데도 수출이 힘을 받지 못하고 있는 이유이기도 하다.

다들 과다한 중국 의존도에서 벗어나 시장 다변화로 가야 하며 내수는 한계가 있으니 해외로 나가야 한다고 말하지만 어디로 가든 기존 방식대로 진출한다면 실패할 확률이 더 높다. 중국에 진출한 한국 기업들의 성공 사례가 얼마나 될까? 중국의 인건비 경쟁력만 보고 진출한 기업들 상당수가 다시 베트남으로 옮겨 가고 있다. 베트남 이전이 어려운 기업들은 아예 문을 닫고 있는 실정이다. 현지에 뿌리를 내리지 못한 진출은 성공한 해외 진출이라 할 수 없다. 싼 인건비로 생산기지 역할을 하던 국가는 임금이 올라가면서 점차 소비 시장으로 바뀌게 된다. 수출 목적으로 진출한 기업들도 내수 시장에서 뿌리를 내리려면 시장 변화에 맞춰 사업을 내수화시켜야 한다. 한국 기업들의 최대 진출 시장인 중국은 홍색공급망 전략으로 자국산 중간재 비중을 꾸준히 높여 지금은 62.9퍼센트까지 끌어올렸다. 중국 산업 대부분이 자국 완결형 생태계를 구축해 가고 있기 때문에 세계의 공장인 중국에 중간재 공급으로 성장한 한국 기업들은 큰 타격을 입을 수밖에 없다. 사드 보복이 아니었더라도 어차피 우리 기업들에게 닥쳐올 어려움이었던 것이다. 한편 국내에 제조 기반을 두고 해외 수출에 사활을 건 국내 제조업의 상황은 어떤가? 어려움은 마찬가지다. 우리에게 GDP 2만 달러 시대를 가져다준 과거 30년 동안의 수출 패러다임은 국내 제조의 고비용, 저부가화로 시효를 다해가고 있다는 뜻이다.

▌국제 교역의 패러다임이 옮겨가고 있다

세계 경제의 저성장으로 각국은 일자리 창출, 내수 경기 활성화를 위한 재정 확대(내수 중심, SOC 투자 확대) 경쟁을 벌이고 있다 [SOC(Social Overhead Capital), 즉 '사회간접자본'은 생산 활동에 직접적으로 투입되지는 않지만 도로, 항만, 철도 등 원활한 경제 활동을 위해 꼭 필요한 사회 기반 시설을 말한다. 인프라스트럭처(Infrastructure)의 앞부분만 따서 '인프라'라고도 한다]. 또한 해외 사업 모델이 일방적인 수출보다는 현지 국가의 문제를 해결해주는 윈윈 사업으로 바뀌고 있다. 단순 수출 거래에서 상대국에게 기술 이전과 금융이 결합한 내수 개발형 현지 투자로 국제 교역의 패러다임이 옮겨가고 있는 것이다. 이른바 현지 생산, 현지 판매체제다.

GE는 사우디아라비아가 석유에 의존하는 경제구조를 탈피하기 위한 국가 전략을 지원하기 위해 14억 달러에 달하는 투자를 결정했다. 현지 기업인 아람코 등과 손잡고 에너지, 해양 제조업 시설, 상수도, 소프트웨어, 항공 등에 투자하고 29퍼센트까지 치솟은 사우디아라비아의 청년 실업 문제를 해결하기 위해 2020년까지 2,000명을 추가 채용하는 등 사우디아라비아의 경제구조 개혁을 지원하면서 함께 성장하는 전략을 취하고 있다.

해외 시장이 다시 한국 경제의 강력한 엔진이 되게 하려면 우리 기업의 해외 진출 포맷부터 바꿔야 한다. 이제 해외 시장으로 나가야 한다는 당위나 구호만 갖고는 안 된다. 개발 시대의 해외 진출과는 달라야 하고 현지 시장에서 경쟁하고 있는 일본이나 중국 기업과도 차별화되어야 하며 실패하지 않는 진출 모델을 만들어야 한다. 이는 개별 기업뿐만 아니라 국가 차원의 전략에도 적용된다.

지금 베트남에 진출한 상당수 기업들은 중국의 인건비가 올라가자 베트남으로 탈출한 것에 불과하다. 엄밀히 말해 중국 진출에 실패한 것이다. 제2기 글로벌 진출 모델은 양국 동반 성장형이고 대기업과 중소기업 간의 동반 성장이며 현지가 필요로 하는 다양한 업종을 보유한 중소기업이 중심이 되어야 하고 민관협업으로 추진되어야 한다. 우리나라 종합상사가 쇠락한 이유도 제2기 진출 모델로의 변신에 실패했기 때문이다. '어느 시장으로 나가느냐?'보다 '어떻게 진출하느냐?'가 더 중요하다. 일본 기업이 1960년대 후반 이러한 자세로 태국에 진출한 결과, 오늘날 태국 시장에 든든히 뿌리를 내리고 태국의 경제 발전과 함께 성장하고 있어 현지인들로부터 자국 기업으로 인식되고 있다. 이는 양국 간 동반 성장형 해외 기업 진출의 모범 사례다.

▌신흥 개도국의 산업 파트너로 탈바꿈하자

신흥 개도국은 자국의 원자재 개발, 산업 발전, 일자리 창출, 기술 전수, 자국 투자 유치, 수입 대체 등 이 시대의 공통된 니즈(Needs)를 갖고 있다. 한국의 경우 강점인 다양한 제조업종 포트폴리오와 경제 발전단계별 인프라 노하우를 접목한다면 신흥 개도국에 필요한 최적의 경제 개발 솔루션을 제공할 수 있다.

일례로 단품 수출에서 '산업화와 도시화 인프라 솔루션' 수출로의 전환이다. 과잉 설비를 해외로 이전시켜 해당 국가에 필요한 제품을 생산하고 현지 내수 시장에 판매하는 현지화가 새로운 성장 기회다. 기술 전수형과 맞춤형 산업단지에 인프라와 자원 개발을 융합한 수출 모델이라고도 할 수 있다.

한국은 개도국의 산업 발전단계별로 기술 전수국이 될 수 있다. 일방적으로 물건을 팔던 수출에서 벗어나 신흥 개도국의 산업화 파트너로 거듭나는 것이다. 따라서 한국 기업이 갖고 있는 업종 중에 사양 산업은 없다. 기존 기술과 산업으로도 신흥 시장을 개발하면 성장 기회는 얼마든지 있기 때문이다. 국가 잠재 성장률을 올리기 위해서는 무엇보다 성장 시장으로 나가야 한다. 주력 산업을 맡고 있는 대기업들은 업종 문어발에서 시장 문어발로 진화할 수 있다. 지구촌의 70퍼센트를 차지하고 있는 신흥 개도국들이 지금 산업화의 기회를 기다리고 있지 않은가.

국격이 최고의 국가 경쟁력이다

한국은 G20[Group of 20, 선진 7개국 정상회담(G7)과 유럽연합(EU) 의장국과 신흥 시장 12개국 등 세계 주요 20개국을 회원으로 하는 국제기구] 회원국이며 경제 규모 세계 11위(2016년 기준), 군사력 11위(CIA 자료), 외환 보유액 8위, 정보통신 능력 2위(ICT 기준)를 기록하고 있는 나라지만 과연 국제 사회에서 그에 걸맞은 대접을 받고 있는가? 트럼프 대통령은 "6·25 전쟁 직후 미국은 한국을 도왔다. 당시 협정이 그대로 유지되면서 한국은 엄청난 부자가 됐고 우리에게 돈을 돌려줄 수 있었지만, 아무 일도 없었다"라고 주장하면서 호혜세 부과의 정당성을 강조했다. 필자에게 트럼프의 말은 '미국을 위시한 국제 사회 원조로 성장한 한국이 왜 빚을 갚지 않느냐? 한국이 국제 사회에 무슨 공헌을 했느냐?'를 질타하는 메시지로 들렸다. 그의 표현이 다소 거칠지만 국제 사회가 한국을 바라보는 시각을 냉정하게 대변하고 있다고 생각한다.

국가 브랜드, 품격, 신뢰, 매력도를 평가하는 뉴욕의 평판연구소는 한국을 순위 발표 70개국 중 45위로 발표한 바 있다. 전 세계 시민들을 대상으로 어느 나라에 투자할지, 어느 나라 제품을 구매할지, 어느 나라에 가서 살고 싶은지 등을 설문 조사한 결과다. 상위 국가는 스웨덴, 캐나다, 스위스, 호주 순이다.

글로벌 커뮤니티에서 평판이 점점 더 중요해지고 있다. 이는 국가 안보에도 직결되고 통일을 위한 국제 사회의 지지 기반을 확보하는

데도 절대적인 영향력을 갖는다. 반도체, 스마트폰으로 국부를 키울 수는 있으나 세계를 이끌어갈 힘을 얻을 수는 없다. 하드 파워보다 정신적·문화적 소프트 파워가 국격을 결정한다. 소프트 파워가 세계로부터 투자와 인재를 끌어오고 이는 곧 한 국가의 성장 동력으로 작용하기 때문이다.

국격은 국제 사회에서 한국만이 기여할 수 있는 역할에 달려 있다. 돈과 힘과 매력은 다른 사람의 호감을 얻을 수 있는 요소다. 강대국에 비하면 한국은 고유의 매력으로 상대방을 얻어야 한다. 결과적으로 '한류'가 한국의 매력이다. 미래를 콘텐츠 시대라고 할 때 한류 콘텐츠가 소프트 파워의 실체다. 사람을 이끄는 힘은 물리적 힘이 아니라 콘텐츠다. 콘텐츠는 문화에서 나온다. 콘텐츠를 생산하는 국가와 기업이 리딩 국가고 리딩 기업이다. 제조 강국에서 소프트 파워 강국으로의 변신 해법이 여기에 있다.

위기는 기회인가?

위기의 샌드위치와 기회의 신샌드위치

흔히 한국 경제의 현주소를 샌드위치에 비유한다. 첨단 기술 제품은 선진국 때문에, 기존 주력 산업은 중국 등 신흥 개도국 때문에 경쟁력을 잃고 있다는 것을 표현하기 위해서다. 우리 경제가 생명 주기곡선상 어디에 위치해 있으며, 세계 시장에서 어떤 상태에 있는지 제대로 번지수를 찾아야 바른 진단과 처방을 할 수 있다.

한국 경제의 현주소를 '시간적으로는 주력 산업이 변곡점에 이르렀으며, 공간적으로는 세계 시장에서 그 역할을 상실하고 있다'라고 말할 수 있다. 침체가 장기화되면서 혁신이 지연되고 체력은 바닥나는 형세다. 그렇다면 한국 경제를 위기(危機)로 몰아가는 5가지 샌드위치는 무엇인가?

첫째, 주력 산업의 구조적 사양화(저부가가치화, 퇴행화)와 4차 산업혁명 사이에 낀 신세라는 점이다. 지난 10여 년 간 우리 경제가 본격적인 전환기에 진입했는데도 산업 재편을 하지 못한 채 조선, 해운 등 부실 기업 처리에만 시간과 재정을 낭비하면서 세월을 흘려보냈다. 조선, 철강, 화학 등에서 중국 기업과의 기술 격차는 제한적이고 4차 산업혁명 관련 신기술 어느 분야에서도 경쟁우위가 확실하지 않은 상황이다. 사양화되어 가는 주력 산업은 이제 존립을 걱정해야 하고 창조 경제라는 이름으로 4차 산업혁명에 올라타려 했으나 몸통을 바꾸기에는 역부족이다. 주력 산업의 경쟁력을 최대한 유지하면서 신산업은 특정 분야에 특화시켜 우위를 확보해 나아가는 것이 현실적인데 아직 방향도 잡지 못하고 있다.

둘째, 제조업과 SOC 투자 중심의 고도성장기가 끝나면서 지식 기반의 신산업으로 옮겨가야 하는 전환기에 서 있다는 점이다. 지식 기반 산업은 대부분 선진국 경제인 고부가 서비스 산업인데 한국은 금융, 교육, 유통, 물류, 관광 등 어느 분야에서도 확실하게 글로벌 경쟁력을 갖추지 못했다. 역설적으로 말하자면 국내에 있는 저부가 제조업을 줄여야만 서비스 산업이 성장할 수 있는 길이 열린다.

셋째, 제조 경쟁력에 기반을 둔 제품의 수출은 정체되고 있는 반면 서비스업 수출로의 전환은 아직 미숙한 상태에 있다는 점이다. 서비스 산업도 수출 시장이 열려야 고부가가치 산업으로 진화할 수 있는 여력이 생긴다. 서비스 경쟁력을 다시 정의하고 한국식 서비스가 필요한 신흥국들 중심으로 수출 시장을 어떻게 열 것인지가 관건이다.

넷째, 선진국과는 축적된 원천 기술의 격차, 중국과는 규모의 격차로 인해 모두 상대적으로 열위(劣位)라는 점이다. 선진국으로부터 선제적으로 원천 기술을 도입해 우리의 강점인 상용화로 선점하고, 중국과는 직접적인 경쟁을 피하면서 서로의 강점을 살려 세계 시장에서 협업과 융합으로 상생할 수 있는 사업 전략을 구상할 필요가 있다.

다섯째, 외국인 노동자에 의존하고 있는 저부가 제조업의 해외 이전 필요성과 이로 인한 국내 산업 공동화를 우려하는 시각이 대립하고 있다는 점이다. 정부는 구조조정의 후폭풍을 우려하고, 기업은 단기적 생존에 급급하면서 구조 개혁은 계속 지연되고 있다. 해외 수출과 내수 소비의 절벽으로 진퇴양난에 빠져 있다. 잉여 생산 능력을 해외로 이전시킬 수 있는 구조조정의 출구가 절대적으로 필요하다.

그렇다고 이와 같은 위기의 샌드위치만 있는 것은 아니다. 기회(機會)라는 신(新)샌드위치도 있다. 4차 산업혁명으로 국가 간의 역할 진화가 빠르게 진행되고 있다. 새로운 국가의 역할을 찾으려면 국제 사회에서 우리가 어디에 위치하고 있는지부터 파악해야 한다. 한국의 지정학적 위치를 어떻게 인식하느냐는 곧 한국의 역할을 정의하는 열쇠다. 한국에 대한 기존의 지정학적 인식은 전통적 관점에서 벗어나지 못하고 있다. 주요 국가 정책의 뿌리는 관점이다. 전통적인 관점은 다음과 같다.

첫째, 한반도를 대륙 세력과 해양 세력 간의 패권 경쟁의 장으로 보는 시각이다. 이는 미국과 중국 간의 패권 경쟁을 의식해 중국, 러시아와 경제 협업으로 미국과의 균형을 취하고 동시에 북한을 끌어들이려는 모든 정책 구상의 토대가 된다. 동북아 균형자론, 나진과 하산을 잇는 유라시아 개발 프로젝트, 북극 항로 거점화, 한반도 신경제 구상 등이 모두 이 시각에서 비롯된다. 균형 외교를 추진하지만 이를 뒷받침할 힘은 아직 부족하다. 균형 외교도 그에 상응하는 국력이 없으면 이상론에 불과하다. 국력은 국제 사회의 국가 신용에서 나온다. 일본이 경제 규모에 걸맞은 국제적 영향력을 행사하지 못하는 것은 국제 사회 신용이 상대적으로 크지 않기 때문이다.

둘째, 한국이 경제적으로 따라잡기에 벅찬 선진국과 턱밑까지 추격해온 신흥 개도국 사이에 낀 샌드위치 신세라는 시각이다. 이 같은 시각에서 보면 한국은 중국과 일본 사이에 낀 샌드위치다. 후발국을 경쟁자로 여기고 선진국을 추격하려는 모든 전략적 발상의 토대다.

셋째, 선진국을 벤치마킹하면 우리가 겪고 있는 사회 문제에 대한 모든 해법을 찾을 수 있을 것이라는 믿음이다. 답을 찾기 위해 오늘도 우리 사회는 여러 가지 포럼을 열어 선진국 석학들을 서울로 불러들이고 있다. 이미 선진국에 진입하고 난 후에 우리 같은 문제를 겪은 선진국과 우리는 형편이 완전히 다른데도 말이다. 개방 경제이면서 급성장한 한국만의 경제 특성을 제대로 보지 못하면 내수 지향적인 경제 정책으로 문제를 풀려는 관성에서 벗어날 수 없다. 핀란드는 사회 문제가 발생하면 핀란드만의 방식을 찾아 해결하려고 노력한다. 이른바 'the Finnish Way' 찾기다. 선진국 제도를 무조건 베끼기보다는 기존 방식의 장단점을 두루 연구한 다음, 장점은 살리고 약점은 보완하여 진화하고 발전된 한국식 해법을 찾을 필요가 있다. 선진국 제도를 들여와 압축적으로 시행착오를 경험해온 오늘날의 우리 사회는 이제 우리에게 맞는 우리만의 해법을 찾으려는 자세가 필요하다.

넷째, 좌우 진영 시각으로 나뉘어져 경제정책, 통일정책 등 매사 이분법적 이념 논쟁에 빠지기 쉽다. 양자 간의 갈등을 넘는 진화된 비전을 내놓지 못하니 내부 투쟁에 함몰되기 쉽다.

이러한 전통적 관점에 대한 한계를 명확히 인식하고 국제 사회에 걸맞은 한국의 역할을 찾아낸다면 위기의 샌드위치는 기회의 새로

[위기의 샌드위치→기회의 신샌드위치]

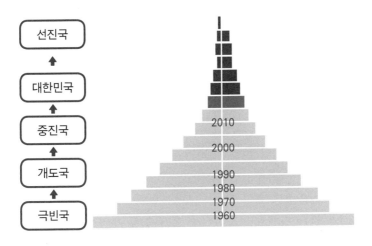

운 샌드위치로 탈바꿈할 수 있게 될 것이다.

한류의 잠재력과 한국의 소프트 파워

관점을 조금만 달리해서 보면 한국은 선진국과 신흥 개도국 사이의 경계에 위치한 기회의 나라다. 선진국과 신흥 개도국을 연결하는 기회의 (새로운) 샌드위치인 것이다. 이것이 바로 한국의 차별화된 역할을 알려주는 새로운 관점이다. 한국은 극빈국, 개도국, 중진국 모두에 필요한 산업과 기술을 보유하고 있는 세계에서 몇 안 되는 나라 가운데 하나다. 중국은 아직 기술자가 한국보다는 덜 성숙되어 있고 내수 시장도 성장기에 있기 때문에 자체 수요를 충족시키는 게 우선이다. 한국이 세계 10위권의 경제 규모에 걸맞은 영향력을 갖춘 중견 국가로 부상할 수 있는 기회가 여기에 있다.

▌한국의 차별화된 역할은 바로 산업한류

신흥 개도국을 중심으로 불고 있는 한류는 어떤 잠재력을 갖고 있으며 어떤 기회를 주고 있는가? 한류라는 한국만의 자산을 문화 콘텐츠에 한정하지 않고 산업과 연계하면 지구촌에 산업한류를 일으킬 수 있다. 문화 한류는 산업한류의 선교사다. 한류는 K팝(Korea Pop), 드라마, 영화 등 문화 사업에만 불고 있는 게 아니다. 이란은 고도화된 산업국가, 인도는 조선업 육성, 에티오피아는 섬유 산업 육성을 국가 정책으로 추진하고 있다. 모두 한국이 핵심 파트너 역할을 해줄 것을 기대하고 있다. 2016년 현재 새마을운동 추진 조직을 갖추고 있는 전 세계 33개 국가는 '새마을운동 글로벌 리그'를 결성하고 한국의 발전 경험을 적극적으로 받아들이고 있다. 신흥 개도국들은 가난에서 벗어나 산업부국으로 발전할 수 있다는 희망을 한국에서 찾고 있는 것이다. 이들의 기대에 부응하는 길이 산업 한류다.

한국에 있어 중국, 미국에 이어 수출 실적 3위인 나라가 어디인가? 바로 베트남이다. 베트남은 우리나라 서비스 수출 1위국이다. 최근에는 한국식 수능시험까지 도입하고 있다. 마찬가지로 베트남에 있어 한국은 자국 유학생 파견 1위, 수입 1위, 외자 유치 1위, 자국민 관광 선호도 1위인 나라다. 그렇다면 과연 한국은 베트남에 어떤 역할을 하고 있는가? 베트남 같은 나라를 10개만 더 만든다면 한국은 어떻게 되겠는가? 지구촌 허브국가로 변신할 수 있다.

국가 간 경쟁이 영토에서 연결로 진화하고 있다. 연결성이 극대화된 국가가 허브국이다. 오늘날 글로벌 공급망, 에너지 산업, 금융, 기술, 인재 흐름에 대한 주도권 경쟁은 연결성에 달려 있다. 즉, 연결성 증대가 국가 경쟁력이 되고 국가 미래 전략의 축으로 대두되고 있다. 중국이 일대일로를 내세우는 이유이기도 하다. 한국은 산업한류로 이 연결성을 극대화할 수 있다.

▌제조업 강국에서 소프트 산업 강국

과거 김대중 정부에서는 '다이내믹 코리아'를, 박근혜 정부에서는

'크리에이티브 코리아'를 슬로건으로 내세웠지만 국가 브랜드 가치는 슬로건을 바꾼다고 쌓이지 않는다.

저평가된 국가 브랜드 가치는 한국 상품과 서비스가 제값을 못 받는 코리아 디스카운트로 이어진다. GDP 대비 국가 브랜드 가치가 미국, 독일, 영국은 111퍼센트, 네덜란드는 146퍼센트인 반면 한국은 76퍼센트에 불과하다. 국제 사회에서 차별된 역할을 수행할 때 국가 브랜드는 저절로 올라간다. 일례로 뉴질랜드는 '100퍼센트 순수 뉴질랜드'라는 슬로건을 통해 자국의 청정 이미지를 앞세워 자연과 모험이 있는 관광국가라는 차별화된 매력을 강조하고 있다.

바야흐로 태극기가 브랜드인 시대다. 동남아시아를 여행하다 보면 도로에 늘어선 빌보드광고판을 많이 보게 된다. 어느 기업 광고인지는 몰라도 어느 나라 회사인지는 대번 알 수 있다. 광고판에 있는 태극기가 한눈에 들어오기 때문이다. 이 광고판들은 1990년대 초반 일본의 수많은 무명 중소기업이 'Made in Japan'을 자체 브랜드보다 더 크게 홍보했던 기억을 상기시킨다. 'Made in Korea' 역시 그 시대가 온 것이다.

한류가 국가 브랜드를 만드는 순간, 우리 산업에도 기회가 된다. 산업과 결합된 한류는 한국 경제의 하드(제조), 소프트(문화), 미래(신산업) 경쟁력 모두를 육성할 수 있는 토대다. 짧은 산업화 역사 속에서 우리만이 축적한 역량은 무엇이며, 그 역량을 활용해 국제 사회에서 경쟁국이 할 수 없는 어떤 역할을 할 수 있는지, 선진국을 힘겹게 추격할 것이 아니라 우리만의 지렛대로 활용할 수 있는 자산은 무엇인지, 그리고 그 기회는 어디에 있는지 등 차별화된 관점을 갖는 것이 제조업 강국에서 소프트 산업 강국의 국가 브랜드로 진화하는 출발점이다.

[한류의 잠재력]

▮ 선진국에는 신문화, 후발국에는 산업화 롤 모델

유럽 선진국들은 200~300년 된 전통 브랜드로 먹고 산다. 동남아시아의 도시국가인 싱가포르는 태국, 인도네시아, 베트남 등 주변 인도차이나 지역의 허브 역할을 하고 있다. 그렇다면 한국의 차별화된 브랜드와 역할은 무엇이어야 하는가?

세계 각국 시민들에게 한국의 브랜드가 뭐냐고 물으면 대부분 "한국은 2차 대전 이후 유일하게 산업화에 성공한 나라"라는 대답을 듣게 된다. 한국은 세계에서 가장 짧은 기간 동안 압축 성장을 이룬 나라다. 신흥 개도국의 롤 모델인 것이다.

현재 선진국은 모두 양극화와 복지 딜레마에 빠져 있다. 한국은 모든 사회 운영제도와 시스템을 선진국으로부터 들여와 운영해보면서 가장 단기간에 가장 많은 모순을 경험한 나라이기도 하다. 사회 제도와 시스템의 부작용을 압축적으로 겪었으니 해법 또한 찾아낼 가능성이 가장 높다. 그래서 신흥 개도국들뿐만 아니라 선진국들도 한류로 대표되는 한국의 문화적 역동성에 관심을 기울이고 있다. 미국의 의료 개혁 법안인 소위 '오바마 케어(Obama Care, 버락 오바마 당시 대통령 주도로 2014년 1월부터 시행 중인 미국의 의료보험 시스템 개혁 법안)'는 한국의 건강보험을 벤치마킹한 것이다.

세계 경제의 저성장이 가져다주는 기회

과거 이명박 정부의 '녹색 경영'에서부터 박근혜 정부의 '창조 경제'에 이르기까지 미래의 성장 동력을 찾으려는 노력은 계속 이어졌다. 한국은 무역 강국이며 수출 대국이다. FTA 체결국가가 무려 52개국에 달하고 전 세계 GDP의 75퍼센트를 차지하는 해외 시장을 우리의 경제 영토로 바꿔 놓았다. 그러나 문제는 이 같은 여건의 활용이다.

한 국가의 성장 엔진은 국제 사회에서 해당 국가의 역할이 어떻게 진화하느냐에 달려 있다. 한국은 일본의 기술을 들여와 제조업을 통해 가성비 높은 제품을 세계에 공급하면서 오늘의 부(富)를 축적했다. 이제 그 역할은 중국으로 넘어갔다. 21세기 대한민국의 신

(新)국부론은 새로운 역할이 무엇인지에 답하는 것이다.

지구촌은 지난 250년 동안 이어졌던 산업화 시대의 종말을 맞이하고 있다. 공급은 넘치고, 만성적인 수요 부족에 빠져들고 있다. 세계적인 저성장은 유럽, 미국을 위시한 OECD 선진국 중심의 선택과 집중에 의한 지구촌의 산업화가 생명주기곡선상 성장기를 마치고 성숙기에 접어들면서 세계 경제 성장이 변곡점에 도달한 것에서 비롯된다. 시장이 성숙기에 접어들면 고도성장을 이끈 제품들 대부분의 보급률은 정점에 이른 다음, 그 수요는 점점 축소된다. 단, 선택과 집중은 필연적으로 빈부 격차의 양극화를 가져온다. 저성장은 수요 부족에 기인하고 수요 부족은 양극화가 원인이다. 절대 다수의 저소득층 잠재 수요 개발이 곧 지구촌 사회 문제 해결의 열쇠라는 뜻이다. 지구촌은 신흥 개도국의 잠재 수요를 개발해야 하고, 한국은 저소득층의 소득 증대를 꾀해야 한다.

소득은 원조나 복지 확대가 아닌 일자리에서 만들어진다. 그렇다면 신흥 개도국과 한국의 일자리는 어떻게 만들 것인가? 한국이 보유한 제조업종과 제조 기술이 필요한 신흥 시장으로 진출해 그 나라의 경제 발전(산업화와 도시화)을 지원한다면 쌍방 간에 일자리를 만들 수 있다.

지구촌은 기후 변화, 환경, 높은 실업률, 난민, 양극화로 신음하고 있다. 양극화는 국가 간이나 국가 내의 불평등 모두를 포함한다. 국가 간 양극화는 유럽이 난민 문제로 시달리게 된 배경이다. 중국이 부상했지만 아프리카는 오히려 소득이 한 세기 전으로 퇴보했다.

세계은행 이사회는 2016년 9월 27일 만장일치로 김용 총재의 연임을 결정하면서 '2030년까지 빈곤을 종식한다는 목표를 달성하고, 개발도상국 소득 하위 40퍼센트의 소득 수준 증대를 위해 노력한 그의 리더십과 비전이 연임 결정 이유'라고 밝혔다. 세계화는 한국, 중국과 같은 신흥국의 산업화와 경제 발전으로 선진국과 후발국 간의 불평등을 축소시킨 반면, 세계 무역의 가치 사슬에서 확실한 경쟁우위를 갖지 못한 신흥 개도국 대부분을 수입 시장으로 전락시켰다. 각국에서는 세계화로 인한 글로벌 분업의 영향으로 취약계층이 일자리를 잃게 되어 결과적으로 소득 불평등이 확대되는 현상이 발생하고 있다.

자유 무역과 세계화에 대한 반작용이 거세게 일고 있는 배경이다. 소득 불평등의 원인으로 비난받는 세계화 자체는 잘못된 방향이 아니지만 세계화가 초래한 모순을 해결해야 할 시점이 도래한 것이다. 특정국으로 몰린 글로벌 제조 거점은 환경 문제를 일으키고 있다. 미국 트럼프 대통령의 보호무역주의는 중국, 멕시코, 베트남 등 특정국가에 편중된 생산 시설을 분산시키는 결과로 나타날 수 있다. 즉, 세계 생산 시설의 구조 재편이 진행되는 신호탄인 셈이다. 지구촌이 균형 발전을 찾아가는 자정 작용이 시작될 수 있다. 지구촌의 균형 개발이 가속화된다면 기후 변화 대응은 더 큰 효과를 얻을 수 있다.

수요 부족으로 저성장에 시달리는 세계는 그 어느 때보다도 절대 다수를 차지하는 신흥 개도국의 저소득층 잠재 소비를 활성화시킬 필요가 있다. 그런데 신흥 개도국들 대부분이 민생을 살리고 경제 개발을 하려는 의지는 강하지만 실행에 옮길 자금과 산업 시스템이 없으며 기술 또한 없다. 경제 개발에 반드시 필요하지만 부족한 역량은 외부에서 들여오는 것이 최적이다. 외부 의존은 가장 빠른 자립의 길이다. 외부의 도움 없이는 시간이 너무 오래 걸리기 때문이다.

한국도 처음에는 없거나 부족한 자본, 기술, 기계 설비뿐만 아니라 마케팅, 브랜드까지 외국에 의존하면서 시작했다. 부족한 역량을 한꺼번에 빌릴 수 있도록 외국인 직접 투자 유치에도 적극적으로 나섰다.

한국도 1960년대 초반에는 아프리카 최빈국 같았다. 무상 원조를 받고 있는 나라에 차관까지 주느냐며 외면당한 적도 있었다. 독일에서 차관을 빌리려고 해도 한국에 지급 보증을 해주겠다는 은행이나 나라가 없었다. 하는 수 없이 독일에 파견한 광부들의 급여를 담보로 보증을 받아내야 했다. 중국이 G2 경제로 일어서고 단기간에 14억 인구를 빈곤으로부터 해방시킨 전례가 지구촌 저성장의 해법이다. 이제 지구촌의 빈곤 지역 개발에 투자할 때다. 한국이 산업화 경험을 활용해 신흥 개도국 개발에 앞장서면 지구촌의 저성장 극복, 양극화 해소, 기후 변화 대응에 선도적인 역할을 할 수 있다. 한국은 자유 무역과 세계화의 최대 수혜자이면서 동시에 최대 피해자가 될 수 있다. 한국이 지구촌의 불균형 성장을 바로 잡는 데 기여할 책임이 가장 큰 이유다.

그렇다면 국제 사회에 기여하는 동시에 국내 산업 문제와 과잉 생산 설비의 구조조정, 고비용 저부가의 제조업 활로 등을 함께 해결할 수 있는 사업으로는 무엇이 있을까?

글로벌 저성장 속에도 신흥 개도국 시장에서는 한국의 주력 산업 대부분이 높은 성장세를 보이고 있다. 신흥 개도국들은 원자재 가격 하락으로 경제 성장률이 하락하자 SOC 사업을 더욱 확충하고 있다. 신흥 개도국의 현지 자원 개발도 한국의 우수한 기술과 인력을 요구하고 있다. 이라크 등 전후 복구 사업은 물론 신흥 개도국의 도시화로 인한 인프라 시장은 글로벌 저성장 속에서도 지속적으로 성장하고 있다. 이란이 박근혜 전 대통령 순방 시 정부와 체결한 52조 원 규모의 MOU[Memorandum of Understanding(양해 각서), 당사국 사이의 외교 교섭을 통해 서로 양해된 내용을 확인하고 기록하고자 정식 계약 체결에 앞서 행하는 문서로 된 합의]는 대부분 인프라 사업이다. 신흥 개도국은 한국 정상이 방문할 때마다 한국에 대규모의 투자 사업을 요청한다. 선진국과는 대조적이다. 그만큼 개발도상국에는 한국 기업에 많은 기회가 있다는 방증이다. 베트남 하노이의 신도시인 스타레이크 시티의 고급 주택 프로젝트가 좋은 사례다. 한국을 롤 모델로 삼고 싶어 하는 베트남 정부에 대우건설이 1996년에 1970년대 강남 개발 방식의 신도시 건설을 제안해서 성사된 프로젝트다.

신흥 개도국의 경제가 성장하면서 주거 환경 개선 욕구가 커지고 있는 상황이 우리 건설사 입장에서는 최고의 기회다. 현재 한국의 건설업은 국내 SOC 확충과 도시화가 마무리 단계라 GDP의 14퍼센트 수준(1991년 23퍼센트)으로 투자가 축소되고 있다. 좀 더 적극적으로 해외 시장으로 나가야 하는데 이를 위해서는 해외 인프라 실적이 요구되고 있다. 신흥 개도국은 한국 건설사가 실적을 쌓는데 유리하다. 이런 상황에서 신흥 개도국의 인프라 사업 기회는 침체된 주력 산업 전체에 활력을 불어넣을 수 있다.

한국의 최대 시장인 중국은 내수 중심으로 경제 정책을 전환하면서 양적 성장에서 질적 변화를 도모하고 있다. 중국의 기업들은 외부로부터 선진 기술을 수혈하고 단기간에 브랜드 가치를 확보하기 위한 기업 인수·합병에 적극 나서고 있다. 한국 기업이 중국 기업의 구조 개편에 파트너로 참석할 수 있는 좋은 기회가 될 수 있다.

중국 내수 시장의 기회는 중산층 1억 명(미국 9,200만 명 추월)이 원하는 품질 수준을 현지 기업들이 아직 충족시키지 못하고 있다는 데 있다. 이제 한국 기업들은 현지 기업과의 파트너십을 통해 고품질 상품 기획에 참여하면서 고부가가치의 기획회사로 진화할 수 있는 기회를 잡아야 한다.

결론적으로 국제 사회에서 국가 발전단계로 보면, 한국은 선진국과 개발도상국 간의 경계에 위치하고 있다. 국제 사회에서 선진국과 후발국 간에 산업과 문화의 경계를 잇는 가교 역할을 할 수 있는 기회를 잡을 수 있는 것이다.

세계 최대의 FTA 경제 영토를 보유하고 있는 상황에서 현재 지구촌에는 문화 한류가 거세게 불고 있다. 국제 사회에서의 한국의 독특한 위치, FTA 이점, 한류의 잠재력을 결합하면 지구촌의 균형 발전과 양극화 해소에 기여할 수 있는 한국만의 고유한 역할 수행은 물론, 지구촌 허브국가로의 도약을 꿈꿀 수 있다.

2장

산업한류로
/
지구촌 허브가 되는 것이
/
새로운 국가 비전

대한민국의 새로운 국제 역할

신흥 개도국의 허브로 급부상

오늘날의 우리 정부와 국민은 무엇을 바라보며 뛰고 있는가? 역대 정부에서는 창조 경제, 스마트 국가, 문화 대국 등 화려한 구호를 내걸었지만 그것들이 지향하는 궁극적인 목표는 무엇인가? 지구촌이 FTA를 통해 하나의 시장으로 통합되고 있는 오늘날 국가 비전의 요건은 국내를 벗어나 전 세계를 바라보며 진화해야 한다. 국가의 비전은 곧 국제 사회에서 감당해야 할 한국의 역할이고, 국민이 먹고 사는 문제인 산업이며 일자리의 원천이다.

기성 세대는 선배 세대가 차려놓은 밥상을 받아먹기만 했지 다음 세대를 위한 밥상은 차려 주지 못했다. 그 대가를 우리 딸과 아들, 조카 세대가 고스란히 치르고 있다. 지금 한국은 자본과 기술의 부족이 아니라 꿈이 빈약한 것이 더 큰 문제이자 위기다. 우리나라가 새로운 국제 역할을 찾으려면 먼저 국제 사회 속에서 어디에 위치하고 있는지에 대한 새로운 통찰이 필요하다.

한국은 세계 70퍼센트를 점하는 신흥 개도국과 30퍼센트 선진국의 경계선상에 위치하고 있다. 전 세계를 통틀어 2차 대전 이후 유일하게 산업화, 민주화, 정보화에 성공해 원조를 받던 나라에서 원조를 주는 나라로 탈바꿈했다. 그리고 170여 개 신흥 개도국에 필요한 모든 업종과 기술을 보유하고 있는 유일한 나라다. 베이비 붐세대의 숙련된 기술과 중소기업의 업종이 바로 개도국에 필요한 핵심 자산이다.

앞으로 한국은 지구촌 곳곳의 낙후 지역의 산업화를 지원하고 극빈국의 빈곤을 퇴치함으로써 국제 사회로부터 신용을 얻어야 한다. 지구촌에 산업한류를 일으키는 것이다. 이는 한국이 가장 잘할 수 있는 새로운 국가의 역할일 뿐 아니라 국민 일자리를 신흥 시장에서 창출하는 일이기도 하다. 이는 양극화로 갈등이 심화되고 있는 우리 국민을 하나로 묶는 대국굴기 비전이 되면서 우리 사회가 과당 경쟁과 과잉 정치를 넘어 상생 사회로 진화할 수 있는 계기다. 동시에 청장년층 실업과 중소기업 문제 등 산적한 국내 문제를 해결하는 길이 된다. 압축 성장의 알토란 같은 노하우가 담겨 있는 다양한 업종과 기술을 활용한 한국만의 차별화된 국제 사회 진출 전략이다. 이 과정을 통해 국격을 높인 한국은 신흥 개도국의 허브로 급부상할 수 있다.

신흥 개도국의 허브를 위한 한국의 역할

미래에는 국경으로 나눠진 나라보다 세계 각지로 연결된 국별 도시가 경쟁의 핵심이 된다. 도시는 곧 연결을 의미한다. 산업한류는 한국의 도시들과 신흥 개도국을 연결하는 고리다. 산업한류는 우리나라를 어떤 나라로 탈바꿈시킬 수 있을까?

싱가포르는 동남아시아의 허브, 두바이는 중동의 허브, 미국은 세계의 기초과학과 원천 기술의 허브다. 미국은 기술, 지식재산권, 브랜드만 관리하고 기타 모든 생산 활동은 아웃소싱하면서 부를 유지하고 있다. 명실상부한 세계의 수도이자 지식 허브국가인 것이다. 특히 싱가포르는 금융, 물류, R&D(Research and Development, 연구 개발), 기업 RHQ(Regional Head Quarters, 지역 총괄본부), MICE[Meeting·Incentives·Convention·Events and Exhibition, 즉 회의(Meeting), 포상관광(Incentives), 컨벤션(Convention), 이벤트와 전시(Events & Exhibition)의 머리글자를 딴 단어이며 '비즈니스 관광(BT)'이라고도 한다] 엑스포 허브, 인재 양성, 병원 및 주거 환경 등 서비스의 허브로서 동남아시아 주변국의 경제와 함께 성장한다. 이렇듯 싱가포르, 두바이 등이 특정 지역의 허브라면 한국은 신흥 개도국과 선진국 간의 가교 역할을 하는 지구촌의 허브가 될 수 있다. 우리나라는 이미 세계 52개국과 FTA를 체결해 세계 시장의 70퍼센트인 50조 달러의 경제 영토를 갖고 있다. 그야말로 세계 교역의 허브라 할 수 있다.

산업한류를 통해 우리가 꿈꾸는 21세기 대한민국의 비전은 '신흥 개도국의 허브국가'다. 미래의 한국은 신흥 개도국을 위한 적정 기술 R&D(HQ, 본사) 허브, 4차 산업혁명의 테스트 베드(Test Bed, 새로운 기술과 제품과 서비스의 성능 및 효과를 시험할 수 있는 환경 혹은 시스템이나 설비), 교육 문화혁명 한류의 허브, 신흥 개도국의 인재 육성 허브, 산업관광(MICE 엑스포와 의료관광 등) 허브, 한국식(K) 서비스의 허브 등 총 6가지 허브로 진화할 것이다. 이는 패스트 팔로어(Fast Follower, 새로운 제품이나 기술을 빠르게 쫓아가는 전략 또는 그 기업) 제조 강국의 산업화 모델국가에서 소프트 파워 중심의 신흥 개도국 롤 모델국가로의 진화를 의미한다. 이렇게 진화를 거치면 한국의 새로운 경쟁우위는 수출 제조업 경제우위의 하드 파워에서 산업한류가 가져올 소프트 파워로 업그레이드가 된다.

한국은 신흥 개도국이 산업화 단계별로 필요로 하는 적정 기술의 R&D 허브, 신흥 개도국의 우수 인재가 한국의 압축 성장을 배우려 몰려오는 고등교육의 메카, 세계 최대 단일 시장인 중국 진출을 위한 글로벌 기업의 연구 개발 교두보, 스마트 시티로 구현된 4차 산업혁명의 응용 산업 테스트 베드, 한류가 이끄는 미래 라이프 스타일의 중심지, 지구촌 신문화 콘텐츠의 중심지, 21세기 교육을 주도하는 디지털 교육 혁명의 허브, 쇼핑관광이 아닌 벤치마킹 교육 요소가 경쟁력인 산업관광의 허브, 개발 시대에 최적화된 K 서비스의 허브로 거듭나는 것이다. 우리 경제가 오늘의 한국을 일으켜 세운 제조 산업에서 고부가 서비스, 소프트 산업으로 진화하는 것이다.

인재 허브부터 시작하자

한국이 허브국가가 되려면 먼저 신흥 개도국의 인재가 모이는 인재 허브가 되어야 한다. 인재가 모이면 자연히 외자 기업 유치도 가능하다. 4차 산업혁명의 테스트 베드가 되면 관광 자원이 부족한 한국은 ICT 기반인 미래의 스마트 시티와 새로운 라이프 스타일을 경험하려는 산업관광객 1억 명 시대를 기대할 수 있다. 또한 한국에서 공부한 각국의 우수 인재가 K—서비스를 자국으로 전파할 것이다. 한국에 진출한 외국계 외식업 프랜차이즈들을 보더라도 그 나라에 유학했던 한국인이 들여온 경우가 많다.

신흥 개도국의 허브국가로 거듭나 글로벌 인재, 투자, 기업, 국제기구들을 대규모로 유치하면 북한의 핵 협박 등 안보 위협도 줄일 수 있다. 특히 중국 자본과 중국 기업의 투자 증가는 한반도 안전에 직접적으로 영향을 미친다. 미래의 통일 한국이 북한 인구를 먹여 살리려면 경제력을 한 단계 더 도약시켜야 하는데 그 재도약의 길은 바로 산업한류에 있다.

산업한류는 소프트한 교육한류 콘텐츠와 하드한 산업의 결합

기성 세대의 '산업'과 청년 세대의 '한류'의 결합

산업한류는 보호 무역과 수출 절벽을 겪고 있는 한국의 재도약 킹핀 솔루션이다. 기존의 자국 중심의 상품 수출 교역 패러다임을 현지 개발형 산업 파트너십으로 진화시켜 상대국의 지역 사회 개발에 종합 솔루션을 제공하면서 지구촌 균형 발전에 기여하는 것을 말한다.

현지 맞춤형 지역 개발의 경우 하드한 산업뿐만 아니라 소프트한 노하우 콘텐츠도 필요하다. 기업 경쟁력이 직원 역량에서 비롯되듯이 국가의 궁극적인 경쟁력도 국민의 역량 제고에 있다.

현지 문제의 근본적 해결은 현지인을 성장시키는 교육 콘텐츠에 있다. 사실 현지에 필요한 산업과 기술은 수단일 뿐, 궁극적인 기여는 현지인에 대한 투자와 개발이다. 오늘날 지구촌에 불고 있는 한류는 세계 시민들의 한국 콘텐츠에 대한 호감도 표출이며 문화한류는 교육한류 콘텐츠를 실어 나를 플랫폼이다. 현지인을 미래 지향적 시민으로 육성해내는 한국식 교육 콘텐츠를 내재한 한류가 진정한 문화 한류라 할 수 있다. 교육 콘텐츠가 장착된 현지 문제 해결형 글로벌 진출 모델인 것이다.

사람의 성장을 중심에 둔 글로벌 사업이 곧 산업한류다. 한류가 산업한류의 소프트 플랫폼이라면 맞춤형 산업단지는 산업한류의 하드 플랫폼이다. 소프트한 교육한류 콘텐츠와 하드한 산업의 결합이다. 기성 세대가 이룩한 산업과 청년 세대가 창조한 한류의 결합이기도 하다. 이것이 21세기 지구촌에서 한국이 맡게 될 새로운 국가의 역할이다.

'산업한류'는 한국의 재도약(GDP 5만 달러 목표, 향후 10년 프레임)을 위한 범국민 프로젝트로 상품 수출형 무역 패러다임을 현지 개발형, 사회 문제 해결형, 맞춤형 산업 파트너십으로 발전시켜 사람 성장 중심과 지역 사회 개발 중심의 글로벌 사업을 펼침으로써 지구촌 균형 발전에 기여하고 이를 통해 허브국가로 거듭나는 것을 목표로 한다.

특히 신흥 개도국은 한국의 압축 성장 경험과 다양한 제조업종 및 기술력을 활용하게 되어 더욱 큰 효과를 얻을 수 있다.

신흥 개도국을 대상으로 한 산업한류를 좀 더 구체적으로 말하자면 우선 한국 정부의 지원 아래 인프라 공기업과 30대 대기업이 장년층 기술자, 대졸 청년, 중소기업과 하나의 그룹이 되어 세계 70퍼센트를 점하고 있는 신흥 개도국으로 동반 진출한다. 각국의 경제 개발단계에 필요한 산업과 기술로 맞춤형 산업단지를 조성해 산업화의 기본 토대를 구축해주고 경제 개발을 지원하는 것이다. 특히 지구촌 최대 난제인 기아의 뿌리인 빈곤을 퇴치하고 그 과정에서 얻은 신용을 바탕으로 인프라 개발, 자원 개발 등 산업한류 7대 플랫폼 사업과 연계해서 한국 기업도 함께 성장하는 글로벌 공생 전략이다.

▌산업한류 7대 플랫폼 사업

맞춤형 산업단지가 조성되면 이어서 산업한류 7대 플랫폼 사업을 순차적으로 전개한다. 산업한류 7대 플랫폼 사업은 한국만의 차별화된 강점을 활용해 재도약의 계기가 되면서 동시에 국제 사회 문제를 해결하는 데 기여할 수 있는 성장 기회를 국가 차원에서 개발하는 사업들이다. 추락하는 국가 잠재 성장률을 끌어올리기 위한 혁신 성장 모델이자 민관협업의 한국형 신성장 모델이 되는 것이다. 7대 플랫폼 사업은 다음과 같이 구성된다.

① 한국의 최대 강점인 제조업을 활용해 신흥 개도국의 산업화를 지원하는 맞춤형 산업단지이며 산업한류 모태 플랫폼
② 대기업과 공기업의 주력 산업을 활용해 각국의 재정 투자 집중 분야인 인프라 개발에 참여하는 인프라 사업

③ 99퍼센트 수입에 의존하는 한국의 자원 안보를 위한 윈윈형 해외 자원 개발 사업

④ 세계 최고의 도시화율(전 인구 중에서 도시에 사는 인구의 비율)과 가장 최근의 도시화 경험을 활용해 4차 산업혁명의 글로벌 테스트 베드를 선점하는 스마트 시티 사업

⑤ 한국의 압축 성장 노하우를 집대성해 해외 우수 인재를 유치하고 소프트 강국의 중추가 될 신흥 개도국의 고등교육 메카화 사업

⑥ 최고의 ICT 인프라와 문화한류를 활용해 지구촌의 교육 불평등을 해소하고 21세기 교육 혁명 시대를 선도하는 디지털 교육 사업

⑦ 한국의 산업화, 도시화, 사회 시스템 노하우 등 개발 경험과 한류를 접목한 한국형 서비스의 글로벌화

▌사회 문제 해결의 킹핀 솔루션

맞춤형 산업단지는 도시화로 연결되면서 병원, 학교, 유통, 안전 등 서비스 산업을 전 세계로 함께 진출할 수 있는 기회를 제공한다. 이러한 기회를 통해 진출한 청장년들은 산업단지 안정화 이후에도 현지에서 벤처 창업 등 다양한 일자리 기회를 얻을 수 있다. 대기업은 인프라 시장, 자원 개발 시장을 선점해 장기적인 수익성을 확보할 수 있다. 중소기업은 기존 사업으로 새로운 시장을 얻고 고부가가치 사업으로 진화할 수 있는 숨통이 트인다. 대기업과 중소기업

간의 진정한 동반 성장 모델이다.

현재 철강 등 공급 과잉에 처한 업종의 구조조정은 협력업체 도산, 대규모 실업 발생 등의 후폭풍을 우려해 지지부진하다. 하루 빨리 구조조정 출구가 절실하다. 이러한 상황에서 과잉 설비를 폐기하거나 인력을 해고하지 않고 신흥 시장으로 이전시킬 수 있다면 구조 개편은 급물살을 탈 수 있다.

따라서 산업한류 프로젝트는 21세기 신흥 개도국의 허브국가로 진화하기 위한 차세대 국가 비전 플랫폼이자 한국의 제2기 글로벌 진출 모델(실패하지 않는 윈윈형, 현지 개발형 해외 사업 플랫폼)인 동시에 일자리 창출과 격차 해소 등 우리 시대가 안고 있는 사회 문제를 해결하기 위한 통합 솔루션 플랫폼이 된다.

우리 사회는 답이 없는 전쟁 프레임에 갇혀 정체기를 보내고 있다. 정치권과 재벌 간의 전쟁, 대기업과 중소기업 간의 전쟁(프레임)이다. 또한 주력 산업과 신산업 간의 전쟁, 통일 갈등과 내부 갈등 간의 전쟁(프레임)이다. 모두를 아우를 수 있는 종합적인 처방이 필요하다.

종합적인 처방은 협업에서만 가능하다. 이 시대에 협치가 강조되는 배경이다. 대기업을 대표하는 재벌과 국민을 대표하는 정치권이 재도약을 위한 상생협력의 대타협을 이룰 수 있는 길을 찾아야 한다.

오늘날 우리는 초연결 사회에 살고 있다. 고도로 진화된 사회구조는 모든 문제가 서로 연결되어 발생하므로 부처별, 기능별 처방만으로는 문제 해결이 불가능하다. 양극화, 중소기업 문제, 구조 개혁 문제, 청년 일자리 문제가 따로 발생하는 것이 아니라 모두 연결되어 있다는 뜻이다. 융합과 복합이 새로운 시대 흐름이 되고 있다. 모든 문제를 하나로 꿰는 킹핀 통합 솔루션이 필요하다. 문제의 연결고리를 예로 들어보자.

① 주력 산업의 앵커 기업(선도 기업)인 '대기업'이 성장 정체를 겪으면서 구조조정과 긴축 경영을 하고 있다.

② 대기업의 성장 정체는 납품업체로 성장해온 '중소기업'에게 전이된다.

③ 대기업과 중소기업 간 '사회 양극화'를 초래한다.

④ 국민 고용의 88퍼센트를 차지하는 중소기업의 성장 정체는 곧바로 '청장년 일자리 문제'로 연결된다.

⑤ 산업구조 개혁을 통한 경쟁력 회복이 급선무지만 '구조 개혁'은 출구가 없어 지지부진하다.

⑥ 기업은 '4차 산업혁명에 대한 대응'은커녕 긴축 경영으로 생존에 급급한 실정이다.

⑦ 구조 개혁이 지연될수록 격차는 확대되고 반기업 정서를 더욱 증폭시켜 '재벌 개혁'에 대한 압박으로 작용한다.

그렇다면 문제 해결을 위한 연결고리는 어떠한가?

① 가장 심각한 사회 문제인 '일자리 문제'를 해결하려면 중소

기업이 다시 성장 기회를 찾아야 하는데 정체된 내수에는 답이 없다.

② 해외 시장으로 나가야 하지만 중소기업이 독자적으로 나가기에는 역부족이다. 글로벌 네트워크를 가진 대기업이 중소기업의 해외 진출을 돕는 앵커 역할을 하면서 저부가 업종의 과잉 설비와 인력을 해외로 이전하도록 유도하면 출구가 생겨 '구조 개혁'에 속도를 낼 수 있게 된다.

③ 그러면 '중소기업'은 새로운 시장에서 성장 기회를 얻을 수 있다.

④ 대기업도 '주력 사업'의 경쟁력을 재건할 수 있다.

⑤ 생존 위기에 직면한 기업들이 기존 사업에서 성장 기회를 얻으면 숨통이 트이고 비로소 '4차 산업혁명'에 대응할 수 있는 여력도 생겨난다.

⑥ '재벌 개혁'을 견제가 아니라 활용에 방점을 두면 중소기업을 살릴 수 있다.

⑦ '양극화'를 해소하는 진정한 동반 성장의 길이 열린다. 아울러 국가 경제의 재도약에 기여한 재벌은 반기업 정서를 딛고 국민 기업으로 거듭날 수 있는 계기가 만들어진다.

산업한류의 로드맵

산업한류 모태 플랫폼으로 향후 10년간 신흥 개도국에 맞춤형 산업단지 30여 개를 조성하는 계획을 앞에서 언급했지만 진출하는 국가의 상황에 따라 산업단지 유형은 달라야 한다. 극빈국은 생필품 중심의 노동 집약적 경공업단지, 개도국은 중화학 중심의 기술 집약형 단지, 중진국은 IT 등 첨단제품 제조단지로, 각국의 산업 발전 단계별로 차별화하고, 신흥 개도국의 경제 개발 로드맵 전체를 지원하는 장기 파트너가 된다. 지역별 우선순위는 빈곤 인구가 가장 많은 아프리카를 시작으로 중앙아시아, 동남아시아, 중동, 중남미 순으로 확대한다.

국내 30개 그룹이 각자의 사업 강점을 살려 국가별로 1개씩 조성한다. 1단계는 사업 시작 후 3년 동안 3개국에 먼저 진출한다. 파일럿 성격이 강한 3개국 단지에서 발생한 시행착오를 분석하여 2단계에서는 4년차부터 7년차까지 10개국으로 확산한다. 3단계에서는 7년차부터 10년차까지 나머지 17개국을 추가한다.

특히 아프리카와 같은 극빈 지역의 빈곤 퇴치형 생필품 산업단지의 경우 조성한 단지가 안정단계로 접어들면 중국, 일본 등 주변국의 참여와 국제구호단체와의 협업 등 전 세계적인 동참을 유도한다. 국제기구, 진출 대상국 정부, 민간 기업, 한국 기업 및 정부가 공동으로 참여하는 다자간 협력 모델이 될 뿐만 아니라 민관협력(PPP: Public Private Partnership)을 활성화하는 계기를 마련하게 된다. 한국이 프로젝트 제안자이므로 먼저 국내 민관기구를 만들어 추진하고, 이후 국제 사회로 조직을 확대하여 유엔 산하에 '세계 빈곤 퇴치 민간기구'를 구성하는 방안도 검토한다. 최소 10~15년의 장기적 프로젝트이므로 정권이 바뀌어도 지속적으로 추진할 수 있도록 국회가 입법을 통해 영속성과 추진력을 보장할 필요도 있다.

지구촌에서 가장 발전 수준이 낮은 아프리카는 풍부한 자원과 거대한 인구를 갖고도 원조에 의존하고 있다. 산업화가 취약하여 농업 사회에서 산업 사회로 전환을 시도하고 있으나 성과는 부진하다. 몇몇 국가는 한국을 벤치마킹할 국가로 삼고 있다. 한국의 발전 경험이 개도국에 접목되기 위해서는 국내 기업이 아프리카에 적극적으로 진출하면서 파트너십을 강화해야 한다. 한국이 산업단지를 조성하면 산업화는 가속화될 것이고 공단 운영의 효율성을 확보하면 세계 시장 진출 등 아프리카 국가들의 산업 발전에 효과적으로 기여할 수 있다.

이렇게 되면 세계의 제조업 순환은 일본, 한국, 중국, 인도를 거쳐 아프리카로 옮겨갈 것이며 미래에는 아프리카 10억 명의 인구가 새로운 소비 시장으로 등장할 것이다. 2011년 세계은행은 아프리카가 30년 전의 중국, 20년 전의 인도가 이룬 고속 성장기에 진입했다고 발표했다. 미국은 2014년 330억 달러, 중국은 2016년 600억 달러, 일본은 2016년 300억 달러의 아프리카 투자 계획을 밝혔다. 우리나라 역시 2016년에 향후 2년간 50억 달러, 4년간 100억 달러를 투입할 계획을 수립한 바 있다. 투자액의 절대 규모를 보면 강대국과 비교가 안 되므로 투자 내용을 차별화해야 한다. 무엇보다 아프리카 개발에는 우리나라의 강점인 인적 자원 개발을 통한 경제 개발 노하우, 맞춤형 기술 전수, ICT를 활용한 디지털 교육 인프라 조성 등 교육 요소가 연계된 투자가 현지 개발에 가장 필요하다는 점을 우선 고려해야 한다. 그래서 맞춤형 산업단지에는 주민 교육과 소득 개발을 직접적으로 연계시켰다.

왜 범국가적 프로젝트가 필요한가?

10퍼센트대에 달하는 청년 실업에 연간 20만 명씩 쏟아져 나오는 베이비 붐 세대 은퇴자, 매년 50만 명에 이르는 대학 졸업생 등으로 인해 가장 시급한 사회 문제로 일자리 문제가 손꼽히고 있다. 서울시에서 실시하는 청년수당에 이어 고용노동부도 청년 취업 지원정책으로 '취업 성공 패키지'라는 구직 비용을 지급하기로 했다. 청년 고용 할당제, 중소기업 취업 자산 형성 지원 등 일자리 대책으로 196개 프로그램에 연간 19조 원의 재정이 투입되고 있으나 실효는 없고 임시직만 양산하고 있다는 비난을 받고 있다.

정부는 저성장을 극복하고 4차 산업혁명 시대에 선제적으로 대비한다는 취지로 인공지능, VR(Virtual Reality, 가상현실), AR(Augmented Reality, 증강현실), 자율 주행 자동차, 경량 소재 등 국가 전략 프로젝트 9건을 발표했다. 그런데 이 신산업들은 이미 세계 각국이 경쟁하고 있는 미래 산업의 일부일 뿐이다. 신산업으로 일자리를 만들겠다는 창조 경제는 아직까지도 미생[未生, 반상의 돌이 갖춰야 할 완생(完生)의 최소 조건인 '독립된 두 눈'이 없는 상태를 말하는 바둑 용어로 완전한 삶의 상태가 아님을 가리킨다]이다.

정부는 조선, 해운업의 구조조정을 위해 11조 원 규모의 펀드를 조성한다고 발표했다. 그러나 조선, 해운업이 미래에 어떤 모습으로 진화할 것인지에 대한 산업 재편 비전은 아직 소통된 바 없다. 구조 조정자금이 대기업의 버티기용으로 사용된다면 대마불사식의 대기업 보호라는 비난을 면하기 어려울 것이다.

대기업의 납품업체로 성장해온 중소기업은 대기업의 성장 정체로 인한 물량 축소와 업종 자체의 노후화로 인한 내수 시장 정체로 생존을 위협받고 있다. 현재 30대 그룹들은 문어발 확장으로 사회적 비난에 직면해 있다. 다원화된 관계사 사업의 포트폴리오가 일감 몰아주기로 욕을 먹고 있다. 중소기업과의 공정 경쟁을 저해한다는 이유에서다.

대기업 중심의 수직 계열화된 산업구조는 1, 2차 협력업체와의 임금 격차를 더욱 확대시키고 있다. 평균 20~30년에 걸친 전문분야의 경험을 갖고 있는 700만 명의 베이비 붐 세대 은퇴자는 자영업으로 내몰리고 있다. 청년 실업률은 최대 사회 문제로 대두되고 있다. 속도와 효율의 경쟁력을 가져다준 산업구조의 순기능은 사라지고 역기능만 부각되고 있는 실정이다.

수직 계열화의 강점을 활용해 대기업과 중소기업 간의 격차 문제를 극복할 수 있는 길은 없는가? 대기업의 자산인 글로벌 네트워크와 중소기업의 자산인 다양한 업종과 숙련된 기술을 융합하면 어떤 기회가 생길까? 청장년이 일자리를 두고 경쟁할 것이 아니라 장년층의 기술과 청년의 글로벌 감각을 융합해 일자리를 더 만들 수 있는 기회는 없을까?

이처럼 중차대한 국가적 과제를 개별 기업에만 맡겨둬서는 안 된다. 외부로부터의 구조조정 레버리지가 절실히 필요하다. 각자도생으로는 희망이 없다. 각자는 역기능을 내고 있지만 이들을 범국가적으로 융합하면 새로운 기회가 생겨난다.

몸통 산업이 활로를 찾아야 4차 산업혁명의 신산업도 육성할 수 있는 여력이 생긴다. 한국 경제가 재도약을 하려면 그 발판은 내수가 아닌 해외 시장이 되어야 하고 신산업이 아닌 기존 산업을 어떻게 활용할 것인가에서 출발해야 한다. 성숙단계에 접어든 경제의 잠재 성장률은 단순히 노동, 자본 등의 생산 요소를 더 늘린다고 올라가지 않는다. 또한 생존에 급급한 개별 기업이 스스로 해법을 찾기란 더욱 쉽지 않다. 결국 정부 차원에서 범국가적 역량을 결집해 성장 잠재력이 높은 새로운 성장 플랫폼을 어떻게 개발할 것이냐에 달려 있다.

산업한류 7대 플랫폼 사업은 민관과 대기업과 중소기업을 '팀 코리아'로 융합시켜야 가능한 솔루션 사업이다. 범국가적 추진이 필요한 이유다. 기업의 고용 확대 유도, 취업 지원 등의 간접적인 일자리 정책에서 일자리 자체를 만들어내는 국가 사업으로 전환하는 것이다. 단기적 경기 부양, 일자리 대책, 중소기업 지원, 구조조정에 투입되는 국가 예산을 한데 묶어 산업한류 7대 플랫폼 사업과 연계시킨다면 일회성 비용으로 끝나지 않고 미래 성장 발판을 구축하는 효과적인 투자로 바꿀 수 있다. 개성공단 프로젝트, 세종시 건설 22

조 원 프로젝트, 혁신도시화 명목으로 전국에 115개 공공기관 청사 건설 및 이전 프로젝트, 4대강 사업 22조 원 프로젝트, 정부 주도 일자리 70만 개 프로젝트 등 이미 우리에게는 대규모 국책 사업을 수차례 벌여온 경험이 축적되어 있지 않은가.

21세기 한국의 신교역 패러다임

기존 교역 패러다임의 한계

▌왜 해외 사업에서 실패하는가?

스위스 국제경영개발대학원(스위스 로잔에 위치한 세계적인 경영대학원)의 2017년 보고서에 따르면 한국의 국가 경쟁력 순위는 29위에 그쳤으며 상품 수출 증가율은 전년도 13위에서 51위까지 급락한 것으로 나타났다. 한국무역협회 자료에 의하면 2015년 전 세계 수출액 기준으로 한국이 시장 점유율 1위를 기록한 제품은 모두 68개였지만 이 중 40여 개는 시장 점유율 2위 제품과의 격차가 불과 5퍼센트 미만이었다. 전통적인 상품 수출로는 글로벌 경쟁력 유지가 어려워진 것이다. 대안으로 서비스 교역 확대와 신흥 개도국 인프라 시장이 떠오르고 있다. 선진국 위주의 상품 무역에서 탈피해 신흥 개도국 중심의 현지 개발형 교역으로 변신이 필요한 것이다.

지난 60년 동안 한국은 해외 시장 덕분에 성장해왔지만 수출 기업의 대부분은 대기업이었으며 중소기업과 중견기업 중 수출기업 비중은 3퍼센트 내외에 불과했다. 게다가 요즘은 중국 기업이 거의 전 산업부문에서 한국을 추격하고 있다. 한국 기업은 중국의 일대일로 국가 프로젝트 때문에 해외 시장에서도 발이 묶일 수 있다. FTA로 세계 2위의 경제 영토를 확보했지만 수출은 힘을 받지 못하고 있다.

더욱이 보호 무역은 해외 의존도가 높은 한국 기업에 가장 치명적이다. 보호 무역을 극복할 수 있는 새로운 교역 패러다임이 필요하다. 한류의 영향으로 브랜드가 알려지지 않은 중소기업 제품조차도 'Made in Korea'라는 국가 브랜드로 인기를 얻는 시대다. 수출품도 반도체, 자동차 등 전통 제조업 제품에서 화장품, 한류 식품, 서비스, 교육 등 전 부문으로 확대되었으므로 시장도 신흥 개도국 시장으로 확대할 수 있는 길을 열어야 한다.

삼성전자 주력 상품인 스마트폰은 2017년 2분기 중국 시장 점유율이 3퍼센트대로 떨어졌다. 현대·기아차의 중국 판매량도 1년 만에 반 토막이 나서 10위권 밖으로 밀려났다. 한국의 대중국 수출이 3년 연속 마이너스 성장이다. 총수출의 4분의 1을 차지하는 세계 최대 시장인 중국의 의존도를 줄이기 위해 중동, 중앙아시아, 동남아시아로 투자를 늘려야 한다는 말이 많다. 미국도 삼성 등 한국 기업의 공장 건설 등 현지 투자를 요구하고 있다. 수출 3위국인 베트남도 무역 적자를 빌미로 규제를 높이고 있다. 이제 낮은 인건비를 찾아다니는 해외 진출은 어디를 가도 패러다임을 바꾸지 않는 한, 현지에 뿌리 내릴 수 없고 성공하기 쉽지 않다.

한국 기업들의 '차이나 엑소더스(China Exodus)'는 언젠가 닥쳐올 예견된 수순이었다. 중국 시장은 중국 정부의 내재화정책에 힘입어 유통, 소비재, 전자, 자동차 등에서 역량을 키운 현지 기업들이 외국 기업들을 하나둘씩 밀어내고 있다. 까르푸나 월마트 같은 선진국 유통업체들도 일찌감치 중국에서 철수했고 이제 한국 기업 차례가 돌아온 것뿐이다. 삼성과 현대차도 2013년에 정점을 찍고 내리막길을 달리는 중이다. 유통, 홈쇼핑, 패션 기업 등 중국에서 철수하는 한국 기업이 속출하고 있다.

한중수교(韓中修交) 이후 20년 동안의 '차이나 붐'이 막을 내리고 있는 것인가? 중국은 우리 수출의 25퍼센트를 차지하고 있으며 그중 중간재가 75퍼센트에 달한다. 사드 문제가 해결되더라도 예전으로 돌아갈 수는 없다. 중국에 진출한 한국의 은행들도 어려움을 겪고 있다. 현지 진출을 위한 사업 이념이 불분명한 기업들은 결국 한국 기업끼리 레드 오션을 만들 뿐이다. 현지 시장에서 어떤 차별화된 역할을 하겠다는 것인지 사업 명분이 분명하지 않은 상태에서 그저 시장 사이즈만 보고 진출하기 때문이다. 다시 말해 분명한 사업 모델이 없다는 것이다.

사업 명분과 차별화된 기업 역할을 담고 있는 사업 이념은 비즈니스 모델의 기초다. 현지 시장을 명확하게 이해할 때 차별화된 역할을 개발할 수 있다. 차별성이 없는 사업 모델로 진출하면 한시적으로 수익을 낼 수 있을지 모르지만 장기적으로는 정해진 실패 코스를 밟게 된다. 오늘날 한국 기업의 중국 철수는 중국 경제의 흐름을 제대로 읽지 못한 상황에서 20년 동안 현지에 뿌리를 내리는 데 실패한 전략의 부재 탓이다. 수출에서 내수 중심으로 옮겨가는 중국 경제정책의 변화, 1인당 국민 소득이 1만 달러가 넘어가면서 건강·환경 중심으로 옮겨가고 있는 소비자 변화를 못 따라가는 한국 기업의 경쟁력이 문제의 본질이다. 중국에서 고전하고 있는 한국 기업을 사드 보복 탓으로만 돌리는 것은 무책임하다. 더 이상 가성비가 좌우하는 시장이 아니라 중국 소비자의 마음을 사로잡는 선호도를 읽어내지 못한다면 현지에서 도태되는 것은 당연하다. 이제 와서 중국 의존도 탈피를 위한 대안으로 인도와 동남아시아 시장으로 다각화를 추진한다? 진출 포맷은 바꾸지 않고 나라를 바꾼다고 해결될 일인가? 한국 기업들의 실패 원인을 제대로 보지 않고는 몇 년 후 같은 사태가 반복될 뿐이다. 그렇다면 왜 이런 일이 계속될까? 현지 기업과 우리 기업이 같이 성장할 수 있는 길은 없을까?

조선 산업의 경우 중국에 주도권을 빼앗기는 중이고 전자와 반도체 산업도 시간 문제라는 평이 지배적이다. 주력 산업의 생명을 연장할 수 있는 해법을 찾지 못하면 한국 경제는 견디기 어려운 지경에 빠져들 것이다. 주력 산업의 재도약을 위한 변신, 즉 진화가 시급하다.

나이키는 본국에서 디자인, 고급 기술, 경영 기법을 꾸준히 발전시키면서 제조부문은 가격 경쟁력이 높은 개발도상국으로 옮긴 결과, 지금도 경쟁력을 유지하고 있다. 삼성전자도 주요 기술, 디자인, 고부가가치 부품은 한국에서 생산하지만 상대적으로 기술력이 낮은 제조부문은 베트남 등 개발도상국에 맡기고 있다. 조립 등 노동 집약적인 부분은 인건비가 싼 개발도상국을 활용하는 것이다. 수출 절벽에도 불구하고 베트남에 진출한 전통 제조업종의 한국 기업들이 지속적으로 성장하고 있는 배경이다. 하지만 이것 역시 한시적이다. 초기에 수출 기업으로 진출했다 하더라도 시간이 흐르면 내수 중심 기업으로 진화해야만 지속적인 성장이 가능하다.

한국 기업은 협소한 국내 시장(1조 3,000억 달러)에서 해외 시장(75조 달러)으로 진출해야만 성장의 한계를 극복할 수 있다. 수출 주도 경제 성장은 버려야 할 카드가 아니라 진화시켜야 할 성장정책이다. 세계 무역은 중상주의 보호 무역(1단계)에서 출발해 국가 간 분업에 의한 고도성장기 자유 무역(2단계)을 거쳐 세계 경제가 저성장에 진입한 오늘날에 새로운 교역 패러다임을 요구하고 있다. 세계 무역의 새로운 질서인 3단계는 자유 무역이 초래한 양극화를 해소하고 지구촌 균형 발전을 도모하도록 상대국과의 동반 성장 모델로 진화할 것이다.

현지에 뿌리를 내리면서 장기적으로 성공한 외자 기업들을 보면, 예외 없이 현지 개발에 기여하는 동시에 같이 성장해온 기업이라는 공통점이 있다. 판매 대행만 하다가 제조사들이 해외에 자체 유통망을 구축하면서 사업 진화를 하지 못해 쇠퇴한 한국의 종합상사들과 비교되는 대목이다. 과거 신흥 개도국 내 종합 개발을 추진하던 대우가 종합상사의 미래 가능성을 보여줬지만 안타깝게도 외환위기를 맞아 미완의 시도로 끝났다. 그 결과는 한국 기업의 신흥 개도국 진출을 위축시키는 데 많은 영향을 끼쳤다.

우리나라는 개발 시대 고도 성장기에 대기업 중심으로 국내 제조—해외 수출에 이어 우회 수출기지 투자로 해외 진출의 길을 열었다. 한국의 해외 진출 1기에 해당한다. 강대국에 둘러싸인 한국이 국제 사회에서의 영향력을 끌어올리려면 새로운 통상 전략을 레버리지로 활용해야 한다. 이는 국가 안보와도 직결된다.

▌한국 수출 재도약을 위한 기회 요인

1기 해외 진출 때에는 없었던 한류 자산을 레버리지로 삼아 세계 2위로 확장된 FTA 경제 영토를 잘 활용하는 것이 2기 해외 진출의 화두다. 세계 각국은 경기 활성화를 위해 재정을 풀어 내수 시장 활성화에 나서고 있다. 신흥 개도국이 산업화를 추진하고 있으므로 글로벌 저성장을 극복하기 위해서는 신흥 개도국의 잠재 수요 개발이 절실한 때다. 이는 새로운 기회이기도 하다.

일례로 인도의 나렌드라 모디 총리는 한국이 인도의 경제 발전 모델이라고 극찬한다. 지금 인도는 조선 관련 기술부문에서, 중국은 반도체 기술부문에서 필요한 국내의 고급 인력들을 스카우트하고 있다. 그렇다면 막는 것이 최선일까? 차라리 필요한 기술을 전수하면서 서로 상생할 수 있는 전략은 없을까? 이 모든 게 가능한 새로운 포맷은 어떤 것이 있을까?

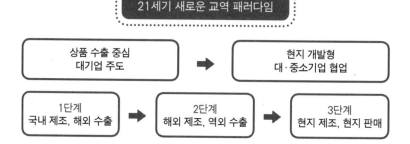

- 일방적 상품 수출에서 산업 파트너십으로 경쟁국과 차별화
- 성장기에는 가성비로 선진국 시장 중심, 성숙기에는 개도국 잠재 수요 개발 중심
- 인건비 등 단기 수익 중심 해외 진출에서 현지 개발, 공헌형 해외 사업으로

'새로운 글로벌 진출 전략은 한국 기업 2차 도약의 기본 토대, 보호 무역과 수출 절벽을 극복하기 위한 현지와의 원원형 개발 투자 모델이자 국가 성장 잠재력 확충을 위한 한국형 신성장 모델'

▎수출의 패러다임을 바꿔라

브렉시트(Brexit, 영국을 뜻하는 'Britain'과 탈퇴를 뜻하는 'exit'의 합성어로 영국의 유럽연합 탈퇴를 의미)로 촉발된 선진국 시장의 보호주의, 세계화에 대한 역주행은 우리 수출의 패러다임 전환을 강력하게 요구한다. 신흥 개도국들이 글로벌 수준의 경쟁력을 갖추기 위해서는 인프라 투자가 필수적이지만 원자재 가격 하락과 현지 통화의 평가 절하 등으로 투자 여력이 없다. 결국 외부 투자가 절실하다. 일방적인 단품 수출보다 현지가 선호하는 개발 투자형 수출이 대안

으로 떠오르고 있는 배경이다.

세계 무역량은 글로벌 균형 생산체제 및 현지 생산 확대, 수요 부족, 소프트 산업 주도 등으로 지속적으로 축소되고 있다. 각국의 인프라 시장은 정부 재정 사업에서 투자 개발형 사업으로 전환되는 추세다. 한국은 어떻게 할 것인가?

소규모 개방 경제인 한국은 과거 1970년대 오일 쇼크로 수출이 줄어들고 원유 대금 납부를 위해 엄청난 달러가 필요하자 건설업의 중동 진출로 극복했다. 오일 달러가 중동에 모이자 중동 산유국들이 SOC 건설에 박차를 가할 때 한국의 건설사들이 수주했다. 마찬가지로 오늘날 글로벌 보호 무역으로 인한 수출 절벽을 극복하기 위해서는 다시 성장 잠재력이 큰 신흥 시장으로 나가는 수밖에 없다. 단, 기업의 해외 진출 포맷은 상대 국가의 문제를 해결할 수 있는 상생 전략이 되어야 한다.

산업 경쟁력이 약한 후발국은 자유 무역이 자국 산업을 육성할 기회를 빼앗아 경제 발전을 가로막는다고 비난하고, 선진국은 자국 일자리를 빼앗는 주범이라고 비난한다. 국제 사회의 모든 보호 무역정책은 국가와 상관없이 자국의 산업과 일자리를 지키기 위한 조치들이다. 한마디로 시장으로만 이용하지 말고 현지 문제 해결에 기여하라는 요구다.

한국의 교역정책은 1단계 상품 수출로 확대했고, 2단계 수출국과 FTA를 체결하여 국내 시장의 한계를 극복하고자 세계적으로 경제 영토를 확장시키면서 진화했다. 이제 3단계는 확장된 경제 영토를 잘 활용해 상대국과 원원관계를 조성해서 양국 간 화학적 결합으로 발전해야 한다. 즉, FTA를 유럽연합 회원국처럼 사람과 물자가 서로 자유롭게 오갈 수 있는 경제 공동체 관계로 발전시키는 것이다. 소규모 개방 경제인 한국이 FTA의 허브국가로 부상할 때 중국 등 대국의 영향력을 견제할 수도 있다.

교역 환경의 변화에 부응해 기업의 수출 전략도 진화해왔다. 1단계는 국내 제조—해외 수출의 국내 기업단계, 2단계는 글로벌 제조—역외 수출의 글로벌 기업단계를 거쳐 이제 3단계로의 진화 패러다임을 열어야 할 때다. 3단계 진화는 최근의 보호 무역과 수출 절벽의 해법으로 현지 개발에 직접적으로 기여하는 현지 제조 및 현지 판매의 내수 기업화로 발전하는 것을 말한다. 이는 현지 기업과의 파트너십 모델로 옮겨가는 단계다.

경제가 수출로 성장하면 원화 가치가 높아지는 것은 당연한 결과다. 원화 가치 인상은 수출 기업이 감내해야 하고 이를 극복하기 위해서는 오로지 혁신밖에 답이 없다. 국내 제조 및 해외 수출에서 현지 제조 및 현지 판매로 사업체제를 글로벌하게 바꿔 나가지 못하면 현지 기업으로 자리 잡을 수 없고 환율과 보호 무역을 극복하면서 계속 성장하기 어렵다. 무역 흑자로 외화를 국내로 들여오지만 말고 현지에 재투자하여 현지 자산을 키우는 것도 경제 안보를 위해 매우 중요하다.

산업 파트너십 진출로 경쟁국과 차별화, 글로벌 진출 3.0

▌내수 중심의 현지 개발 투자로 전환하자

한국과 FTA를 체결한 신흥 개도국의 경우 한국의 중소기업 기술과 현지 원자재를 결합하면 얼마든지 경쟁력 있는 제품을 생산할 수 있다. 신흥 개도국 대부분은 임가공(Knock Down, 약칭 'KD'로 완성품이 아닌 부품을 수출해 현지에서 조립하여 판매하는 방식) 수준의 제조업을 갖고 있어 원자재 상당수를 수입에 의존하고 있다. 원자재를 현지화시키면 한국은 부품이나 중간재 수출 대신 내수 시장을 얻을 수 있다. 현지에서 생산하는 제품의 품질이 높아지면 핵심 부품은 한국에서 계속 공급한다. 베트남이 좋은 사례다.

고부가가치 제품 개발로 현지 기업과 역할을 분장하면 한국 기업은 고비용 저부가 사업에서 벗어나면서 사업 체질을 바꿀 수 있는 토대가 마련된다. 수출 패러다임을 바꾸면 국내 기업의 구조조정 레버리지까지 생겨나는 것이다.

신흥 개도국들도 외화 유출을 막기 위해 완제품에 대한 통관을 대폭 강화하는 형식으로 보호 무역을 추진하고 있다. 이전에는 생산 원가를 낮추려고 인건비가 싼 나라를 찾아 대규모 수출공장을 지었다면 이제는 적정 규모의 시설을 시장이 위치한 현지에 건설하는 것이 유리하다. 생산 시설이 있는 곳에서 주요 소비자가 있는 곳으로 이동할 때 국경을 넘는 정도라면 주문부터 생산과 운송까지 시간이 오래 걸리므로 맞춤형 소비 트렌드에 적합하지 않다. 더욱이 현지에 진출한 수출공장이 경쟁력을 유지하지 못해 폐쇄되거나 다른 나라로 옮기게 되면 해당 국가의 고용 시장에 부정적 영향을 미친다. 공장 이전 없이 내수 시장에 기반을 둔 생산성 혁신으로 인건비를 상쇄해 공장을 유지해야 하는 압력이 커지고 있다. 게다가 3D 프린팅, 스마트 공장의 출현으로 제조를 한 지역에 집중해 규모의 경제를 이루던 제조 거점 전략이 그 시효를 다하고 있다. 다가올 4차 산업혁명 시대에는 규모의 경제를 레버리지로 활용해 글로벌 생산 거점을 운영한 한국 제조업이 무력화될 수 있다는 의미다. 일본과 한국의 뒤를 이어 중국의 경제 발전을 가능하게 해준 제조업 수출 모델이 제조 자동화 시대를 맞이해 더 이상 후발국에 유효하지 않은 모델이 되고 있다. 현지 제조, 현지 판매로 전환해야 할 또 다른 이유다.

각 나라마다 규제가 다르기 때문에 필요한 규모의 공장을 해당 지역 내에 건설하는 것이 이제는 최적의 선택이다. GE는 각 지역의 국가 단위로 공장을 만든다는 방침을 세웠다. 보호 무역의 강화는 공장을 현지화시키라는 압력이 가중된다고 볼 수 있다.

보호 무역은 글로벌 저성장으로 인해 여러 나라에서 일자리 문제가 심각해지니 무역 상대국에 화살을 돌리는 것이다. 저렴한 인건비를 찾아 철새처럼 이동하는 수출용 공장 진출은 더 이상 지속 가능한 성장 모델이 될 수 없다. 내수용 제조를 원칙으로 하되 초기 물량을 확보할 때까지는 수출을 병행하더라도 내수 판매 비중이 주력이 되도록 판매를 내수화해야 한다. 그래야 현지에 뿌리를 내린

기업으로 성장할 수 있다.

인건비가 저렴한 신흥 개도국은 생산 거점으로 출발하지만 인건비가 올라가면서 점차 소비 시장으로 변모한다. 현지 시장 변화에 맞춰 내수 기업으로 변신하지 못하면 인건비가 싼 지역으로 다시 쫓겨나는 신세가 된다.

1994년 국내 기업 중 최초로 베트남에 진출한 태광실업이 있다. 당시 국내 인건비 상승으로 신발 산업의 경쟁력을 급격히 잃고 있었지만 2015년에는 매출액 1조 1,734억 원의 71퍼센트를 베트남 공장에서 올리고 있다. 진출 초기에는 신발 사업을 통한 고용 창출과 수출 증대로 베트남에 기여하고, 어느 정도 현지 경제 개발과 내수 시장이 형성되면서부터는 내수업종으로 변신에 성공했다. 효성 그룹은 2007년 스판덱스, 타이어코드 등 주력 제품의 글로벌 생산 기지로 베트남을 선택했는데 이제는 베트남 내수용 발전소, 아파트, 폐기물 처리 시설, 현금자동인출기, 전자결제 등의 사업 현지화, 즉 내수 시장화에 성공했다.

대기업을 따라 이미 해외에 진출해 있는 중소기업 협력업체부터 내수화를 위해 노력해야 한다. 모기업의 수주 물량에 의존하는 하청업에서 현지 내수 문제를 해결하는 사업으로 진화해야 한다는 뜻이다. 모기업의 수출 제조 거점으로 진출했더라도 현지에서 경험을 쌓으면 현지 내수 시장의 발전단계에 맞춰 내수 중심으로 꾸준하게 진화할 수 있다. 현지에 진출한 역사가 10~20년이 넘었는데도 여전히 모기업의 하청 기업으로만 남아 있다면 미래는 없다. 대기업과 납품업체의 관계로 맺어진 중소기업은 엄밀히 말해서 대기업의 개발부서와도 같다. 대기업의 납품업체로 현지에 진출했어도 독자적인 판매망을 구축하고 거래선을 개발해 의존도를 줄여야 한다. 단, 부품업체인 중소기업이 본업인 개발을 소홀히 하면 대기업 물량이 줄어들 경우 곧바로 위험에 처한다. 반면 지속적으로 개발 역량을 쌓아온 중소기업은 대기업이 공장을 이전해도 다른 대기업들이 고품질의 부품을 요청한다.

정부가 나서서 상대국가와 쌍무협정을 맺고 한국 기업들의 전용단지를 조성해 기업들의 입주를 그룹 형태로 유도할 수 있다. 일례로 근래 휴·폐업이 속출하고 있는 최대 중소기업단지 중 하나인 시화·반월단지 내에 입주한 기업들을 조합으로 묶어 인도네시아나 필리핀에 제2의 시화·반월단지를 구축할 수 있다. 섬유와 농기계류 업체가 밀집한 대구 달성단지는 미얀마나 태국에 제2의 대구 달성단지를 구축할 수 있다. 한국 기업 전용단지가 나라별로 2~3개 조성되면 서비스업은 물론 현지 인프라 사업의 기회 및 자원 개발 사업과도 연계할 수 있다. 한국의 대기업은 중국이나 일본 기업들과의 경쟁을 피하면서 산업화, 도시화, 인프라 솔루션 사업을 주도할 수 있다. 특히 4차 산업혁명의 신기술 집합체인 스마트 시티를 선점할 수 있는 토대를 구축할 수 있다. 이미 진출한 한국 업체들도 전용단지를 중심으로 모을 필요가 있다.

업종 선정은 각국의 경제 개발 정책에 맞추고, 지역별로 어디에 경쟁력이 있는지를 따져 현지 맞춤형으로 기획한다. 중국은 내수와 서비스 중심으로 성장을 유도하고 있으니 한국 기업 입장에서는 내수 소비재에 기회가 많다. 'Made in India'를 추진하는 인도에서는 중간재에, 미국에서는 스마트 홈 등 IoT[Internet of Things(사물인터넷), 고유 식별이 가능한 사물이 만들어낸 정보를 인터넷을 통해 공유하는 환경 의미] 및 디지털 혁신 제품에, 유럽에서는 지능형 교통 시스템 등 스마트 인프라에, 아프리카의 경우에는 전력과 상하수도 처리 및 병원 등 기본 인프라에 기회가 많다. 이란은 산업 발전에 도움이 되는 자금과 기술을 필요로 하므로 건설사와 금융기관 제휴, 대·중소기업 동반 진출이 핵심으로 보인다.

맞춤형 투자를 위해 현지 니즈를 정확하게 파악하려면 현지 시장을 경험하는 판매망 구축이 선결 요건이다. 판매망이 구축되지 않은 상태에서 제조 공장을 구축하면 초기 물량 확보에 어려움이 발생한다. 현지 진출의 성패가 유통망 확보에 달려 있기 때문이다.

유통은 시장별로 문화적 특성이 강해 직접 하기보다는 현지 유통사와의 합작이 바람직하다. 사드 보복으로 피해를 입고 있는 롯데가 현지의 유력한 유통사와의 합작관계가 강했다면 중국 정부도 지금처럼 함부로 하지는 못했을 것이다. 유통망 개척이 어렵다면 이마트 등 정부가 중소기업을 위해 무역 전문회사로 지정한 유통사를 통해 먼저 현지 판매를 시작한 품목 중심으로 생산 투자를 고려할 수 있다. 정부가 중소기업 제품의 해외 수출을 돕기 위해 지정한 전문 무역상사가 무려 236개에 이른다. 이마트, 이랜드, 롯데마트, GS 홈쇼핑 등 유통사는 제2의 종합상사가 되어 한국의 제2기 글로벌 진출 시 첨병 역할을 할 수 있다. 롯데는 2008년 인도네시아에 진출한 이래 백화점 1곳, 쇼핑몰 1곳, 마트 46곳, 면세점 2곳을 운영 중이다.

한국 전용단지가 구축되면 한국 상품을 전문으로 유통하는 채널을 구축할 수 있고, 공동 브랜드를 사용할 수 있다. 일본 백화점의 동남아시아 진출이 일본 중소기업의 제품을 대거 현지로 진출시키는 계기가 되었다. 이처럼 한국의 2기 해외 진출 관련해서는 한국의 유통사가 앞장서야 한다. 유통사가 납품하는 중소기업을 묶어 현지 생산을 위한 동반 진출을 꾀할 수 있다. 일례로 아세안에 수출하고 있는 완제품을 중심으로 (완제품에 들어가는) 원자재를 생산하는 한국 중소기업들까지 묶어 현지에 생산 기지를 구축할 수 있다.

더욱이 한국 유통사는 저성장과 인구 감소라는 위기에 처해 있다. 국내 대기업 유통사는 스타필드 하남과 같은 라이프 스타일을 지향하는 아웃렛 매장으로 변신을 시도하고 있다. 한국 유통은 신흥 개도국 시장으로 나가면 얼마든지 새로운 성장 기회를 찾을 수 있다.

▎교육한류 콘텐츠가 결합된 사람 중심의 해외 투자 모델

베트남 정부는 한국 정부에 한·베트남 25년 교역 역사를 반추하면서 새로운 양국의 협력을 위해 미래 산업 기술 개발과 역량을 갖춘 인재 양성부터 하자고 제안했다. 또한 삼성, LG, 현대차 등 한국 기업들이 베트남 직원을 대상으로 교육 프로그램과 직업 훈련을 강화해줄 것을 당부했다. 베트남 직원들을 한국과 베트남이 공동으로 추진하는 프로젝트에 투입해 양국이 함께 인재를 양성하는 것도 좋은 방법이라고 제안한 바도 있다.

신흥 개도국에서 저임금의 이점을 누리던 현지 진출 기업은 해당 국가의 경제 성장으로 임금이 올라가는 상황에 적응하지 못하면 중국의 경우처럼 사업을 철수하는 사례를 반복할 수밖에 없다. 현지에서 좀 더 높은 기술과 노동 생산성을 만들어 낼 수 있도록 현지인을 개발하는 교육과 재투자가 지속 가능한 현지 경영의 필수조건이다.

기업의 현지화, 곧 지속 가능한 현지 기업은 현지 직원들을 얼마나 성장시켰느냐에 의해 좌우된다. 현지의 사회 변화와 함께 직원이 성장할 수 있다면 지속적으로 새로운 성장 기회를 가져올 수 있기 때문이다. 현지 직원을 인건비가 싼 맛에 그저 부려먹기만 한다면 인건비 상승과 더불어 곧바로 경쟁력의 한계를 드러낸다. 이를 극복할 수 있는 길은 교육한류 콘텐츠가 핵심이 되는 사람 중심(현지인 개발)의 해외 투자 모델이다.

주력 수출품이 자본 집약적 제품으로 바뀌면서 수출의 고용 유발 계수가 떨어지고 있다. 수출과 고용을 연결하려면 수출과 투자를 병행하여 현지에 한국 기업들의 생태계를 조성해야 한다. 한국 기업들이 현지에서 필요로 하는 기술을 전수하고, 현지인을 육성 개발하려면 산업만 나갈 것이 아니라 한국 청장년 인력까지 한데 묶어 패키지로 진출해야 한다. 일자리 유출형의 사업 이전이 아니라 사업과 기술 인력을 함께 묶은 일자리 창출 패키지형이다.

앞으로는 최저 임금 인상으로 인해 저부가업종의 해외 진출이 가속화될 것이다. 가뜩이나 일자리가 부족한데 말이다. 일본은 1990년대 중반 국내 산업 공동화를 우려하다 해외 진출 기회를 놓치는 바람에 잃어버린 20년을 겪었다. 해외 이전으로 인한 일자리 유출을 우려하지 말고 역발상으로 해외 이전을 플랫폼으로 활용해 국민 일자리를 해외에서 만들어 낼 수 있다. 저부가 산업을 이전하면 국내 산업을 고도화할 수 있는 길도 비로소 열린다. 본사는 고부가가치분야인 기획과 연구 개발로 일자리를 추가로 창출한다. 일자리 예산, 중소기업 지원 예산 일부를 해외 이전과 연계해 일자리 창출을 지원할 수도 있다. 과거에는 수출이 늘면 내수와 일자리가 늘어나는 구조였지만 지금은 기존 수출 방식으로 일자리를 창출할 수가 없다. 한국의 산업구조가 고부가가치, 장치 산업으로 전환했기 때문에 투자가 고용으로 연결되지 않는다. 고용 없는 성장인 것이다. 제조업과 인력을 묶어 해외로 진출하는 패러다임으로 바꿔야 한다.

한 국가의 경제 성장 기회는 산업과 시장의 매트릭스에 달려 있다. 한국이 다시 한 번 도약하기 위해서는 4차 산업혁명에 대응하기 위해 신기술 엔지니어를 양성하는 만큼이나 시장 전문가를 양성하는 것도 중요하다. 산업 경쟁력 못지않게 시장 전문가가 중요하다는 뜻이다. 숙련 인력이 부족한 신흥 개도국에 사업을 이전할 때는 기술 인력인 장년층과 청년층을 함께 진출시키는 것이 초기 운영을 정상화시키고 경쟁력을 확보하는 데 필수적이다. 현지인을 교육하기 위해 한국이 파견하는 청장년 패키지 진출은 현지 전문가를 양성하는 길이기도 하다. 일례로 아세안 시장을 장기적으로 한국의 파트너로 만들려면 아세안 인재를 육성하는 것이 가장 급선무다. 인재 경쟁력은 아세안 시장에서 한국 기업과 경쟁하고 있는 중국과 일본을 이기기 위한 필수조건이다.

2기 해외 진출은 내수 중심이고 중소기업 중심이다. 내수 시장 개발은 현지 이해도가 높은 전문가 없이는 어렵다. 한국의 인재를 아세안 전문가로 만들고, 아세안의 인재를 한국 전문가로 만드는 일이 필요하다. 한국 전문가는 한국 기업을 현지로 전달하는 매개, 그리고 한국 기업을 내수 시장에 뿌리내리게 하는 첨병이자 센서다. 따라서 산업과 파견 인력이 패키지화된 해외 이전은 쌍방 간 전문가를 양성시키는 플랫폼이자 한국 청장년의 글로벌 진출 플랫폼이 될 수 있다. 단, 초기에는 파견 인력으로 인한 인건비 부담이 크므로 정부가 중소기업 정책자금과 일자리 예산 일부를 전용해서 지원할 수도 있다. 중소기업 살리기와 일자리 창출의 예산 취지를 직접적으로 살릴 수 있기 때문이다.

▌대기업과 중소기업이 결합해서 진출하라

현재 중소기업은 매출의 87퍼센트를 국내 시장에 의존하고 있고 저부가와 고비용구조의 덫에 걸려 신음하고 있다. 그리고 중소기업 대부분은 독자적인 해외 진출이 거의 불가능하다. 하지만 한류가 국가 브랜드를 만들면서 우리 산업 전반에 기회가 찾아오고 있다. 자체 브랜드가 취약한 중소기업에도 'Made in Korea' 브랜드로 해외로 진출할 수 있는 길이 열리고 있는 것이다.

고도성장기에는 대기업이 앵커 기업이 되어 각 산업을 이끌면서 중소기업이 협력업체로 같이 성장했다. 하지만 산업별로 성장의 변곡점에 이르면 그동안 뒷받침한 중소기업인 협력업체가 같이 성장할 수 있도록 길을 열어주는 것이 대기업의 사회적 의무다. 국가 전체적으로 선택과 집중 전략을 택해 소수 대기업을 육성시킨 목적이 여기에 있다.

한국무역협회의 자료에 따르면, 한국과 아세안의 FTA가 발효된 지 10년이 지났지만 한국 기업의 FTA 활용률은 52.3퍼센트에 불과하다. 생소한 외국에서의 세금제도, 원산지 증명 등 행정적인 문제와 정보 부족이 그 원인이다. 그래서 환경이 열악한 중소기업이 혼자 진출하는 것은 초기 비용 부담이 크고 경쟁력 확보에도 불리하다. 대기업은 물론 중소기업들 간에도 다양한 업종 포트폴리오를 묶어 '그룹' 형태로 진출하는 것이 바람직하다. 중소기업끼리 조합을 결성해서 진출할 수도 있다. 가치 사슬을 공유하는 연관 기업이 패키지로 진출하는 모델이 산업단지다. 이탈리아 같은 나라들은 선진국 시장에서는 강하지만 신흥 개도국에서는 약하다. 구찌, 아르마니 등 국가 대표 기업들이 대부분 패션 기업들인 관계로 규모가 작기 때문이다. 반면 한국은 대기업이 많아 브랜드와 자금력을 활용하면 세계적인 기업을 키워낼 가능성이 더 높다. 대기업과 중소기업이 결합해 동반 성장의 기회를 개발하는 것이 글로벌 진출 모델 3.0이다. 이것이 산업한류를 구체화시킨 한국 기업의 2기 해외 진출 모델이다. 한국 기업의 2차 도약도 글로벌 진출 모델 3.0에 달려 있다.

오늘날 세계 각국은 자국의 글로벌 기업을 앞세워 상호 경쟁한다. 이런 상황에서 중소기업들이 수입 규제 조치에 개별적으로 대응해 문제를 해결하기는 쉽지 않다. 대기업이 주도해 산업단지 인프라를 구축하면 중소기업이 단독으로 진출했을 때보다 훨씬 더 유리하다. 앞에서 말했던 태광실업을 보면 잘 알 수 있다.

태광실업은 2017년 베트남에 산업공단을 조성한다고 발표했다. 한국 기업이 베트남에 40만 평(공단 용지 33만 평, 상업 용지 7만 평) 규모의 산업공단을 조성하는 것은 처음이다. 염색 기업 중심으로 입주가 이뤄질 것으로 보이지만 다른 제조 기업들도 입주할 수 있다. 태광실업이 약 500억 원을 투자해 베트남 정부로부터 경제 특구 내의 부지를 50년 동안 임차하고 인프라 시설을 조성할 계획이다. 부지 임대료 및 시설 이용 비용으로 수익을 낸다. 공단 입지는 캄보디아 국경에 있어 분양가와 인건비가 저렴하다. 분양 가격은 염색 부지가 제곱미터당 72달러, 일반 부지는 51달러 수준이며 관리비는 제곱미터당 연간 0.42달러 수준이다. 하루에 각각 2만 톤을 처리할 수 있는 공업 용수와 폐수 처리 시설까지 종합 인프라를 갖추고 있다.

태광실업은 22년간 베트남 정부로부터 얻은 신뢰와 인지도를 바탕으로 입주 기업의 대관 업무와 인·허가 업무를 적극 지원할 예정이다. 20퍼센트인 법인세는 공단 입주 기업의 경우 4년간 면제되고 면제 기간이 끝나도 9년간 5퍼센트, 이후 2년간 다시 10퍼센트가 적용되는 등 총 15년 동안 세제 혜택을 받을 수 있다. 개인 소득세도 50퍼센트 감면 혜택을 받는다. 입주 기업이 배출하는 폐수를 공단이 대신 처리해주는 것도 큰 도움이 된다. 폐수 처리 비용이나 규제에 따른 부담을 줄일 수 있기 때문이다(폐수 배출 기업이 1차 처리까지 직접 담당하고 공단은 2차 처리만 하는 것이 일반적이다). 이외에도 하루에 3,000톤을 공급할 수 있는 상수도 시설과 초고속 인터넷망 등 기본 인프라를 구축할 예정이다.

현지 진출의 성공 비결과 실패 요인을 분석해 대기업과 중소기업이 밀착 협력하는 시스템을 만들어야 한다. 가능하면 이미 진출한 대기업을 앵커업종으로 정해서 관련 부품업체를 중심으로, 기존 공장이 위치한 거점을 중심으로 진출하는 것도 한 방법이다. 정부가 공기업을 통해 부지를 조성해 분양하고 저리 융자로 중소기업 입주를 유도할 수도 있다. 신흥 개도국별로 주요 거점 도시에 한국 전용 산업단지를 2~3개씩 조성하고, 흩어진 한국 기업들을 모으면 현지 지자체로부터 혜택도 더 많이 받을 수 있다. 제2의 한국 산업단지를 신흥 개도국에 건설하는 것이다. LH(한국토지주택공사)가 나서서 단지를 개발하고 코트라는 현지 내수 유망 업종을 추천하며 종합상사가 나서서 판매망을 구축하는 방법도 있다.

한국 기업 제2기 해외 진출, 글로벌 진출 모델 3.0 적용 사례

▮미국: 건강한 시민 육성, 직원 재활 교육 중심

트럼프 대통령의 미국 투자에 대한 압박으로 삼성, LG 등 한국 기업들이 멕시코 공장에서 공급하던 물량 일부를 미국 본토로 옮기고 있다. 미국은 멕시코보다 인건비 경쟁력이 없고 제반 비용에 관한 경쟁력도 없지만 보호 무역을 회피하기 위한 불가피한 선택이다. 삼성, LG가 미국 공장을 경쟁력 있게 운영할 수 있을까? 현지에서 환영받을 수 있을까?

한국의 대표 기업인 삼성전자가 미국에 공장을 짓겠다고 발표했다. 그동안 삼성전자의 해외 공장 투자는 반도체를 제외하고는 모두 인건비를 고려한 신흥 개도국이었던 반면, 미국은 선진국이고 주요 소비 시장이다. 미국에 진출하는 투자 모델이 지금까지의 해외 진출 모델과 같을 수 없다. 트럼프의 요구처럼 일자리만 제공한다고 될 일인가? 신흥 개도국에서는 일자리만 제공해도 환영받을 수 있다. 미국에 우리 기술을 전수한다는 명분도 없다. 현지에 진출하는 기업이라면 현지 사회가 진정 필요로 하는 것을 찾아 해결에 기여할 때 환영받고 현지에 뿌리를 내릴 수 있는 힘이 생긴다. 미국 사회에 진정한 난제는 무엇인가? 미국은 지금 빈부 격차와 저소득층의 사회 부적응 문제로 사회 병리현상이 가중되고 있다.

미국의 베스트셀러 《힐빌리의 노래》는 밴스라는 청년의 회고록으로 미국 저소득층의 희망 없는 삶과 좌절을 고발하고 있다. 백인 노동계층이 지난 미국 대선 때 도널드 트럼프 당시 후보를 지지한 이유가 바로 여기에 있다. 미국의 쇠락한 공업지대인 러스트 벨트에 가난한 백인 노동계층이 밀집해 살아간다. 이들은 교육 수준이 낮고 무기력증에 빠져 있다. 저자는 오랜 세월 누적된 가난과 고통 때문에 '체념'을 일상화한 게 힐빌리의 가장 극복하기 어려운 문제라고 강조한다. 이를 '학습된 무기력'이라고 정의한다.

지금 백인 노동계층은 자신의 힘으로 학습된 의지를 회복해야 한다. 그래서 변화의 계기가 절실하다. 기업에 입사해 '학습된 무기력을 타파하고 학습된 의지'를 배워 새 출발하게 하는 것이다. 어느 나라도 정부의 공공정책이 모든 사회 문제를 해결할 수 없다. 기업이 1차적 책임을 지는 것이다.

백인 노동자들이 불우한 가정과 사회 환경을 극복하기 위해서는 무엇이 필요할까? 바로 '교육'이다. 무기력증에 빠져 버린 백인 노동자에게 희망을 주고 건강한 미국인으로 재활하게 하는 교육 프로그램이 바로 그것이다.

건강한 사회는 건강한 시민으로 이뤄진다. 미국의 사회 병리현상은 결국 사회 구성원의 질을 높이는 교육으로만 근본적인 치유가 가능하다. 한국 기업이 미국에서 기업 성장에만 매달리지 말고 '사람 성장 중심'의 기업 운영을 천명하며 현지 직원들을 건강한 미국 시민으로 재활해낸다면 미국 사회에 크게 공헌하는 길이 열린다. 직무 능력 향상은 기본이고 건강한 삶을 영위할 수 있도록 몸과 마음을 관리하는 '종합적인 인성 개발 프로그램'을 마련해 정규 근무 시간에 포함시켜 직원 교육에 주력한다면 지역 사회의 저소득층 재활에 기여하는 진정한 사회적 기업의 롤 모델, 미국 사회에 단순 고용 기여뿐만 아니라 저소득층의 사회 문제를 근본적으로 치유하는 해법 모델이 되는 기업이 될 수 있다. 따라서 한국 기업의 미국 시장 맞춤형 진출은 '건강한 미국 시민을 육성해내는 직원 재활 교육 중심의 현지 기업 운영'이다. 삼성 출신 현지 직원, LG 출신 현지 직원들이 입사 전보다 삶에 희망을 갖고 역량을 갖춘 모범 시민으로 거듭난다면 현지에서 존경받는 기업으로 우뚝 서면서 매출 성장과 수익성은 저절로 따라올 것이다.

▍아세안: 산업 발전단계별 맞춤형 파트너십

노무현 정부는 한·아세안 FTA를 체결했고, 이명박 정부는 신(新) 아시아 구상을 펼쳤으며, 박근혜 정부는 아세안과의 관계 강화에 나섰다. 이름은 다르지만 모두 한반도 주변 4개국의 역학 구도에서 벗어나 아시아로 지평을 넓히려는 지향점은 같았다. 하지만 뚜렷한 성과를 거두지 못했다. 왜 그럴까?

한국과 아세안 간의 전체 교역도 최근 몇 년 간 1,300억 달러대에서 정체하고 있다. 2016년에는 1,188억 달러대로 줄어들었다. 아세안은 과거 일본의 독무대였으나 중국의 일대일로 전략이 인프라 투자에 목마른 아세안 국가들을 중심으로 빠르게 중국화시키고 있다. 중국과 일본의 경우 해당 정부와 기업이 한 그룹이 되어 물량 공세를 펼치며 영향력을 키우고 있다. 현재 문재인 정부는 신(新)남방정책을 표방하고 있지만 아세안 진출 모델을 바꾸지 않는 한 성과를 기대하기 어렵다.

최근 중국의 사드 보복으로 인해 아세안이 대체 시장으로 떠오르고 있다. 중국 대안으로 동남아시아 시장으로 수출을 다변화하자는 목소리가 높으며 중국에 진출했던 기업들이 대거 동남아시아로 이전하고 있다. 더 많은 한국 기업들이 아세안에 진출하는 것만이 능사가 아니다. 아세안 시장에 어떻게 기여할 수 있는가, 아세안 시장을 어떻게 활용할 것인가 등 어떤 포맷으로 진출할 것인가가 관건이다.

한국과 지리적으로 가까워 물류 이점은 물론 한류 영향이 큰 아세안은 인건비와 자원 측면에서도 한국 기업이 중국을 견제하는 동시에 연합전선을 펼칠 수 있는 최적의 파트너다.

한편 저부가와 고비용의 덫에 빠져 있는 중소기업들은 비숙련, 저임금의 외국 노동자에 의존하고 있다(대부분 아세안에서 온 인력이다). 중소기업 제품은 국내 시장에서는 성장이 정체되었지만 아세안에서는 아직도 성장기에 있다. 이들 저부가업종을 국내에 계속 놔둔다면 산업의 구조조정이 지연되게 만들어 국가 경쟁력을 저하시킨다. 저부가업종의 과잉 생산 능력을 아세안으로 이전해 출혈 경쟁을 줄여야 숨통이 트인다. 그래야만 국내에서 고부가 신상품과 설비, 마케팅 중심으로 글로벌 가치 사슬을 재설계하고 4차 산업혁명에 대비할 여력이 생겨난다.

신흥 개도국에서는 개발 시대에 최적화된 속도와 효율이 강점인 한국식 서비스에 대한 수요가 크다. 동남아시아에서 한국식 홈쇼핑과 택배가 큰 인기를 끌고 있는 현상이 이를 증명한다. 맞춤형 학원도 인기다. 그런데 한국 서비스 산업은 전체 수출의 13.9퍼센트에 불과하다. 지금까지 주력 제조업 모두 내수가 아닌 글로벌 시장에서 수출로 성장했다. 서비스업도 국내 시장으로는 한계가 있으므로 해외 시장으로 나가야 크게 성장할 수 있다. 아세안 내수 시장은 한류 열풍이 강해 한국 서비스의 글로벌화에 교두보가 될 수 있다.

제조업이 현지에 진출해 기지 역할을 수행하면 서비스업이 진출할 수 있는 길이 열린다. 제조가 서비스 수출의 전진기지 역할을 하는 것이다. 베트남에 한국의 병원, 호텔, 유통, 법무 심지어 학원까지 진출한 것은 현재 한국 제조업이 대거 진출해 베이스 캠프 역할을 하고 있기 때문이다.

아세안 국가들은 아직까지 기술, 문화, 교육, 기술 훈련, 인프라 등 경제 발전을 위한 산업 여건이 충분히 갖춰져 있지 않다. 그래서 이런 갈증을 풀어줄 파트너십을 기대하고 있다. 일례로 베트남은 초고압 변압기 수입 의존도를 낮추고 현지화를 이루고 싶어 한다. 베트남 정부는 국영 변압기 회사의 기술을 업그레이드시켜주고 수출 기업으로 변모할 수 있도록 지원해줄 전략적 파트너를 찾고 있다. 한국이 아세안 시장에 내다 팔 물건을 더 많이 찾기보다 아세안이 한국에 원하고 한국이 지원할 수 있는 윈윈 아이템을 찾아 함께 개발하는 공동 프로젝트가 필요하다. 교역 확대를 외치기보다 아세안 국가들이 경제 성장과 사회 발전, 그리고 한국과의 교류를 확대할 수 있도록 인재 육성, 현지 교육, 기술 훈련, 문화 교류 등 쌍방 간의 국가 단위 공동 프로젝트가 절실하다는 말이다. 대만의 정책 연구기관인 대만싱크탱크(臺灣智庫) 둥시치 국제사무국장은 "내 상품을 파는 것보다 서로 대등한 입장에서 상호 협력을 강화해 장기적인 결과를 기대하겠다는 21세기형 국제 협력이 필요하다"라고 말했다. 이는 한국도 절대적으로 공감해야 하는 혜안이다.

▌중국: 내수 시장 업그레이드 파트너십

중국의 부상 자체는 지구촌 역사 발전에 필연이다. 그런데 현재 중국에 진출한 한국 기업들이 대거 철수하고 있다. 기존 사업이 현지 업체에 밀려 경쟁력을 잃고 있는 것이다.

한국 기업의 상당수 업종에서 볼 때 중국은 계륵 같은 시장이 되어가고 있다. 시장 전체 규모는 크지만 먹을 파이는 작다. 현지 기업들이 우후죽순 많이 생겨났고 유통구조 또한 현지 업체마다 대리점 형식으로 형성되어 있어 외국 기업이 진입하기에는 제한적이다. 업계 인력을 보더라도 일단 한국보다 평균적으로 10~15년 정도 더 젊다. 지금 이런 상황에서 현지 기업들과 경쟁하는 것이 맞는가? 그렇다면 과연 언제까지 경쟁할 수 있을까? 한국은 일본과 경쟁하면서 컸고 일부 기업은 그 경쟁에서 이겨 오늘의 지위를 얻었지만 과연 중국과도 경쟁하는 것이 맞을까?

한국 기업은 중국 때문에 잘되고, 중국 때문에 망한다는 게 정설이 되고 있다. 잘돼도 중국 탓, 못돼도 중국 탓이다. 잘되는 기업은 중국 시장의 성장 덕분이고, 안 되는 기업은 중국 기업과의 경쟁 때문이다.

경쟁우위를 누리던 한국의 기업들이 글로벌 시장에서 중국의 도전에 직면하고 있다. 한국의 중국 수출 비중은 25퍼센트에 달하며 특히 중간재인 소재 및 부품 수출의 경우에는 35퍼센트에 이른다. 중국이 산업구조를 세계의 공장, 수출 주도에서 내수 중심으로 전환하면서 중국의 가공무역에 의존하던 한국의 수출이 타격을 입고 있다. 중국 내수 성장률도 향후 6년 안에 5퍼센트대까지 떨어질 수 있다는 전망이 나오고 있다.

한국이 보유한 기술은 현재를 유지하기 위한 정도에 불과하다. 현재의 기술이 결코 미래를 지켜줄 수 없다. 그러므로 현재의 기술을 지키려고 중국과 경쟁한다면 시한부 인생일 뿐이다. 중국과 경쟁하지 않는 사업으로 한국의 산업구조를 혁신시키는 길밖에 없다. 거대한 시장과 거대한 자본을 등에 업은 중국 기업이 필요로 하는 것은 무엇일까? 바로 한국이 갖고 있는 기술력, 하드웨어(적인 사업부문), 소프트웨어(적인 사업부문), 사회 시스템, 앞선 제반 노하우다.

그렇다면 중국 기업의 대국굴기에 맞설 수 있는 한국 기업의 역할은 무엇일까? 제대로 된 역할을 찾았을 때 한국 기업은 비로소 중국과 함께 성장할 수 있는 길이 열린다.

인도네시아에서 활동 중인 많은 화교 기업가는 가족을 싱가포르에 두고 있다. 돈은 인도네시아에서 벌고 정작 번 돈을 쓰는 곳은 싱가포르다. 싱가포르는 동남아시아 국가들의 경제 개발에 지원 역할을 해오면서 성장했다. 동남아시아 국가들 입장에서는 싱가포르가 롤 모델이자 벤치마킹 대상이다. 금융의 허브, 인재 개발의 허브, 물류의 허브, MICE의 허브, 교육과 의료와 주거 환경의 허브 역할을 하고 있다. 이처럼 한국을 중국인들이 가장 살고 싶어 하는 나라,

그들의 미래를 벤치마킹할 수 있는 나라, 중국 회사의 연구소가 위치하고 싶은 나라, 14억 명에 달하는 중국인을 위한 나라로 특화시키는 길이 중국과 상생하는 길이요, 곧 중국을 활용하는 길이다.

중국에 진출한 이랜드와 이마트를 보자. 이랜드는 바이성과 손잡고 팍슨뉴코아몰을 개설했다. 쇼핑몰의 하드웨어는 바이성, 소프트웨어는 이랜드로 서로의 강점을 융합한 형태다. 한국의 기술과 중국의 자본이 융합되고, 중국의 제조와 한국의 상품 기획이 결합되어 새로운 시장과 사업을 연 것이다.

한국 기업이 중국과의 경쟁에서 살아남는 길은 이처럼 중국과의 경쟁 구도를 버리는 것에서부터 열린다. 한국 기업이 중국 기업의 품질과 경영 역량을 올려주는 데 조금이라도 기여한다면 상생할 수 있는 솔루션은 얼마든지 있다. 한국 기업이 갖고 있는 모든 역량과 자산을 컨설팅 콘텐츠로 만들어 이를 필요로 하는 중국 기업에 제공하고 기술도 아낌없이 먼저 주면서 경쟁자가 아닌 파트너가 되어 서로 융합하는 길을 찾는 것이다.

현재 중국 기업들이 한국의 기술 인력을 스카우트하고 있고 이에 대해 기술 유출을 우려하고 있다. 중국을 경쟁 상대로 보는 과거의 패러다임에서 중국이 부족한 것, 필요한 것을 찾아 지원하는 역할이 '중국 진출 3.0'이다. 버릴 기술이 아니라 중국이 원하는 기술을 이전시키자.

중국에 진출하는 한국 기업은 싼 인건비를 무기로 제품을 만들어 거대한 중국 시장에 내다 팔겠다는 생각부터 버려야 한다. 현지 중국인을 교육하고 기술을 전수해 중국 사회를 위해 중요한 역할을 한다는 철저한 현지화 이념을 가져야 한다. 현지화란 무엇인가? 현지인의(주인 의식), 현지인에 의한(경영 주체), 현지 사회를 위한(사업 이념) 기업 운영원칙을 의미한다. 기업을 통해 현지인들이 성장하고 애사심을 가질 때 현지 사회에서 자국 기업으로 대우받으며 지속 성장의 토대가 마련된다.

무엇보다도 진정한 현지화의 근간은 중국에 진출한 한국 기업의 사업 이념이다. 중국 사회를 위해 사업을 펼친다고 뜻을 세웠다면 중국 시장을 단순히 수출 시장으로만 보지 않을 것이고, 중국 기업을 경쟁자로 바라보는 시각에 매이지도 않을 것이다. 중국 사회가 시대에 따라 필요한 것이 무엇인지, 중국 기업에 필요한 것이 무엇인지를 찾아 사업을 진화시켜 나갈 것이다. 현지에 필요한 기술과 노하우를 전수하는 산업 파트너십이 진정한 현지화다. 중국에서 퇴출되는 한국 기업들을 면면히 살펴보면 결국 현지화에 실패한 기업들이다.

시장 개념으로 바라보면 한국은 대륙의 일원으로서 중국의 34개 행정구역을 한국 내수 시장의 확대된 개념으로 생각할 수 있다. 중국을 수출 시장이 아니라 내수 시장으로 보고 모든 제품과 서비스를 기획하고 출시한다는 원칙부터 세우자. 중국을 내수 시장으로 만든다는 의미는 단순히 중간재 수출에서 소비재로 전환시키는 데 그치지 않는다. 현지 소비자가 진정 필요로 하는 것을 찾아내고 기획하는 것이 출발점이다. 사드 이슈로 중국에서 고전하고 있는 현대차는 빅데이터센터를 세우고 중국인 맞춤 차량 개발에 나섰다.

지금까지 현대차는 대부분 한국에서 개발한 차를 그대로 중국으로 가져와 생산한 다음, 중국인들에게 팔았다. 사실 현대차는 오래전부터 현지향 차량 개발에 나섰어야 했다. 중국 자동차 시장에서 현지 자동차 기업들의 기술 수준이 높아지자 이제 현대차 입장에서는 중국에 특화된 자동차 개발이 절실해진 것이다.

산업화가 성숙단계에 접어들고 있는 중국이 지금 필요로 하는 것은 무엇일까? 중국에 진출한 한국 기업은 축소되는 매출을 만회하기 위해 새로운 아이템을 찾으려고만 하지 말고 갖고 있는 기술과 현지 경험을 활용해 중국 내부 문제를 해결하면서 사업 변신의 기회를 찾아야 한다. 중국 산업의 질적 고도화, 즉 중국 기업의 기술 고도화와 내수 제품의 고품질화 등을 위한 산업 파트너십 구축에 적극 나서는 것이다. 주력 산업분야에서 중국의 추격을 위협으로만 바라보지 않고 각 분야에서 조금이라도 앞서 있는 한국 기업이 중국 기업을 선도하면 새로운 시장 기회를 얻을 수 있다. 일례로 세계의 공장에 IT 인프라까지 갖춘 중국이 제조업의 공정 자동화를 넘어 인공지능과 빅데이터 기술까지 접목한 스마트 공장을 국책사업으로 추진하고 있다. 전력과 자동화 분야를 포함해 제조업 업그레이드 수요가 급증하고 있는 것이다. 이는 한국 기업에 새로운 기회의 시장이 된다.

▌아프리카: 빈곤 퇴치와 산업화의 기본 토대 구축

현재 공공기관, 대학, 대기업과 중소기업, NGO와 시민단체 등을 통해 매년 2,000여 명에 달하는 우리 국민이 짧게는 수개월부터 길게는 2~3년까지 신흥 개도국 50여 개국에서 다양한 봉사 활동을 펼치고 있다. 국제 사회는 수원국에서 원조국으로 발전한 한국의 특별한 위상을 감안해 한국이 어떤 원조 활동을 하는지 관심 있게 지켜보고 있다. 이처럼 다양하게 진행되고 있는 공적 개발 원조 사업과 봉사활동을 기업과 연계시키면 양질의 일자리 창출 사업으로 발전시킬 수 있다.

아프리카와 같은 극빈 지역은 개별 시장의 가치보다 국제 사회의 문제를 해결한다는 명분을 선점하면 국가 신용을 올릴 수 있는 전략적 가치를 지닌 곳이다. 이를 통해 이미 현지에 진출해 있는 중국, 인도, 터키, 일본 등과도 차별화할 수 있다.

한국 기업이 진출할 때에는 개별 기업 차원이 아니라 범국가적 동반 진출이 필요하다. 인프라 산업과 제조 산업의 융합, 대기업과

중소기업의 융합으로 진출한다. 이는 한국과 아프리카 간의 새로운 경제 협력 패러다임이다.

현재 아프리카의 내수 시장이 커지자 각 국가는 수입 대체를 위한 제조업 육성이 시급해졌다. 54개국 중 26개국이 국가 차원의 산업 발전 전략을 추진하고 있으며 19개국은 경공업에 목표를 두고 있다. 아직은 노동 집약 산업이 중국과 동남아 등 아시아 국가에 주로 집중되어 있다. 그런데 이 지역의 인건비를 포함한 생산비가 점점 더 높아지고 있어서 머지않아 아프리카로 세계의 생산기지가 옮겨갈 것으로 전망된다. 아프리카는 개별국가 단위로는 시장 규모가 작기 때문에 권역별로 경제 공동체[서부아프리카경제공동체(ECOWAS), 중부아프리카경제공동체(ECCAS), 남부아프리카개발공동체(SADC), 동남아프리카공동시장(COMESA), 동부아프리카공동체(EAC) 등]를 지향하고 있다.

또한 아프리카는 바다를 통한 무역이 어려운 내륙국가가 많기 때문에 중간재 수출에 운송 비용이 많이 들어 가공 무역이나 재수출을 통한 경제 성장에는 어려움이 있다. 따라서 내수 중심 산업단지를 조성하되 주변국에서 원부자재 납품과 완제품 판매가 물류적으로 용이하도록 국경에 위치한 도시로 입지를 선정하는 게 중요하다. 권역별 경제 공동체 활성화에도 크게 기여할 수 있다.

특히 아프리카 같은 극빈국은 산업화를 위한 기본 토대 구축이 가장 시급하다. 대규모 일자리를 제공하고 생필품 자급자족을 가능하게 하는 노동 집약적 경공업 산업단지를 조성해 빈곤과 기아를 퇴치하면서 자립 의지를 심어주는 교육 기회 제공 등이 우선적으로 요구된다(좀 더 자세한 내용은 뒤의 부록을 참조한다).

[국가별 '현지 문제 해결 맞춤형' 사업 모델(예시)]

선진국(예 미국)
① 저소득층 사회 부적응 문제 해결
② 건강한 시민 육성의 사회적 기업 롤 모델, 사회학교
③ 러스트 벨트의 노동자 계층 재활 교육 중심 기업 운영

개도국(예 이란)
① 산업 고도화 파트너십, 중화학 등 기술 집약 산업
② 현지 기업과 파트너십 및 기술 전수, 내수 개발
③ 대·중소기업 동반 진출, 청년+장년층 기술 인력

극빈국(예 에티오피아)
① 시장 논리가 아닌 국제 사회의 빈곤 퇴치 명분 선점
② 노동 집약 경공업, 생필품, 산업화 기본 토대
③ 범국가적 산업 간, 기업 간 연합(인프라+제조)

3장

산업한류를
/
위한
/
7대 플랫폼 사업

산업한류 7대 사업은 주력 산업의 강점을 활용해 한국이 가장 잘할 수 있는 국제 사회 차별화된 역할이다. 모두 한국의 내부 문제를 해결함과 동시에 상대국의 필요를 충족시켜주는 윈윈형 사업들이다.

[산업한류 7대 플랫폼 사업]

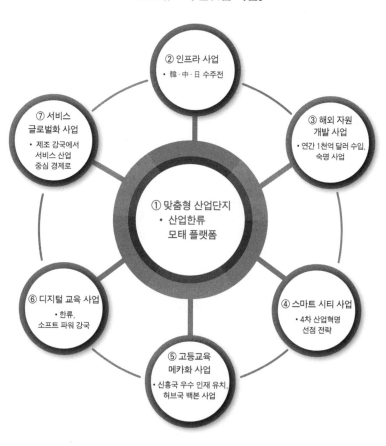

맞춤형 산업단지 사업: 기업의 구조 개혁 출구 및 신흥 개도국 산업화 선도

신흥 개도국의 산업화가 부진한 가장 큰 이유는 필요한 업종의 기업을 유치하는 데 어려움이 많기 때문이다. 아프리카, 중동, 동남 아시아의 신흥 개도국을 다녀 보면 공단용 부지 조성은 많이 해뒀 지만 기업을 유치하지 못해 수년째 방치되고 있는 곳이 많다.

개발도상국은 산업화를 위해 경제의 발전단계에 맞는 업종과 제 조 기술이 필요하다. 또한 신흥 개도국은 제조업 유치를 통해서만 단기간에 양질의 일자리를 대규모로 창출할 수 있다. 더 많은 국민 이 일자리로 소득이 생기면 내수 시장이 커지고 교육열도 올라간 다. 교육열은 일자리가 있을 때 생겨나고 교육열이 확대되어야 비 로소 빈곤 탈출이 가능한 의식 수준이 배양된다. 그래서 신흥 개도 국이 선진화의 길로 나아가기 위한 로드맵에 반드시 제조업을 통한 산업화 단계를 거쳐야 한다. 특히 농업과 관련된 산업 노하우는 빈곤과 식량 부족 해결을 최우선 과제로 삼는 극빈국 입장에서는 생존에 관한 문제다. 종자, 비료, 농기자재 등 농산품 생산에 필요한 산업부터 가공, 저장, 유통 등 후방 산업까지 가장 시급히 유치해야 할 산업이다. 내수 시장 성장 한계에 부딪힌 한국의 농산업 전후방 관련 중소기업이 아프리카, 동남아시아, 중앙아시아 등 신흥 시장에서 새로운 성장 기회를 찾을 수 있다.

2016년 한국 대통령이 방문했던 이란은 '고도 산업국가'를 국가 비전으로 하고 있다. 신흥 개도국에는 한국이 현재 시장 확보에 한계를 느끼는 조선, 해운, 건설, 화학 등 재래식 산업에 대한 수요가 여전하다. 실제로 가는 국가마다 한국 기업의 투자를 요청한다. 한국의 주력 산업뿐만 아니라 뿌리 산업의 중소기업들 모두 신흥 개도국이 산업화를 위해 절대적으로 필요한 업종과 기술을 갖고 있다.

우즈베키스탄의 경우 한국의 의류, 섬유, 신발 등 경공업분야의 전통 제조업 노하우와 생산 기계 및 설비 등을 활용해 농업(GDP의 30퍼센트)에서 제조업(GDP의 10퍼센트) 중심으로 바꾸려는 경제 개발 프로젝트를 추진 중이다. 한국의 사양 산업이 우즈베키스탄에는 새로운 성장 동력인 것이다. 12억 명 인구 대국 인도는 숙련공 부족으로 제조업 육성에 어려움을 겪고 있다. 제조업 취업자의 80퍼센트가 자격 미달이라고 한다. 한국의 베이비 붐 세대 은퇴 기술자들이 인도에는 가장 필요한 투자 요소가 된다.

인도의 실리콘밸리를 꿈꾸는 라오 텔랑가나 주 장관은 IT(정보기술), BT(생명공학기술), ST(우주항공기술) 등 첨단 기술을 가진 많은 외국 기업을 유치하고 있지만 가장 욕심나는 분야는 별도의 산업단지를 만들어서라도 한국의 중견기업과 중소기업을 대거 유치하는 것이라고 말했다. 인도는 조선업을 주력 산업으로 집중 육성하고 있다. 비크람 도래스와미 주한 인도 대사는 "한국 조선업이 어려워지면서 오랫동안 쌓아온 글로벌 경쟁력이 떨어지고 우수한 조선업 인력들도 구조조정 되는 것으로 알고 있다. 인도는 한국 조선업이 경쟁력을 회복할 수 있는 시장이며 관련 인력들이 일자리를 찾을 수 있는 기회의 땅이다"라고 강조한다.

우리나라의 조선 산업과 관련 기자재 클러스터(Cluster, 유사 업종에서 다른 기능을 수행하는 기업과 기관들이 한 곳에 모여 있는 산업 집적지)는 하루아침에 얻어진 게 아니다. 전통 제조업이라도 필요로 하는 시장만 찾아낸다면 결코 사양 산업이라고 치부할 수 없다.

제품을 팔면 '을', 비전을 팔면 '갑'

현재 낮은 기술의 노동 집약 산업은 중국, 인도, 터키를 비롯한 인구 대국의 신흥 공업국들이 세계 시장으로 생산기지를 진출시켜 독점하고 있다. 새롭게 산업화를 추구하는 신흥 개도국들이 산업화에 어려움을 겪는 이유 중 하나다. 고도의 기술이 필요한 첨단 산업 제품은 선진국들이 서로 경쟁하는 반면, 제3의 신흥 개도국들에게는 기술력과 투자가 필요한 자본재 산업에 대해 아직도 진입 장벽이 높다. 이런 불합리한 경제 여건들과 한정된 기술 인력, 자본의 부족,

기업가정신의 결여 등이 산업화의 장애 요인이 되고 있다.

특히 아프리카는 1960년대 이후 국제 사회로부터 계속 원조를 받고 있지만 그 효과에 의문이 제기된 후, 국제 협력에 민간 기업의 참여가 있어야 산업 발전에 기여할 수 있다는 사실을 재인식하게 되었다. 민간 기업의 활동을 늘리면서 제조업 발전을 통한 산업화를 도모해야 한다. 해당 국가가 보유하고 있는 자원을 최대한 활용하고 부가가치를 높이는 2차 산업 제품으로 수출도 하면서 수입 대체 효과가 큰 품목에 대한 제조업을 육성해야 한다.

아프리카의 수출품은 대부분 1차 산업품목이 주(主)를 이룬다. 제조업 제품은 경쟁력이 떨어져 외국 시장 진출에 한계가 있다. 제조업의 발전이 관건인데 사실 제조업이 발전하려면 민간부분이 활성화가 되어야만 가능하다. 제조업이 발전해야 자국의 산업 경쟁력이 생기고 외부의 경제적 충격에도 견딜 수 있게 된다. 특히 생활필수품까지 수입에 의존하면서 외환 사정을 악화시키는 국가도 많다. 수입 대체 산업화는 수입을 위한 외환 지출을 감소시키는 결과를 가져와 외환 사정을 개선할 수 있다.

국가별 산업단지는 산업화의 엔진이다. 그런데 현실적으로 신흥 개도국에 외국인 직접 투자가 늘어나고 있으나 주로 자원 개발과 인프라 투자에 편중되어 있다. 한국은 3D업종부터 최첨단 기술업종까지 다양한 중소기업군을 보유하고 있고, 베이비 붐 세대 기술자와 국제 감각을 갖춘 청년 자산을 갖고 있다. 한국이 가진 범국가적 포트폴리오 자산을 활용해 신흥 개도국에 최적화된 산업단지

[산업단지(예 개성공단 조감도)]

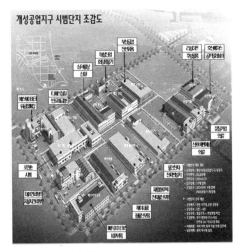

• 출처: 개성공단기업협회

를 구축할 수 있다. 각국의 경제 발전단계에 필요한 업종과 기술로 구성된 맞춤형 단지다. 국가별 산업화 솔루션을 수출하는 격이 된다. 일례로 극빈국인 에티오피아에는 빈곤 퇴치를 위해 생활필수품을 생산하는 경공업단지를, 고도화된 산업국가를 지향하는 이란에는 중화학단지를, 'Made in India'를 추진하고 있는 인도에는 IT 제조업단지를 조성할 수 있다. 한국은 정부 주도로 개성공단을 조성한 전례도 있다. 강점인 제조업의 기술을 유지 및 발전시키고 제조업종을 활용하는 사업이다.

에티오피아와 한국 정부는 2015년 12월 박근혜 (당시) 대통령 방문 시 아디스아바바에 30만 평 규모의 한국형 섬유단지를 건설하기로 합의했다. 앵커 기업인 영원무역이 1억 달러를 투자할 계획이다. 산업단지 건설과 연계해 정부는 한국형 전자통관 시스템 수출 계약도 맺었다. 현재 통관 소요 기간이 평균 40일인데, 이를 3일로 줄이는 것이다. 새마을운동과 같은 한국형 농촌 개발 모델을 도입해 현지 개발도 지원한다. 도로 건설 등 인프라 사업도 병행 추진할 계획이다. 이와 같이 산업단지 진출은 그 자체가 기술 전수 교육 및 서비스 산업이며 물류, 유통, 학교, 병원 등 공단 운영을 위해 필요한 제반 서비스 인프라도 함께 진출할 수 있는 길을 열어준다. 지방자치단체가 주축이 되어 지역 내 산업 강점을 살려 산업단지 사업을 추진할 수도 있다. 일례로 울산은 이란에 중화학공단을, 대구는 에티오피아에 경공업공단을 건설하면서 지역 내 산업 도시 인프라 전반을 서비스로 수출할 수 있다. 산업단지가 국내 서비스 산업을 신흥 시장으로 진출시키는 교두보 역할을 하게 되는 것이다.

최근에는 개성공단과 같은 산업단지 조성 계획이 연해주를 중심으로 다양하게 제기되고 있다. 나진(북한)과 하산(러시아)의 두만강 일대 개발, 중국 의존도를 줄이기 위한 극동의 생산기지화, 알타이 연합(중앙아시아+몽골+남북한), 북극 항로 개통 대비 유라시아 확장 및 블라디보스토크 항구 활용 등을 통해 북한을 끌어내고 동북아 경제 협력의 완충 지대를 만들려는 수단으로 산업단지가 많은 관심을 받고 있다. 그러면 맞춤형 산업단지 사업은 국내 문제와 연계해 어떻게 추진하고 활용하는 것이 좋은가?

우리만의 자산과 역량인 (대기업의) 글로벌 네트워크와 인프라 사업 경험, (중소기업의) 제조업종 다양성, (베이비 붐 세대의) 은퇴 기술자, (새마을운동 등) 압축 성장의 소프트 노하우, (국제화된 고학력) 청년 인력 등을 결합하고 요즘 뜨고 있는 한류를 활용해 한국만의 독특한 '산업한류 플랫폼'을 만들어 개도국의 산업화, 도시화를 지원하는 최적의 파트너가 되는 것이다.

▌산업한류 모태 플랫폼, 맞춤형 산업단지

산업한류의 마중물 격이자 모태(母胎) 플랫폼인 맞춤형 산업단지는 국내 30대 그룹의 269개 관계사와 공기업이 중심이 되어 중앙아시아, 아프리카, 동남아시아, 중동, 중남미 등 권역별로 대표적인 신흥 개도국 시장에 단지당 3만 명 채용 규모의 30여 개 산업단지를 조성한다. 대기업은 단지 인프라를 구축하고, 중소기업이 현지에 필요한 제품을 생산해 판매할 수 있도록 산업단지 플랫폼을 조성하고 운영한다. 중소기업은 설비 투자와 제품 생산을, 베이비 붐 은퇴자는 제품 기술과 생산라인 운영을 책임지고 안정화시킨다. 대졸 청년은 현지인 중간 관리자가 양성될 때까지 현지인을 관리·육성하는 관리자의 위치에서 제반 백 오피스(Back Office)업무를 담당한다. 단지별로 150~200개 중소기업을 유치하고, 초기 3~5년은 단지당 고용 인원의 30퍼센트인 9,000명~1만 명(퇴직자 중심의 기술인력 70퍼센트인 약 6,000명과 대졸 청년 30퍼센트인 약 3,000명)을 기본 단위로 총 30개 단지에 30만 명의 국내 인력을 파견해 기술 전수와 함께 초기 공장 셋 업(Set Up)을 지원한다. 이는 최소한 10~15년이 소요되는 장기 프로젝트다.

산업단지가 정상 가동되면 단지를 둘러싼 서비스 업종 종사자들도 대거 진출한다. 국제구호단체와 제휴해 지역 개발과 봉사 활동 등 장년층 자원봉사요원도 병행 파견할 수 있다.

[맞춤형 산업단지(산업한류 모태 플랫폼)]

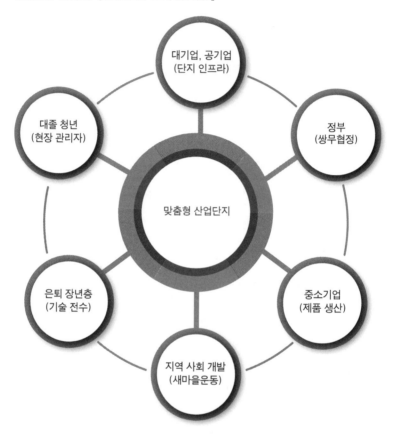

중국이 일대일로를 내세워 육상과 해상 실크로드 프로젝트를 추진하고 있다. 전 세계에 걸친 고속철도와 같은 인프라 사업이다. 이러한 패권적 영토 확장식 투자는 현지에서 거부감과 갈등을 불러일으킬 수 있다. 한국이 상호 호혜적인 입장에서 극빈국을 중심으로

현지 일자리와 산업화의 초석을 이룰 수 있도록 산업단지를 만들면 중국의 고속철도 패권과 같은 거부감을 일으키지 않으면서 현지와 함께 성장 기회를 개발해 나갈 수 있다.

현지 맞춤형 산업단지는 산업한류의 모태 플랫폼이자 마중물 사업으로 한국 기업의 종합 역량을 활용해 신흥 개도국을 종합적으로 개발해주는 타국과 차별화된 해외 사업 모델이다. 수출 다변화 플랫폼이자 신흥국의 허브국가로 거듭나기 위한 발판 사업이다. 또한 기존 주력 산업을 재도약시키고 미래 시장을 선점하는 레버리지 사업이다.

맞춤형 산업단지는 공단을 중심으로 한 인프라 개발 사업, 도시화에 따른 병원·학교·유통·안전 등 서비스 사업, 공장의 원부자재 현지화와 연계시킨 자원 개발 사업, 공단을 통해 진출한 청장년 인력의 현지 벤처 창업 등 다양한 기회를 제공한다.

국내 일자리 한계 극복과 일자리 창출형 해외 진출

세계경제포럼(WEF: World Economic Forum, 저명한 기업인, 경제학자, 저널리스트, 정치인 등이 모여 세계 경제에 대해 토론하고 연구하는 국제민간회의)이 세계 130개국을 대상으로 인적 자본을 평가한 결과를 보면, 한국은 최고의 청년 인적 자원을 갖고 있는데도 불구하고 일자리를 만들지 못하는 바람에 청년층의 노동 참여율은 최하위권에 머물고 있다. 한국의 15~24세 연령층의 경우 글을 읽고 쓰는 능력과 산술 능력은 만점을 받아 세계 1위지만 같은 나이대의 노동 참여율은 최하위권인 120위다. 이는 한국이 청년 일자리 창출에 구조적 한계를 안고 있다는 점을 보여주고 있다.

연간 17조 원을 일자리 사업에 투입하고 있지만 실업률은 지속적으로 상승하고 있다. 정부는 지난 4년간 무려 52조 원이라는 막대한 금액을 일자리 예산에 투입하며 청년 고용 대책을 10차례 이상 내놓았지만 취업난을 해소하지 못하고 있다. 기존 방식으로는 일자리 문제를 해결할 수 없다는 뜻이다. 새로운 패러다임이 필요하다.

정부가 2016년에 투입한 청년 일자리 확충 예산은 2조 1,000억 원이지만 청년층의 취업자 증가 폭은 4만 8,000명에 불과하다. 청년 취업자 1명을 늘리는데 4,375만 원의 재정이 투입된 셈이다. 이런 와중에 4차 산업혁명의 신기술만 좇으면서 4차 산업혁명의 선도 국가가 되어 경제 재도약을 이루고 일자리를 창출하자는 주장은 청년 실업의 현재적 고통을 고려했을 때 기만에 지나지 않는다. 청년 일자리 대책으로 청년 창업을 격려하는 무책임한 사회 풍조가 청년들을 뚜렷한 창업의 철학이나 경험도 쌓지 못한 채 창업 시장으로 내몰아 실패를 조장하는 건 아닌지도 되짚어볼 때다.

일자리는 일이 먼저다. 할 일이 생겨나야 질 좋은 일자리가 생겨난다. 양질의 일자리는 양극화 해소와 공정 분배 노력으로 생겨나지 않는다. 할 일은 성장을 통해 생겨난다. 한국은 통계적으로 1퍼센트의 GDP 성장률이 15만 명의 신규 고용을 가져온다. 최소한 4퍼센트 성장을 해야 매년 사회에 신규로 들어오는 청년들을 흡수할 수 있다.

일자리 증감에 영향을 미치는 요인들을 보면, 일자리 최대 공급자인 중소제조업의 해외 탈출 가속화마이너스 요인와 저부가화(임금 격차 확대)로 양질의 일자리가 축소되고마이너스 요인, 대기업 주력 사업의 성장 정체로 인한 인력 감축과 긴축 경영마이너스 요인, 제조 거점의 해외 이전마이너스 요인, 미래 사업의 비전 부재로 인한 투자 부진마이너스 요인 등 마이너스 요인이 압도적으로 많다. 또한 신규 일자리 창출을 위한 구조 개혁은 계속 지연되고마이너스 요인 있다. 반면 20~24세 청년 인구가 2010년대 초반에 비해 10만 명이나 늘어난 70만 명에 달한다. 연간 100만 명씩 태어난 베이비 붐 세대의 자녀들이 한꺼번에 취업 전선으로 나오고 있다. 한편 베이비 붐 세대의 정년이 연장마이너스 요인되면서 대체 일자리마저 줄어들고 있다.

청년 실업은 정년 연장이 시작된 2016년부터 더욱 심화되고 있다. 구직자는 늘어나는데 일자리 플러스 요인은 없고 마이너스 요인만 증가하고 있는 실정이다. 한국은 인구 밀도가 최고인 나라로 가진 것이라고는 인재밖에 없기 때문에 나라 전체가 인재 양성소나 다름없다. 내수 시장은 인재 풀(Pool)만큼의 일자리를 만들기에는 구조적으로 시장 사이즈가 너무 작다. 더욱이 내수 시장도 성장기에서 성숙기에 접어들어 정체되고 있지 않은가? 향후 5년간 청년 실업 절벽은 더욱 악화될 것이다.

일자리 문제는 부모와 자녀가 일자리를 놓고 다투는 세대 갈등으로까지 비화되고 있다. 부모 세대에 비해 상대적으로 기회가 많지 않다는 기회의 불평등이 청년 문제의 본질이다. 헬조선은 희망이 없다는, 즉 기회가 없다는 표현이 아닌가? 기성 세대가 어떻게 청년 세대에게 기회를 만들어 줄 것인지가 해결 열쇠이자 기성 세대의 책임이다.

〈매일경제신문〉에서 조선업 구조조정으로 실직 대상자가 된 사람들의 재교육을 위해 희망분야를 조사했더니, 70퍼센트가 요리 기술을 배우겠다고 대답했다. 세계 조선업을 주름잡던 인력들이 다시 국가 산업에 기여할 수 있는 길을 열어줘야 한다. 새로운 길을 열어주지 못하면 청년 실업 못지않게 100세 시대에 장년층 실업도 심각한 사회 문제로 대두될 것이다.

우리나라는 실업자 중 대졸 이상의 학력을 가진 인력이 45.1퍼센트에 달한다. 2014년 한국의 25~64세 인구 중에서 전문대 이상을 졸업한 고등교육 이수자 비율은 45퍼센트로 OECD 회원국 가운데 최고 수준이다. 27퍼센트인 독일, 42퍼센트인 핀란드, 30퍼센트인 오스트리아보다 높다. 하지만 상대적으로 고학력이 필요한 관리, 전문, 기술직 종사자 비율은 21.6퍼센트에 불과하다. 43.5퍼센트인 독일, 45.2퍼센트인 핀란드의 절반에도 못 미친다. 국내에 고학력 인력을 소화할 수 있는 일자리가 부족하다는 의미다. 반면 중소기업은 향후 10년간 200만 명의 인력이 부족하다는 예측도 있다. 이처럼 심각한 일자리 미스매치(Mismatch)는 한국의 인재들이 해외로 눈을 돌릴 수밖에 없는 동기가 된다. 국내 일자리의 한계를 직시한다면 남겨진 선택은 해외밖에 없기 때문이다.

우리 국민이 해외로 나가는 것은 숙명이다. 한국은 위기 때마다 과감한 글로벌화로 국운을 열어왔다. 청년 실업 문제 관련해서도 일자리 범위를 국내가 아닌 세계로 확장하는 프런티어 개척 정신으로 승부해야 한다. 문제는 어떻게 하면 실패하지 않고 해외로 나갈 수 있느냐는 것이다.

청년 실업의 경우 일자리가 없는 것이 아니라 산업이 저부가화가 되어 수입 노동자로 대체되고 한국 청년들 수준에 맞는 일자리가 줄어든 탓이 크다. 국민의 의식 수준과 역량에 맞는 일자리가 부족한 것이다. 고졸자와 대졸자의 일이 다르듯이 국민 소득 수준에 따라 그 나라 국민이 할 일도 더 부가가치 높은 산업으로 옮겨가는 것은 당연하다.

국내에 근무하는 신흥 개도국 출신 노동자 100만 명의 일자리를 우리 국민의 일자리로 바꿀 수 있다. 신흥 개도국에 맞춤형 산업단지를 조성하고 기성 세대와 청년 세대가 함께 진출하면 기회가 열린다. 저부가업종의 공장을 신흥 시장으로 이전해 외국인 근로자의 일자리를 자국으로 옮겨주고 우리나라 청장년을 패키지로 신흥 개도국으로 보내면 현지인에게 기술을 가르치고 교육시키는 현장 관리자로서의 일자리로 바꿀 수 있다. 모두 산업 전도사의 역할을 하는 것이다. 맞춤형 산업단지가 해외 일자리 창출 플랫폼이다. 베트남에 진출한 한국 기업이 현지에서 고용하는 인력만 300만 명에 달한다. 10퍼센트만 우리 인력으로 해도 30만 명이다.

현지 공장을 설립하면 가장 먼저 현지 근로자를 한국에 보내 기계 설비를 다루는 법 등 기본적인 기술을 가르친다. 현지인을 한국에 파견해 교육시키는 비용 문제, 품질 문제 등을 고려하면 더 많은 한국 기술자가 현지에 파견되어 조기에 품질을 올려주고 현지인에게 직무 교육을 시키는 것이 더 효율적이다. 베트남에 진출하는 기업들이 단순히 낮은 인건비를 이용한 수출기지가 아니라 현지에 뿌리내리고 현지 기업으로 지속 가능한 성장을 하려면 더 많은 한국 인력이 현지에 파견되어 현지 시장을 연구하면서 현지 인력 개발에 노력을 기울여야 한다. 수출 공장은 본사의 제조 하청 기능을 수행하기 때문에 현지 판매 인력, 제품 현지화를 위한 기술 개발 인력 양성에 소홀할 수밖에 없다. 그 결과, 인건비가 올라가면 곧바로 경쟁력을 잃고 철새처럼 탈출하는 기업들이 생겨난다.

카자흐스탄과 한국 정부는 양국의 청년들이 협업하여 창업에 나서도록 통합 시스템을 만들기로 합의했다. 현지에 청년 창업연구실, 전시실, 공연장, 쇼핑센터를 통합한 창조·혁신 복합센터가 조성될 예정이다. 청년 벤처 창업도 국내가 아니라 신흥 개도국으로 진출하면 더 많은 기회를 만들 수 있다. 즉, 청년들이 해외로 나갈 수 있는 플랫폼만 만들어진다면 국내와는 다른 기회가 새로 생겨나는 것이다.

일자리 예산은 취업과 고용을 지원하는 데 그치는 것이 아니라 일자리 자체를 만드는 사업 개발이 본질이다. 2015년에 청년 실업 문제를 해결하기 위해 도입한 상생고용지원금제도의 경우 대기업의 85.2퍼센트가 이용하지 않았다. 억지로 일자리를 늘릴 수 없다는 뜻이다. 일자리 예산 17조 원, 중소기업 정책 지원금 17조 원, 국내 산업단지 조성자금 가운데 일부만 활용해도 국민이 신흥 시장으로 진출하도록 해외 일자리 창출 플랫폼 사업을 펼칠 수 있다.

최우선 과제는 산업 개혁, 구조 개혁

아직도 한국 경제를 이끌고 있는 주력 산업은 중화학공업과 하드웨어 등 IT 제조에 머물러 있다. 그리고 노후화가 빠르게 진행되고 있다. 한국은 외환위기 이후 20년 동안이나 주력 산업을 교체할 기회를 놓치고 있다. 한국 경제가 현재 저성장의 어려움을 겪고 있는 본질적인 원인 중 하나다. 반도체 호황으로 아직까지는 2~3퍼센트 수준의 경제 성장률을 보이고 있는데 반도체 공화국이라고 할 정도로 국가 경제 전체가 반도체에 의존하고 있다. 중국이 반도체 공장을 본격적으로 가동하기 시작하면 제조 강국의 마지막 토치(Torch, 가스 용접이나 절단할 때 가스와 공기를 혼합하고 조절하여 불꽃을 만드는 기구)인 반도체의 불마저 꺼질 수 있다. 반도체를 이을 국가 신산업 구축의 시급성, 구조 개혁 없이는 미래가 없다는 공감대가 사회 전반에 확산되고 있다. 하지만 무엇부터 개혁할 것인가에 대해서는 의견이 분분하다.

저성장은 주력 산업의 노후화에 기인한다. 그래서 저성장을 탈출하는 해법이 제1의 정책 목표가 되어야 한다. 각 분야의 전문가들이 백가쟁명(百家爭鳴)식 구조 개혁 해법을 내놓는 가운데 소음 속에서 본질을 알려주는 시그널은 무엇일까? 노동 개혁, 금융 개혁, 교육 개혁, 경제 민주화 등 개혁할 분야는 수없이 많지만 5,000만 한국인의 생계가 달려 있는, 뭘 먹고 살 것인지를 결정하는 '산업업종 구조 개혁'이 본질이고 최우선이다. 산업 개혁이 빠져 있으면 모두 허구다. 국민 생계의 기둥은 주력 산업이다. '어떤 산업으로 먹고 사느냐?' 하는 문제는 한 국가의 국제 사회 역할인 동시에 국민 일자리다. 지금 한국 사회 내 모든 갈등의 근본 원인은 국민이 먹고 사는 문제가 어려워지면서 증폭되는 현상이다. 일례로 최저 임금을 두고 벌어지는 사회 갈등도 마찬가지다. 경제가 성장하면 최저 임금 자체가 사회 문제로 대두되지 않는다. 중소기업이 성장하고 있으면 임금도 계속 올라갈 것이고 직원들 삶의 질도 향상되기 때문이다. 하지만 성장이 정체되면 임금을 올려줄 수 없고 직원들 삶의 질도 시대에 맞게 발전하지 못하고 정체된다. 사회 불만이 터져 나오는 배경이다. 냉정하게 보면 최저 임금조차 감당할 수 없는 업종은 이미 국내에서 유지할 사업이 못된다. 우리 국민 수준에 맞지 않는 저부가 사업이며 해외로 이전해야 한다는 뜻이다. 먹고 사는 문제 앞에서는 명분도, 품격도 사치일 뿐이다. 역사의 전환을 이루는 배경에는 항상 경제 문제가 있었다.

지금 한국 사회는 더 공정한 경제 시스템을 만들고 분배를 더 확대해 격차를 해소하면 성장은 저절로 찾아오며 일자리도 자연적으로 늘어날 것이라 믿고 있다. 산업화 시대에 구축된 한국 경제 시스템을 개혁하는 것은 재도약을 위한 필요조건은 되지만 충분조건은 될 수 없다. 우리보다 더 공정한 경제 시스템(경제 민주화가 더 성숙됨)과 더 후한 복지정책을 시행하는 서구의 많은 선진국도 더 이상 성장하지 못한 채 실업률로 고통을 겪고 있다.

IMF(국제통화기금)는 한국 경제의 위기 요소들로 저출산, 고령화, 지나친 수출 의존형 경제구조, 대규모 기업집단(재벌)의 취약한 재무 건전성, 정규직과 비정규직으로 이중화된 노동 시장구조, 낮아진 생산성, 취약한 사회 안전망(OECD 평균 이하 공공복지 지출), 불어난 가계 부채, 불평등과 빈곤 확대 등을 적시하고 있다. 이 모든 것은 산업 경쟁력이 나빠졌기 때문에 심화된 현상일 뿐이다. 외환위기 때는 그래도 산업 경쟁력이 있어서 재정을 확대하고 적극적인 수출로 극복할 수 있었다. 청년 실업, 중소기업 부도, 양극화 확대 등 모든 사회 문제는 주력 산업이 성장 변곡점을 맞아 성장이 정체되면서 초래된 문제들이다.

《익숙한 것과의 결별》(구본형, 2007년), '10년 안에 삼성을 대표하는 사업과 제품이 모두 사라질 것이다(이건희, 2010년)' 등 선각자들은 10여 년 전부터 이미 우리 사회가 성장곡선의 변곡점에 이르렀음을 예견하고 근본적인 혁신을 주장해왔다. 생산 효율 차원의 혁신이 아니라 사업 자체를 한 단계 진화시키는 변곡점 혁신을 주문했지만 '사업 변신' 수준의 혁신은 없었다. 산업과 기업의 경쟁력 악화로 초래된 한국 사회의 위기는 기업 자체가 구조 개편에 성공하지 않는 한 극복하기 어렵다. 규제가 혁신을 가로막는다고 하지만 사업 진화 비전을 찾지 못하는 기업의 내부 요인이 더 큰 문제다.

경제 위기가 닥쳐도 정치인과 관료들은 위기의 본질인 기업 경쟁력, 곧 산업 경쟁력 악화는 외면한 채 분배, 복지, 거시 정책에만 매달리고 있다. 성장 기회를 만들어야 갈등을 해소하고 일자리를 창출할 수 있지 않은가? 조선, 해운 등 주력 산업 중심으로 진행되는 축소 지향의 구조조정만으로는 한계가 있다. 기존 산업을 활성화시키는 구조조정이 되어야 한다.

▌ 산업구조 혁신을 막는 단견

중소기업의 해외 이전이 늘고 있다. 한국수출입은행에 따르면, 국내 중소기업의 2016년 해외 투자 금액은 60억 2,300만 달러로 1980년 이래 최고치다. 해외 법인 설립도 1,594개로 2008년 금융 위기 이후 최대다. 특히 최근 3~4년 동안 중소기업의 해외 법인 설립과 투자 금액이 계속 늘고 있다. 한편 전국에 산재한 산업단지에는 중소기업의 도산으로 빈 공장 터가 속출하고 있다.

우리나라 기업의 해외 진출은 2000년대 초반부터 대기업 중심으로 저임금을 찾아 중국, 동남아 등으로 제조기지를 이전하면서 시작되었다. 이때가 한국 기업의 1단계 해외 진출이다.

지금은 중소기업도 고비용구조에다 인력난이 겹쳐 해외 진출을 더욱 가속화하고 있다. 화학, 금형, 전자 등 업종을 불문하고 해외로 이전 중이다. 한국 기업의 2단계 해외 진출 움직임이 나타나고 있는 것이다.

국내 시장 규제가 심하고 반기업 정서가 강해서 기업이 국내를

등진다고 바라보는 시각은 지나치게 감상적이다. 시간이 갈수록 고비용, 저부가화가 심화되자 더 이상 국내에서 견딜 수 없는 기업들이 해외로 이전하는 것이다. 지극히 자연스러운 현상인데도 일자리 축소를 우려하면서 공장 이전을 규제 탓, 반기업 정서 탓으로 돌리고 있다.

정부는 스마트 공장의 성공 여부에 제조업의 사활이 걸려 있다고 보고 2025년까지 스마트 공장 보급 목표를 3만 개로 확대하겠다고 발표했다. 제조라인을 지능화한다고 해서 부가가치가 올라가지 않는다. 제조업 문제의 본질은 고비용을 감당할 수 없는 저부가화다. 핵심 기술 없이 양산 기술만 갖고 있는 저부가업종을 국내에 유지하는 것이 무슨 의미가 있을까?

국제무역연구원에 따르면, 주력 산업의 해외 생산 비중은 가전 77.6퍼센트, 디스플레이 57.3퍼센트, 자동차 40.2퍼센트, 섬유 26.2퍼센트, 석유화학 18.6퍼센트, 반도체 17퍼센트, 기계 6.9퍼센트, 철강 6.7퍼센트 순이다. 해외 비중은 계속해서 확대될 것이다. 한국의 GDP 수준상 제조업은 더 이상 일자리의 중추가 아니다. 제조업 일자리는 계속 줄어들고 있다. 사실 거의 모든 선진국의 공통된 현상이다. 제조 공장에서 생겨나는 일자리에만 집착할 게 아니라 경제 수준에 맞게 서비스업에서 더 많은 일자리를 만들어야 한다. 역설적으로 제조업 일자리에서 해방되어야만 서비스 일자리로 옮겨갈 수 있다고 본다.

▎해외 이전을 반대하는 목소리

한국경제연구원은 〈제조업 유턴 촉진방안 검토 보고서〉에서 해외 진출 국내 기업의 현지 채용 인력이 338만 명에 이르며 이 중 84.6 퍼센트가 제조업 인력이라고 밝혔다. 여기서 10퍼센트만 유턴해도 약 29만 개의 일자리가 창출되는데 이는 청년 실업자 46만 7,000명의 61퍼센트에 해당된다고 했다. 반면 유턴 기업 지원법이 시행된 2013년 이후 국내에 복귀한 기업은 고작 30여 개에 지나지 않는다고 했다. 해외로 이전한 업종 대부분이 저부가, 고비용을 타개하기 위한 것이라서 국내에 다시 들어오면 경쟁력을 유지할 수 없기 때문이다. 온갖 인센티브를 제공해도 정책이 먹히지 않으니 이를 반기업적, 반시장적 환경 때문이라고 주장하기도 한다.

해외로 진출한 한국 기업을 유턴시켜 청년 일자리를 해결하겠다는 발상은 시대 변화에 맞지 않다. 지금 해외로 진출한 한국 공장에서 하는 일들 대부분은 우리 청년들이 하고 싶어 하는 일들이 아니다. 오히려 일손이 부족해 100여 만 명의 외국인 노동자를 들어오게 하여 공장을 돌리는 중소 제조 기업 업종들을 신흥 개도국으로 이전시키는 것이 순리다. 단순 저부가가치 제조업종에서 벗어나야 고부가가치 사슬로 옮겨갈 수 있다.

허정 서강대 교수는 기업의 해외 진출이 알려진 것과 달리 국내 일자리를 늘리는 데 도움이 된다는 연구 결과를 발표했다. 해외에 진출한 기업들이 오히려 국내에 공장을 새로 설립하고 일자리도 늘리는 것으로 조사된 것이다. 해외 진출 기업이 국내에 새로운 공장

을 지을 확률은 국내에서만 사업하는 기업에 비해 평균 15.3퍼센트
나 높은 것으로 나타났다. 해외 진출 기업의 일자리 재분배율도 국
내 기업에 비해 6.4퍼센트나 더 높았다. 일자리 재분배는 기업들이
생산성 향상을 위해 일자리를 만들고 없애는 구조조정을 얼마나 활
발히 했는지를 보여주는 지표다. 국내 기업의 해외 진출이 산업 공
동화의 주범이라는 기존 인식에 수정이 불가피하다. 오히려 저부가
업종의 해외 이전이 구조조정의 출구가 될 수 있다는 반증이다.

　제조부문을 이전하는 과정 속에서 한국은 제조기지가 진출한 국
가를 상대로 새로운 역할을 할 수 있는 여건이 조성된다. '스마일 커
브(Smile Curve)'는 제조업의 부가가치 분포를 보여준다. '설계·개
발—부품—조립·제조—판매—애프터서비스'로 이어지는 제품의
생산 흐름 중 신흥공업국들이 몰리는 조립·제조부문의 수익성은
빠른 속도로 추락해 U자형 곡선을 그린다. 한국 기업들이 부가가
치가 적은 조립·제조부문을 신흥 개도국으로 이전하면 설계·개발,
(핵심)부품으로 역할을 옮겨갈 수 있는 기회가 생긴다.

▍굴뚝 산업의 해외 이전

　한국의 산업구조는 제조업 비중이 30퍼센트를 상회한다. 미국,
일본에 비해 2배가 넘는다. 아직도 화석연료 의존도가 70퍼센트를
넘는다. 197개국이 협약한 파리기후협정이 2016년 11월 4일 정식
발효되었다. 한국은 2030년까지 탄소 예상 배출 전망치의 37퍼센
트를 감축하겠다고 국제 사회에 약속했다. 시멘트, 광업, 비철금속

업종의 경우 생산이 곧 온실가스 배출로 직결되고 반도체, 디스플레이, 전기전자, 자동차 등도 전력 사용에 따른 배출을 감소시킬 수단이 많지 않다. 철강, 석유화학, 정유 등은 세계 최고의 효율 수준이라서 추가적인 온실가스 감축이 쉽지 않다. 정부는 온실가스 감축에 기여하는 사업에 연간 1조 3,000억 원의 예산을 지원하고 있지만 목표 달성은 미지수다.

온실가스 배출은 물론 미세먼지 배출의 원흉인 석탄발전소에 크게 의존하고 있는 전력 사용도 문제는 마찬가지다. 온 국토가 공장이나 다름없는데 과연 환경 개선이 가능할까? 미세먼지가 소득 수준 대비 국민 삶의 질을 떨어뜨리고 있다. 초미세먼지의 근본 원인은 석탄 화력 발전, 디젤 자동차 등은 물론이고 굴뚝 산업과도 무관하지 않다. 즉, 산업화의 산물이다. OECD의 최근 보고서에 따르면, 회원국 중 한국이 대기오염으로 목숨을 잃을 확률이 가장 높은 나라가 될 것이라고 한다. 신흥 개도국의 발전 모델로 손꼽히던 한국이 이제 구체제 경제의 반면교사 국가로 낙인찍히고 있다. 공기의 질이 개선되지 않고는 진정한 선진국이 될 수 없다.

서울의 하늘을 보라. 푸른 하늘이 보이는 날이 한 달에 며칠이나 되는가? 금수강산과 한류를 부끄럽게 하는 것 중 하나가 서울의 하늘색이고 미세먼지로 뒤덮인 공기다. 서울 시민은 아직 인내력을 보이고 있다. 유럽을 여행한 사람이라면 누구나 청정한 공기와 푸른 하늘을 부러워할 것이다. 중국 영향도 크지만 좁은 국토에 너무 많은 공장을 보유하고 있는 탓도 크다. 특정 지역에 몰려있는 생산 시설과 설비를 신흥 개도국으로 분산시킬 필요도 있다.

▎한·중·일의 구조 개혁 전쟁

중국은 선진국 기술 캐치 업과 기업 인수·합병, 국영 기업 중심의 공급 측 개혁으로 구조 개혁에 속도를 내고 있다. 일본은 기업 간 자발적인 통폐합 중심으로 구조 개혁에 속도를 내고 있다. 한국은 '기업 활력 제고를 위한 특별법(일명 기활법)'에 의한 8조 7,000억 원 규모의 구조조정 지원자금, 신산업 진출 규제 개선 등 정부의 노력이 있지만 선제적 산업 재편이 제대로 이뤄질지는 의문이다. 재벌 간 경쟁의식으로 자발적인 인수·합병도 어렵다. 규제를 탓하는 목소리만 들린다.

누가 먼저 구조 개혁에 성공하느냐에 따라 미래의 동북아시아 경제 질서의 주도권이 결정될 것이다. 구조 개혁 없이는 그다음 성장 단계로 나아갈 수 없다.

한국은 외환위기로 양적인 구조조정은 일부 되었어도 경제 체질을 진화시켜 성장 잠재력을 올려주는 본질적인 구조 개혁은 이루지 못했다. 그렇다면 구조 개혁은 무엇부터 해야 할까? 4대 개혁, 재정 개혁, 연금 개혁, 정치·사회 시스템 개혁도 필요하다. 하지만 파급 효과를 감안할 때 가장 시급한 분야는 산업을 중심으로 한 경제구조 개혁이다.

통계청에 따르면, 2016년 한국의 제조업 평균 가동률은 70.3퍼센트로 떨어졌다. 공장 중에 30퍼센트가 놀고 있는 것이다. 공장 10

곳 중 3곳은 쉬고 있다는 뜻이다. 외환위기 때 수준이다. 과잉 생산 능력으로 출혈 경쟁을 벌이고 있는 철강업계의 경우 유휴 설비를 처분하려는 기업이 줄을 잇고 있다. 현대제철은 인천공장의 단조용 제강 설비 폐쇄를 공식화하고 매각을 추진 중이며 포스코는 4개 후판공장 중 1개 라인의 가동 중단을 결정했다.

정부의 용역을 받은 한 컨설팅사는 현대중공업, 삼성중공업, 대우중공업의 과잉 설비를 줄일 것을 권고하고 있다. 한국의 주력 산업을 구성하는 200여 개 제조업 품목 중 무려 55개(27퍼센트)가 과잉 공급 품목(영업 이익률 기준)에 해당한다. 그러나 출구가 없는 구조 조정은 업계가 받아들이기 쉽지 않다.

한국, 중국, 일본은 현재 구조 개혁을 경쟁하고 있다. 한국은 중국이나 일본에 비해 차별화된 우위적 모델을 갖고 있는가? 과연 시장 원리를 내세우며 업계 자율에 맡겨두는 것이 능사인가? 3~4년 내에 어떤 나라가 구조 개혁을 먼저 마무리할 것인가?

지금 정부는 과감하게 부실기업을 정리하면 대규모 실업 등의 역풍이 우려되고, 신속하게 구조조정을 하지 않으면 산업 전반이 회복 불가 상태에 빠질 수 있다는 위기감으로 인해 딜레마에 빠져 있다. 구조 개혁은 속도가 중요하다. 출구가 있어야 속도를 낼 수 있다. 그래서 외부로부터의 구조조정 레버리지가 절실하다.

▌국내 기업 간 상생·융합의 패러다임이 요구된다

구조조정을 겪고 있는 조선, 철강, 해운 산업의 경쟁력은 모두 글로벌 10위권이다. 김영무 선주협회 부회장은 3개 산업이 협업하면 모두를 살릴 수 있다고 주장한다. 한국의 조선업과 조선 기자재업은 세계 2위, 철강업은 5위, 해운업은 6위다. 세계 1위 해운사인 덴마크 머스크나 세계 2위인 MSC를 보유한 스위스, 이탈리아 등은 누릴 수 없는 유관 산업을 한국은 갖고 있지만 시너지를 내지 못하고 있다. 개별 업종이 각자도생하고 있기 때문이다. 참고로, 컨테이너사의 화주는 물류회사이고 벌크선사의 화주는 철강사다.

현재 한국의 총물동량 중 국적선 적하율은 20퍼센트 안팎에 불과하다. 국내 정책 금융기관(산업은행과 수협은행)이 해운업을 지원한 선박 금융 규모(15조 원) 중 한국 국적선사에 지원한 금액은 고작 19억 달러(2조 2,000억 원)에 불과하다.

국내 기업 중심으로 금융, 해운, 철강, 조선이 연합하면 살 길이 생길 수 있다. 부처 칸막이를 없애고 유관 산업을 하나로 묶을 수 있는 국가 차원의 컨트롤 타워(Control Tower)가 절실하다. 해운업을 살리지 못하면 조선업도 머지않아 죽게 될 것이다.

일본 기업의 구조 개혁의 핵심 동력은 협업이다. 일본의 잃어버린 20년은 구조조정이 지연된 결과다. 한국 경제가 일본을 닮아 간다는 경고가 넘치지만 이미 우리는 잃어버린 10년을 보냈다. 일본은 산업화 시대에는 한국의 교과서 역할을 톡톡히 했지만 지금은 반면교사로서의 역할을 하고 있다. 일본 기업은 잃어버린 20년을 통해 상생·융합을 깨달았다. 내부 경쟁에서 상생·융합이 살 길이라는 점을 깨닫기까지 너무 오랜 시간이 걸린 것이다. 아마도 한국 기업은 더 오랜 시간이 걸릴 수 있다. 오토바이 시장에서 죽기 살기로 경쟁하던 혼다와 야마하가 최근 기술 개발 등 협업을 선언했다. 도요타와 스즈키가 자사 중심주의를 버리고 적과의 동침도 불사하면서 협업체제 구축에 나서고 있다. 조선사들도 공동 수주에 나서는 등 내부 경쟁에서 세계 시장을 바라보고 협업체제로 옮겨가고 있다. 일본 정부는 기업이 적극적인 구조 개혁에 나서도록 당근과 채찍을 두루 사용하고 있다. 시장 원리에 따른다는 원칙만 내세우고 기업에만 맡겨두는 한국과는 너무 다르다.

▌산업 경영과 기업 경영의 책임은 다르다

기업 구조조정을 촉진시킬 정부의 역할은 무엇이어야 하는가? 정부가 경기 부양에만 매달리지 말고 구조조정펀드, 실업펀드 등을 활용해 개성공단처럼 신흥 개도국에 윈윈 사업(산업한류 7대 국가 사업)을 개발해 국내 기업의 과잉 생산 능력을 이전하도록 출구를 마련해주면 구조 개혁 속도는 배가 될 것이다.

정부가 기업 간 융·복합 구조조정의 넛지(Nudge, 강압하지 않고 부드러운 개입으로 사람들이 더 좋은 선택을 할 수 있도록 유도하는 방법) 역할을 해야 한다. 대기업을 앵커로 활용해 대기업과 중소기업을 엮는 동반 성장형의 생태계를 구축해야 한다.

기업별로 비용 절감 차원에서 인력과 설비를 줄이는 구조조정을 하는 것은 당연하지만 한국의 산업이 5~6년 후 어떤 모습으로 진화할지에 대한 책임을 지는 주체가 없다. 대기업은 지난 30년 동안 국민의 피와 땀으로 키워온 자산이다. 그런데 지금 이 자산을 어떻게 활용할지 몰라서 버리고 있다. 한진해운이 기업 경영에 실패했다고 해도 한국의 해운 산업에 대한 경영 책임은 여전히 정부에 있다. 한진해운을 부실기업으로 도산시켜도 한국의 해운 산업 경쟁력을 어떻게 키울 것인지는 정부의 책임이며 이에 대한 청사진을 정부가 갖고 있어야 한다. 이것이 바로 산업구조 개혁이다.

국가의 산업별 구조조정 책임과 주체는 개별 기업의 그것과는 달라야 한다. 자율주행 자동차 같은 4차 산업혁명 시대의 신산업도 개별 기업이 추진하기에는 역부족이다. 단일 제품과 기술로는 경쟁력을 확보할 수 없는 국가 간 생태계 경쟁의 시대다. 정부가 업계 간 융합 시스템을 구축하는 작업이 매우 중요해졌다.

▌사업 진화를 위한 기업 차원의 구조 개혁

호황 또는 불황에 대응하는 임시적 구조조정은 답이 아니다. 최근에 이익을 좀 낸다고 구조조정에 성공한 것처럼 포장되는 기업들이 있다. 좀 더 세밀하게 건강한 이익인지 따져 봐야 한다. 중국의 과잉 생산에 대한 구조조정으로 철강 기업의 이익이 호전되었다거나 유가 변동으로 평가 재고 이익이 증가한 것은 일시적인 현상에 불과하다. 이익은 비용을 어떻게 조절하느냐에 따라 일시적으로 늘릴 수 있으나 매출은 다르다. 지금까지 한국 기업의 경우 매출은 정체하거나 줄어드는 가운데 비용을 조정한 결과, 이익이 늘어났다. 소위 불황형 흑자다. 그 효과는 머지않아 사그라지고 매출과 이익이 동시에 줄어드는 전형적인 불황 국면에 진입할 수 있다.

구조 개혁의 목표는 고부가가치화다. 제품과 서비스의 가치를 높여 가격을 더 받는 것이다. 비용을 더 낮춰 이익을 확보하는 방식은 단기적이다. 기업이 불황형 흑자로 버티기를 하고 있으면 그 유지 비용은 사회 전반으로 전이되어 실업률 상승과 양극화 확대로 이어진다. 구조 개혁이 지연되면 구조조정으로 해고된 인력의 재고용도, 노동 환경의 유연화도 결코 일어나지 않는다.

'사양화된 기존 사업을 어떻게 진화시켜 성장 잠재력을 재구축하느냐?'에 대한 답을 찾는 것이 구조 개혁의 목적이다. 따라서 사업 진화에 대한 리더의 비전이 없다면 구조 개혁은 시작도 못한다. 우리 기업이 잉여 설비와 잉여 인력을 재배치할 수 있는 기회를 찾는다면 버티기가 아니라 구조 개혁에 적극 나설 수 있다. 맞춤형 산업 단지와 같은 범국가적, 범세계적 융합 사업의 비전을 어느 리더가 제시할 것인가. 100년 제조기업 GE가 "인터넷을 통한 소프트웨어 기업으로 변신하겠다"고 선언했다. 제조업체에서 소프트 기업으로의 변신이다. 소프트뱅크 손정의 회장은 "IoT 시대를 주도하겠다"라고 하면서 새로운 사업 비전을 제시하고 과감한 인수·합병과 제휴에 나서고 있다. 제2의 창업을 선언한 것이다.

2017년 주주총회에서 한국의 대표적인 기업들은 주력 사업의 미래 비전을 제시하지 못한 채, 주가를 떠받치기 위해 유보금을 활용한 자사주 매입과 배당 확대 카드를 꺼냈다. 기업의 유보금은 기업의 미래 가치를 만들기 위한 재원이다. 기업이 사업 변신을 못하고 버티기를 지속하면 거대한 조직을 유지하기 위해 쥐어짜는 결과를 가져오며 양극화를 더욱 악화시킨다. 우리 기업이 유보금이 고갈되기 전까지 사업구조 혁신을 완성할 수 있을까? 중국은 정부 주도로 신창타이(新常態, 고도성장기를 지나 새로운 상태인 안정적인 성장 시대를 맞이하고 있다는 중국식 표현)의 구조 개혁을 강력하게 밀어붙이고 있다. 중국이 한국보다 앞서 구조 개혁에 성공한다면 향후 한국이 설 자리는 과연 어디일까?

▌'10년 후 한국'의 시나리오

최악의 시나리오를 다음과 같이 생각해볼 수 있다. 경기 침체의 지속으로 생계형 부채가 급증하고 사회 갈등이 심화된다. 선진국과 후발국 사이에서 한국의 기업들은 아무런 기술적 차별성을 갖지 못한다. 외교적 영향력도 줄어들고 북한의 핵 위협이 더욱 확대되는 바람에 국제 사회 속에서 한국이 골칫덩이로 전락한다.

반면 최선의 시나리오는 어떤 모습일까? 4~5퍼센트대 성장을 지속하면서 동시에 사회 통합을 달성한다. 기업 간 상생으로 합종연횡을 통해 구조조정이 급물살을 타고 유휴 설비가 신흥 개도국으로 이전하면서 국내 기업들은 과열 경쟁에서 벗어난다. 그 결과, 수익을 회복하는 동시에 4차 산업혁명 등 미래 사업의 연구 개발에 적극적으로 나선다. 당연히 해외로 진출한 사업이 국내 본사에 기여한다.

청년들은 해외로 진출하는 것에 자부심을 느끼고 장년층 명퇴자들도 신흥 개도국에서 제2의 인생을 시작하며 보람을 느낀다. 국민 전체가 신흥 개도국의 모범국가가 된다는 사명감을 갖게 되면서 이념 갈등이 없어지고 통일을 위한 내부 결속이 강화된다.

이 지옥과 같은 시나리오, 천국과 같은 시나리오 중 어떤 것을 선택할 것인가? 결정은 지금 우리의 몫이다.

인프라 사업: 주력 산업의 재도약 기회

세계는 지금 저성장 극복을 위한 경기 활성화 대책을 세우고 인 프라 투자를 확대하고 있다. 맥킨지는 2013년부터 2030년까지 18 년 동안 세계 인프라 시장이 57조 달러에 이를 것으로 전망했다. 한 국의 FTA 경제 영토가 전체 50조 달러인 것과 비교하면 엄청난 시 장 규모다. 이라크 등 전후 복구 사업은 물론 신흥 개도국의 도시화 로 인한 인프라 수요와 선진국의 인프라 업그레이드 수요도 증가하 고 있기 때문이다.

개발도상국들은 도시로 몰려드는 인구에 대비해 신도시와 경제 특구 개발에 적극 나서고 있다. 필리핀은 GDP의 7퍼센트를 인프라 에 지출할 계획이다. AIIB는 재정 상황이 열악한 개발도상국의 인프 라 투자 프로젝트에 자금을 집중적으로 지원할 계획이다. 특히 자 원 수출에 의존하는 신흥 개도국은 원자재 가격 하락으로 인한 경제 성장률 하락을 만회하기 위해 인프라 사업을 확충하고 있다. 트럼프 대통령은 일자리 창출을 위해 1조 달러의 인프라 업그레이드 투자 계획을 내세웠다. 고속도로, 교량, 터널, 공항, 학교 등 대규모 인프라 투자로 일자리를 창출하고 가계 소득을 올려 소비가 늘어나면 새로운 성장 발판이 구축될 것으로 보고 있다.

각국 정부는 물리적인 인프라 투자뿐만 아니라 저소득층 소득 증대를 위해서라도 직접적인 복지 확대보다 사회 인프라 사업을 통해 일자리를 제공하는 것이 부담이 적고 지속 가능성이 높다고 판단하고 있다. 인프라 사업은 경기 변동에 크게 영향 받지 않는 대표적인 장기 안정형 투자 사업이다. 사회간접자본은 없으면 안 되는 독점 시설이기 때문에 장기적으로 수익을 낼 수 있다.

세계원자력협회는 온실가스 규제가 강화되므로 2030년까지 세계 원전 시장 규모가 한화로 약 1,000조 원까지 증가한다고 추산했다. 한국은 2009년 아랍에미리트 원전 수주 이후 7년째 수주 실적이 없다. 자본력을 내세운 중국과 일본에 밀려 정면 승부가 점점 어려워지고 있다. 한국은 인프라 사업에 필요한 최적의 업종 포트폴리오와 장년층 기술 인력을 보유하고 있지만 국가 차원의 시너지를 내지 못해 일본과 중국에 사업 기회를 많이 빼앗기고 있다. 국내 기업 간의 연합과 민관협업이 인프라 수주 전쟁에 절대적인 경쟁력이다.

한편 한국 건설업계는 중동에 집중된 해외 수주가 유가 하락으로 줄고 있어 어려움을 겪고 있다. 국내 주택 사업으로 성장했지만 국내 시장은 이미 포화 상태다. 역시 새로운 시장 개척으로 위기를 돌파해야 한다. 건설사들이 단순 시공에서 디벨로퍼(Developer, 땅 매입부터 기획, 설계, 마케팅, 사후 관리까지 총괄하는 부동산 개발업체)로 변신하려면 신흥 개도국 시장 진출이 적격이다. 프로젝트 발굴부터 기획, 지분 투자, 금융 조달, 건설, 운용, 관리까지 전 과정을 책임지려면 국내 업체와 민관의 협업이 필수다. 계열사를 거느린 대기업에 유리한 사업이다.

한국전력이 수주한 아랍에미리트 원전 사업도 EPC(Engineering Procurement Construction, 설계와 조달과 시공의 영문 첫 글자를 딴 말로 일괄 수주를 의미함) 사업으로 설계, 자재 조달, 건설 시공 모두를 아우르고 있다. 원전 건설 기자재 공급 운영 및 유지 보수까지 망라하고 국내 전력 공기업과 협력업체가 함께 진출한 상생경영의 동반 진출 사례다.

앞으로 각국의 인프라 투자는 노후 인프라 유지 및 보수와 4차 산업혁명에 대비한 투자에 집중될 것이다. 전자가 국민 안전을 위한 것이라면 후자는 미래를 위한 대비다. 인류 문명의 새로운 장을 열어줄 4차 산업혁명의 종합판인 스마트 시티는 대표적인 미래 인프라 사업이다.

한국도 인구 노령화, 기후 변화 등의 시대 흐름에 맞춰 산업화 시대에 건설된 인프라 노후화에 대한 업그레이드가 필요한 시기다. 한국건설산업연구원에 따르면, 한국은 1970년대 이후 압축 성장과정에서 인프라 투자도 압축적으로 해왔다. 2016년 말 기준으로 교량, 터널, 항만, 댐, 건축물, 하천, 상하수도, 옹벽 등 주요 인프라 7

만여 개 중 30년을 초과한 시설이 2,800여 개에 이른다. 서울시 전체 도로 시설물의 53퍼센트 정도가 20년이 넘었고, 25퍼센트는 30년이 넘었다. 전국 학교 시설 중 내진 설계가 되어 있는 건물은 13.7퍼센트에 불과하다. 이대로 방치하면 국민 안전에 큰 위협이 되고 보수비도 급증하면서 국가 경제의 생산성 저하를 가져온다. 인프라 사업은 해외뿐만 아니라 국내에서도 정부가 적극적으로 추진할 사업이기도 한 이유다.

인프라 사업을 산업단지와 연계해 경쟁국과 차별화

상품 판매의 무역에서 내수 시장을 개발하는 현지 개발형 사업 요구가 확대되고 있다. 현지 투자를 유도하기 위해 현지 개발에 외자 기업 동참을 유도하는 것이 신흥 개도국의 정책 트렌드다. 일례로 인도 정부는 현지 생산 공장을 가진 기업들에만 공공 프로젝트를 발주하는 정책을 시행하고 있다. 기술 이전과 금융은 물론, 각국 경제 발전단계별로 최적의 인프라 조성 노하우가 차별화된 경쟁력이 되고 있다. 산업단지 진출이 인프라 사업 수주에 직접적인 도움이 된다는 말이다. 산업단지가 구축되면 단지를 중심으로 산업 도시 인프라를 병행 조성할 수 있다.

세계적인 수(水)처리 시장은 연간 1,000조 원 규모로 미래 성장 잠재력이 매우 큰 인프라 분야다. 그래서 물 산업을 제2의 석유라고 부른다. 특히 하수 재처리 및 용수 공급 사업은 산업단지와 연계해 추진할 수 있다. 대구 물 산업 클러스터를 중심으로 신흥 개도국에 산업단지를 조성하면 물 처리 산업을 인프라 사업과 연계할 수 있다. 수처리 시설이 부족하고 선진국의 수처리업체의 진출이 늦은 이란, 이집트, 터키 등 신흥 개도국에 우선적으로 한국 기업이 진출할 수 있다. 신재생에너지 사업도 산업단지와 연계하면 유리하다.

일본과 중국이 아프리카를 두고 인프라 선점 경쟁이 치열하다. 일본은 발전, 중국은 건설 등에 집중하고 있다. 한국이 일본, 중국과 차별화할 수 있는 길은 우회로다.

인프라 사업에서 중국, 일본과 경쟁하지 말고 우선 신뢰를 구축해야 한다. 신흥 개도국에 가장 필요한 원조 사업은 수자원, 도로, 농업과 관개, 생활용수, 위생 시설 등의 인프라 사업이다. 특히 아프리카는 생활 용수 공급이 절실하다. 공적 개발 원조 사업이 인프라 사업에 연결고리를 만들어주면 한국 엔지니어링업체들이 신흥 개도국의 인프라 시장에 진출할 수 있는 디딤돌 역할을 할 수 있다. 인프라 사업을 현지의 산업단지와 연계해 산업화, 도시화 솔루션을 제공한다. 산업단지가 조성되면 도시화로 연결되고 각종 도시 인프라 수요를 창출한다. 산업단지를 중심으로 한 인프라 사업은 자연스럽게 한국 기업에 우선권이 주어질 것이다.

'하드 인프라+소프트 노하우'의 솔루션

한국은 세계 194개국을 대상으로 하는 유엔의 전자정부 평가에서 2010년부터 3회 연속 1위를 달성했다. 행정자치부의 정부 3.0 패러다임도 개도국에 전자정부의 행정 서비스 효율화, 주민 중심 지역 정보화 서비스, 재난 관리 시스템, 지능형 교통 정보 시스템 등을 스마트 시티와 함께 민관협업 패키지로 제안할 수 있다. 개발 시대에 속한 신흥 개도국에는 한국식 인프라 운영 경험이 최적이다. 클라우드 플랫폼으로 전환시킨 전자정부 및 공공기관 서비스를 글로벌 서비스와 견줄 만한 저렴한 가격에 제공한다면 정보화를 원하는 신흥 개도국에는 최적의 솔루션이 된다.

BTO(Build—Transfer—Operate, 민간 사업자가 시설을 건설하고 일정 기간 직접 운영하면서 수익을 거두는 방식) 투자가 인프라 사업의 대세로 떠오르고 있다. 세계 1위의 인천공항은 하드(웨어적인) 인프라와 소프트(웨어적인) 운영 노하우 모두 인프라 수출 패키지가 된다. 한수원은 아랍에미리트에 원전이 건설되면 운영 노하우까지 수출하는 새로운 모델을 진행 중이다. 2030년까지 한국 기술자를 3,052명(누계) 파견한다.

한국 기업 아이에스테크놀로지는 파키스탄에 원격 IoT 물관리 시스템을 수출한다. 세계은행이 주관하는 국제 조달 사업 수주다. 댐, 저수지, 강 등에 설치된 관측기가 실시간으로 수위, 유속, 강우량 등의 정보를 모니터링 장비와 초음파 센서를 통해 전달한다. 신흥 개도국에 필수인 인프라 개발을 위해 세계은행과 협업한 사례로써 세계은행은 한국 기업의 설비보다 운영 노하우를 높이 사고 있다. 풍부한 도시 개발 경험과 우수한 ICT 인프라를 활용하면 신흥 개도국 시장에서 한국 기업이 기술 주도권을 확보할 수 있다.

민관 및 국내 기업 간 컨소시엄 경쟁력 게임

지금까지 인프라 사업의 수주 방식이 개별 기업의 내부 경쟁력에 의존했다면 앞으로는 정부, 금융기관, 건설사 등이 힘을 합칠 때 최고의 성과를 낼 수 있다. 일례로 해외 플랜트 수출의 열쇠는 금융 조달 능력이다. 발주처들이 정부 재정을 통해 지급하던 과거와는 달리 요즘은 해외 차입에 나서고 있기 때문에 금융 조달 능력이 수주 성패를 가르고 있다. 즉, 선(先)금융 후(後)수주의 시대다. 한국 기업들의 해외 프로젝트 참여를 위해 국내 정책 및 금융기관들의 지원 역량이 어느 때보다도 절실한 이유다. 산업계와 금융기관과 정부가 함께 노력해야만 수주 절벽에서 기회를 찾을 수 있다. 민관협업이 인프라 수출의 핵심 경쟁력이 되고 있는 것이다.

기업이 직접 금융 리스크를 담당하는 기업 금융 외에도 자금 규모가 큰 원유 수입, 상품 수출과 연계한 바터 트레이드(Barter Trade, 물물교환) 방식 등도 검토할 수 있다. 다른 산업에 비해 글로벌화가 뒤처진 한국의 금융 산업, 특히 민간 금융기관도 기업들과 제휴하여 적극적으로 해외 진출에 나설 수 있다. 이런 방식으로라도 새로운 돌파구를 찾지 못하면 한국의 인프라 관련 건설사들은 수년 내에 공멸의 위기에 처할 수 있다. 발주국의 신용도에 구애받지 않고 사업성에 따라 수주할 수 있는 정부 지원책이 필요하다.

한국 (당시) 대통령의 이란 방문 성과로 홍보된 52조 원 규모의 인프라 투자 MOU가 얼마나 현실화될 수 있을까? 현지 업체와 MOU를 맺고 공장 투자를 검토 중인 한 중견기업이 현지답사를 가보니 허허벌판에 인프라도 조성되어 있지 않아 포기했다는 말이 들린다. 이러한 수주들을 현실화시킬 수 있는 역량에 한국의 미래가 달려 있다. 이란 MOU에는 대기업 38개, 중견기업 143개, 공공기관 50개 등 총 236개사와 250억 달러의 금융 패키지가 동원된다. 민관이 협업하고 대기업과 중소기업이 협업해야 현실화시킬 수 있는 프로젝트다. 국가 차원의 MOU 교환 후 실행은 개별 기업에 맡겨 버린다면 성사되기 쉽지 않다. 이란의 52조 원 MOU는 이란이 한국에 필요한 수입 항목이다. 개별 기업이 신흥국의 리스크를 감수하고 혼자 수주할 수 없는 사업이 인프라 사업이다. 이란 MOU는 수출 절벽을 겪고 있는 한국에 민관협업, 국내 기업 간 컨소시엄 및 동반 진출의 새로운 수출 모델을 요구하고 있다.

대림산업이 이란에서 수주한 2조 3,000억 원의 정유공장 공사는 설계, 시공뿐만 아니라 금융 조달까지 책임지는 토털 솔루션 사업이다. 한국수출입은행, 무역보험공사 등 국책기관이 융자를 제공해야 가능하다. 국토교통부는 글로벌인프라펀드(GIF)를 도입했다. 단순 도급 위주로 해외 건설에 참여해서는 수익을 낼 수 없으므로 국내 건설사의 체질 개선을 위해 금융권 출자와 대출을 유도하면서 건설·투자·운영 수익을 10년, 30년 장기간 확보할 수 있는 기반을 마련한 것이다. 소프트웨어와 하드웨어를 아우르는 종합적 솔루션을 수출하려면 싱가포르처럼 개발도상국의 인프라 개발을 지원하는 대외경제 협력기금을 조성할 필요도 있다. 인프라 사업은 대규모의 자본과 정부 부처, 지방 정부와의 협업이 필요하므로 정부가 나서서 협상을 지원하고 자금을 지원하는 민관협업이 필수다. 특히 해외 인프라 시장의 민영화, AIIB 설립 등으로 민관합동(PPP)형 프로젝트가 증가하고 있다. 설계, 공사, 운영, 자금 지원 등을 일괄 패키지화하는 민관 공동 진출 모델을 정부 주도로 추진해야 한다. 진정한 PPP 시대가 도래한 것이다.

일본은 양질의 인프라 수출 확대 전략을 추진하면서 고속철도, 항만, 발전소, 병원 건설, 석유가스 자원 개발 등 신흥 개도국 인프라 시장을 집중 공략하고 있다. 공적개발원조를 수주 지원으로 활용하고 대외경제협력기금인 EDCF(Economic Developement Cooperation Fund, 한국의 경우 1987년 개도국들의 산업 발전과 경제 안정을 지원하고 이들 국가와의 경제 협력을 증진하기 위해 정부가 설립한 기금) 차관 제공 기간도 1년 6개월로 단축했다. 정부가 자금력을 무기로 수주전을 펼치면서 2020년까지 수주 목표를 30조 엔으로 잡고 내수 위축을 극복하기 위한 핵심 동력 사업으로 추진하고 있다. 이에 반해 한국의 수주액은 2010년 715억 달러에서 2016년 281억 달러로 61퍼센트나 감소했다.

국토교통부는 최근 투자개발형 사업 중심으로 민관협업 컨소시엄인 '팀 코리아(가칭)'를 활성화하겠다고 발표했다. 정부가 외교 로비는 물론, 수출입은행과 보험공사 등 금융 조달 지원에 좀 더 적극적으로 나설수록 한국 업체의 수주 가능성은 커진다. 대통령 직속으로 해외 사업 기구를 조직할 필요가 있다. 정부는 대외경제협력기금, 사회간접자본 수출금융, 경협증진자금 등 신흥 개도국 수주와 관련한 금융 지원에 작년보다 2조 2,000억 원 늘어난 10조 원을 투입할 계획이다. 그러면서 경제 발전 경험 공유사업(KSP) 수석고문과 명예대사 등 외교력을 동원해 해외 인프라 수주에 나서기로 했다.

한편 정부는 2016년부터 2020년까지 매년 6퍼센트씩 사회간접자본 예산을 줄이겠다는 재정 운영계획을 발표했다. 국민 소득 증가에 따라 건설 투자 비중이 줄어드는 것이 일반적인 추세라는 이유에서다. 하지만 지금이야말로 경제 성장의 전기를 재구축하는 차원에서 새로운 인프라 투자가 확대되어야 한다. 노후 인프라 개선은 물론이고, 4차 산업혁명의 신기술이 집합된 스마트 시티, 4차 산업혁명을 선도할 스마트 인프라 구축은 잠재 성장률을 올리기 위한 미래 선행 투자이면서 양질의 일자리 창출에도 필수적이다. 국내 사회간접자본 투자가 새로운 방향성을 찾아 활기를 띠어야 해외 인프라 사업에도 적극적으로 뛰어들 수 있다. 인프라 사업을 산업단지와 연계해 추진하면 수주전에서 경쟁국과 차별화되면서도 우리나라 주력 산업 전 분야를 재도약시킬 수 있는 기회를 얻을 수 있다.

윈윈형 해외 자원 개발 사업: 자원이 부족한 한국의 숙명

신흥 개도국은 자국이 보유한 자원이 산업화에 기여하도록 소재와 부품의 현지화를 희망하고 있다. 신흥 개도국의 자원에 한국의 다양한 제조업종과 기술을 접목하면 원부자재 현지화가 가능하다. 러시아, 브라질의 경우 원자재 가격 하락으로 수출이 위축되면서 내수 중심의 경제 활성화가 새로운 과제로 떠오르고 있다. 원부자재 현지화는 현지 소득을 증대해주는 사업으로 연결되어 내수 시장을 개발하는 효과를 가져 온다. 윈윈형 해외 자원 개발 사업은 진출국에서 미래 신재생 에너지 시장을 선점하는 효과도 있다.

2016년 세계에너지협의회(WEC)는 〈에너지 지속성 지수 보고서〉에서 한국이 에너지 안보 4단계(A~D) 가운데 C(72위)로 평가됐다고 발표했다. 125개 국가 중 에너지 안보 지수 72위, 환경 지속성 지수 88위를 기록했다. 세계에너지협의회는 한국에 대해 자원 공급의 안정성이 매우 낮고 에너지 수입 의존도가 97퍼센트에 달해 에너지 안보가 주된 도전이 되고 있다고 평가했다. 미국은 최근 자국과의 무역 흑자국에 대해 세일가스 수입 확대를 요구하고 있다. 일본 정부는 해외 자원 개발에 무려 31조 원을 투자하기로 결정했다. 원자재 가격 하락을 적극 활용해 미래 자원 시장을 선점한다는 전략이라고 할 수 있다.

자원 빈국인 한국의 숙명 사업

한국은 원유, 에너지, 광물 등 자원 수입이 총수입의 3분의 1이나 된다. 에너지 수입은 최근 유가 하락으로 감소했지만 주력 수출품인 철강, 반도체, 자동차, 선박 수출액을 다 합한 것과 맞먹는 금액이다. 2015년 1년 동안 자동차, 반도체를 수출한 금액이 모두 1,086억 달러다. 원자재 수입은 연간 371조 원에 달해 매일 1조 원 규모를 수입하는 셈이다. 자원 빈국의 현주소다. 그렇다면 한국이 자원 강국으로 나아갈 수 있는 길은 무엇인가? 안정적인 자원 확보를 위한 해외 자원 개발 사업을 숙명으로 받아들이고 나아가야 한다.

최근에는 리튬(제2의 석유로 불리는 배터리 원재료) 등 자원 개발 경쟁이 격화되고 있다. 우리나라는 에너지 수입 대부분이 중동에 집중되어 있는데 위험 부담 관리 차원에서 수입 다변화도 필요하다.

산업단지의 원부자재 현지화와 연계

조성된 산업단지에 납품할 원부자재 현지화와 연계하면 윈윈형 해외 자원 개발이 가능하다. 원부자재 현지화는 원가 경쟁력 확보를 위해 필수적이다. 그러므로 현지 자원을 개발해 원부자재 현지화를 추진한다. 자원 개발을 담당하고 있는 공기업을 국내 제조업과 연계해 진출시킨다. 안정적인 연료와 원료 공급을 유지하고 상대국은 현지 자원을 개발한 다음, 산업단지에 원부자재로 납품하게 하여 소득 증가를 가져오는 모델이다.

우리나라가 상대국에 최대 바이어의 지위를 십분 활용할 수도 있다. 일례로 자원 수입을 많이 하는 신흥 개도국은 산업단지 진출 후보 1순위다. 한화케미칼은 2007년 중국발 공급 과잉에 대비해 고부가 제품 중심의 사업 재편과 값싼 원료를 확보할 수 있는 자원 부국 사우디아라비아로 진출했다. 현지의 시프켐과 합작사를 설립해 중동 현지에서 제품을 직접 생산하기로 한 것이다. 사우디아라비아 석유화학공장은 국내 업계 평균 영업이익률인 5~10퍼센트보다 훨씬 높은 30퍼센트를 기록하고 있다. 한화케미칼을 앵커 기업으로 하여 울산과 같은 종합석유화학단지를 이란에 건설할 수 있다.

산업 안보 확보 차원의 민관협업

정부는 2015년 자원 개발을 공공기관에서 민간으로 이양하겠다고 발표했다. 그동안 공기업은 경영진의 임기가 짧아 단기성과에 집중하고 민간 기업은 자원 개발 실적이 전무한 실정이었다.

자원 개발은 장기간의 일관된 노력이 필수적이다. 해외 자원 개발로 큰 손실을 입기도 하지만 자원 빈국인 한국에 있어 에너지 자원을 확보하고 에너지 산업의 경쟁력을 높이는 것은 경제의 사활이 걸린 숙명적인 사업이다.

코발트, 니켈, 리튬 등 미래 전기자동차 배터리에 들어갈 금속이 가파르게 상승세를 타고 있다. 한국광물자원공사는 물론 종합상사조차 중국 등에 밀리며 자원 개발에 손을 놓고 있다. 미래 산업에 타격이 예상된다. 최근의 실패 사례로는 아르헨티나, 칠레, 볼리비아에 전기자동차용 배터리 원료인 리튬 개발을 위해 진출한 경우가 꼽힌다. 한국광물자원공사를 중심으로 포스코, LG상사, 삼성 등이 공기업과 민간 기업 컨소시움으로 공동 진출했지만 2013년 정권이 바뀌면서 중단되었다. 박근혜 정부가 들어서면서 해외 자원 개발 사업이 대부분 중단 사태를 맞았다. 스페이스X로 10년간 로켓 발사에 실패한 돈키호테 같은 테슬라에게도 '청정에너지 전기자동차는 꼭 필요하다'라는 명분 하나로 5,500억 원을 긴급 수혈해준 미국 정부와 비교된다.

자원 개발 사업은 민간 기업이 혼자하기에는 역부족이다. 한국 정부가 해당 정부를 움직여야 한다. 자원 외교는 정부가 나서야 기업이 힘을 받는다. 중국이 아프리카 자원 시장에 주도권을 쥐고 있는 배경은 중국 정부가 공적인 개발 원조는 물론, 군사 협력까지 약속하는 등 자원 외교를 적극적으로 추진한 결과다.

자원 개발은 대부분 개도국에서 이뤄지기 때문에 국가 위험 부담이 크므로 정부가 나서서 국가 차원의 협약 체결로 바람막이 역할을 해줘야 한다. 또한 자원 개발에는 천문학적인 투자가 필요하므로 정부의 자원 개발 특별 융자 지원(2016년 0원, 2017년 1,500억 원)도 확대되어야 한다.

자원 개발은 대표적인 장기 투자 사업이다. 국민연금이나 연기금 등을 국가의 장기적 발전을 지원하는 사업에 투자할 필요가 있다. 따라서 해외 진출 경험이 풍부한 에너지 공기업과 기술력이 있는 민간 기업, 금융기관이 함께 개발에 나서는 민관협업 모델이 절대적으로 필요하다. 부정적 정경유착에서 새로운 민관협업 시대를 열어야 한다.

러시아와 미국을 비롯하여 세계는 지금 치열한 에너지 전쟁을 벌이고 있다. 에너지의 안정적 확보가 그 어느 때보다도 중요하기 때문이다. 한국도 정치 위험 부담을 최소화하면서 지속 가능한 해외 자원 개발 모델을 찾아야 한다. 산업단지를 통한 현지 개발과 연계된 자원 개발이야말로 원원형 모델이 된다. 자원 안보가 곧 산업 안보인 시대다.

스마트 시티 사업: 4차 산업혁명의 테스트 베드 선점

맥킨지는 2050년 세계 인구 94억 명 중 3분의 2가 도시에 거주하게 되고, 향후 35년간 25억 명이 도시로 편입될 것으로 예측하면서 스마트 시티 관련 시장이 2025년까지 최대 1조 7,000억 달러까지 성장할 것이라고 전망했다. 세계 스마트폰 시장(500조 원)의 3배가 넘는다. 글로벌 시장 조사기관인 마케츠앤드마케츠도 도시 문제 해결 솔루션으로 대두된 스마트 시티 시장 규모가 2014년 4,113억 달러에서 2020년 1조 1,348억 달러로 3배 가까이 성장할 것으로 내다봤다.

앞으로 신흥 개도국의 도시화로 인해 전 세계에 걸쳐 도시의 시대가 가속화될 것이다. 지난 30년 동안 세계 도시 인구는 매년 6,500만 명씩 증가했다. 2010년부터 2015년 사이 세계 GDP 절반이 신흥 개도국 440개 도시에서 발생했다. 5~10년 내 해외 주요 도시들이 스마트 시티로 발전할 것이다.

　개발도상국은 선진국 도시를 모델로, 선진국 도시들은 좀 더 완벽한 스마트 시티를 목표로 각각 발전을 거듭하고 있다. 미국은 2015년 '스마트 시티 이니셔티브'를 발표하면서 1억 6,000만 달러를 투자하기로 했다. 중국은 2015년 신형 도시화계획 아래 500개 스마트 시티를 조성하는 청사진을 제시했다. 영국은 세계 스마트 시티 시장의 10퍼센트를 점유한다는 목표를 갖고 있으며 인도는 2022년까지 100개 스마트 시티 건설 프로젝트를 발표하는 등 스마트 시티분야의 주도권을 잡으려는 각국 간의 경쟁이 날로 치열해지고 있다.

　LH와 쿠웨이트는 사막에 분당 3배 규모의 신도시 건설 용역 계약을 체결했다. 주택 4만 채를 포함해 10조 원 규모의 사업이다. 쿠웨이트 정부는 신도시 건설을 통한 주택 대량 공급을 급증하는 도시 인구에 대한 해법으로 보고 있다.

　신흥 개도국에서는 경제 발전과 인구 증가 때문에 급팽창하는 주택 수요를 충족시키기 위해 신도시 건설 수요가 확대되고 있다. 중동을 비롯한 동남아시아에서도 한국형 신도시에 대한 수요가 급증하고 있다. 대규모로 주택을 공급할 수 있고 최근 IT 기술을 접목한 미래형 도시이면서 녹지를 조성해 친환경적 요소도 담고 있다는 점이 신흥 개도국에서 인기를 끄는 비결이다.

　선진국들은 대부분 일찍 인구 감소 문제를 겪으며 신도시 건설을 끝냈다. 반면 한국은 급격한 산업화와 인구의 도시 집중으로 인해

30여 년 전에 시작한 분당, 일산 신도시는 물론 최근에도 동탄, 세종 등 대규모 신도시 개발을 하고 있다. 지난 50여 년간 다양한 규모와 기능을 구비한 신도시를 개발한 경험과 노하우가 경쟁력이다. 최단 기간, 최적의 비용으로 신도시를 개발하는 데는 최고의 경쟁력을 갖고 있는 것이다.

한국형 신도시의 업그레이드 버전인 K—스마트 시티 사업은 하드적인 인프라에 소프트적인 제도, 시스템, 운용 노하우 전반에 대한 종합 솔루션 사업이다. 분야별 전문 인력이 파견되어 장기간 운용을 지원해야 안정을 이룰 수 있다. 도시 건설 경험이 많은 전문 인력이 필수다. 특히 한국형 신도시는 필요한 토지를 일괄 취득해 계획적인 개발로 고층 아파트 형태의 주택을 단기간에 대량 공급하므로 주택 부족을 빠르게 해결하는 방법이 된다. 시간이 걸리더라도 모든 도시 기능을 기획단계부터 다각도로 고려한다는 점도 높게 평가받고 있다.

이라크 재건 사업의 하나인 비스마야 신도시 건설 사업을 한화건설이 수주했다. 도시 전체를 관통하는 대규모 지하 시설을 통해 전신주가 없는 도시로 만들 계획이다. 마을 전체를 연결하는 상하수도망과 교통망은 한국형 신도시의 노하우를 그대로 담고 있다. 단순한 아파트 건설뿐 아니라 정수장, 하수장, 도로, 공원 등의 기반 시설과 학교, 경찰서, 병원 등 공공 시설에 이르기까지 체계적으로 미리 구상한 디자인 빌드방식이다. 이라크 정부가 한국형 신도시를 롤 모델로 삼은 국민주택 100만 호 건설 프로그램의 첫 프로젝트다.

울산, 포항처럼 도시가 산업 기능을 구비해 경제 성장을 이끈 노하우는 후발 개도국 상황에 맞는 최적의 맞춤형 모델이 될 수 있다. 한국은 삼성, LG 등 ICT 최강 기업들과 조선, 철강, 자동차 같은 주력 산업도 갖고 있다. 그리고 정보통신분야가 GDP의 30퍼센트를 차지할 정도로 IT 산업 비중이 크고 5G 초고속 통신망 등 앞선 디지털 인프라와 정보통신 강국의 이미지를 갖고 있다. 좁은 국토에 인구 밀도가 높고 도시화율이 무려 95퍼센트로 세계 최고 수준이다. 고등교육을 받은 우수한 인력 시장도 세계 최고다. 더욱이 다른 어느 나라보다 새로운 기술을 적극적으로 수용하는 친(親)디지털 성향을 갖고 있다. 이렇듯 K—스마트 시티 사업은 한국이 강점을 가진 대표적인 미래 유망 사업이다.

도시 문제 해결의 솔루션

스마트 시티는 도시가 하나의 네트워크로 연결되어 효율성, 편리성, 보안성 등이 극대화된 신개념 도시다. 단순히 아파트나 주택만 짓고 빠지는 신도시와는 다르다.

ICT 기술, 친환경 에너지, IoT와 빅데이터 기술이 접목되어 공공 기능을 연결한 스마트 시티가 도시 문제 해결사 겸 미래형 도시로 떠오르고 있다. 일례로 신기후체제 출범으로 도시의 에너지 효율 향상을 위한 ICT 기반 에너지 관리 시스템, 신재생 에너지 보급 확대 시스템 등이 스마트 시티와 결합될 것이다. 도시 공간 전체를

IoT와 결합해 모든 건물의 냉난방 수요 데이터를 실시간으로 파악하면 에너지 소비(전체 에너지의 40퍼센트 소비)를 30퍼센트 가량 줄이면서 교통 체증도 감소시킬 수 있다. 그린빌딩, 자기부상열차, 신재생 에너지, 유비쿼터스 통신 설비 등이 복합된 친환경 도시다. 미래의 라이프 스타일 개념을 도시로 확장해 노령화 시대 등 사회 문제를 해결하는 모델이 된다.

선진국에서도 2차 대전 이후 건설되어 지금은 낙후된 도시 인프라에 대한 업그레이드 수요가 급증하고 있다. 그래서 선진국 중심으로 스마트 시티가 21세기형 첨단 도시 리모델링 사업으로 각광받고 있다. 스마트 시티는 교통, 에너지, 안전 등을 패키지로 수출하는 모델이기에 향후 도시 재생 시장과 맞물려 급팽창할 전망이다.

신기술 상용화 선점으로 차별화

한국의 4차 산업혁명 적응도는 세계 139개 국가 중 25위로 평가받고 있다. 인공지능, IoT 등 4차 산업혁명의 신기술은 모든 국가가 선점 경쟁을 하고 있다. 문제는 한국이 신기술분야에서 앞서가는 부분이 거의 없다는 것이다. 로봇, 인공지능, 자율주행 자동차 기술의 경우 이미 한국이 선도하기는 어렵다. 선진국을 따라잡을 만큼 차별화된 강점을 갖고 있는 것도 아니다.

예를 들어보자. 4차 산업혁명의 신기술 핵심은 인공지능과 빅데이터다. '누가 빅데이터를 더 많이 축적하느냐?'가 기본 경쟁력이 된다. 인공지능은 대부분 인터넷에 있는 데이터를 기초로 하는데 위키피디아의 데이터 표제 수를 기준으로만 봐도 영어가 530만 개인 것에 반해 한국어는 36만 7,000개에 불과하다. 10배 이상 차이가 난다. 영어권 인공지능이 유리할 수밖에 없는 환경이다. 18억 명의 빅데이터를 확보하고 있는 페이스북, 구글 등을 포함한 미국 IT 기업들과 중국의 BAT(바이두, 알리바바, 텐센트) 기업 등이 선두주자다. 중국 기업들은 내수 시장의 규모를 활용해 빠른 속도로 빅데이터를 축적하고 있다. 미국이나 중국과 경쟁한다면 그 승산은 희박하다. 하지만 인공지능도 원천 기술은 누구나 쓸 수 있도록 플랫폼으로 오픈될 것이므로 결국 누가 어느 분야에 응용해 상용화를 선점하느냐의 게임이 될 수밖에 없다.

스마트 시티는 4차 산업혁명의 신기술 결집체다. 4차 산업혁명의 신기술은 모두 스마트 시티에서 구현할 수 있기 때문이다. 스마트 시티를 선점하면 4차 산업혁명 신기술 상용화를 선점할 수 있다. IoT, 인공지능, 빅데이터, 가상현실, 드론 등 4차 산업혁명의 개별 기술을 놓고 선진국과 경쟁하지 말고 잘할 수 있는 분야에 집중해야 한다. 구글, 마이크로소프트, 애플, 아마존 등 4차 산업혁명 신기술 선도업체들도 플랫폼 우위를 점하려고 음성 인식 서비스 같은 신기술들을 무료로 개방하는 추세다. 따라서 원천 기술 개발보다 상용화 기술과 양산 기술이 우위인 한국은 응용 산업을 선점하는 것이 유리한 차별화 전략이다. 정보통신 인프라 우위를 활용해 신기술이 접목된 응용 산업을 선점하는 것이다. 이를 위해 선진국의 신기술 도입에 적극 나서야 한다. 드론 기술 자체보다 실종자 수색, 군사용 무인 비행, 항로표지 유지 관리 등 공공부문 혁신에 활용하는 것을 예로 들 수 있다. 미국의 항공 촬영 스타트업인 스카이캐치는 드론 자체 생산을 중단했다. 촬영 및 데이터 수집이 장기적으로 유망하다고 판단해 중국 DJI(DJI Technology, 중국 광둥성 선전에 있는 드론 메이커로 전 세계의 일반 상업용 드론 시장의 70퍼센트를 장악하고 있다) 드론을 수입해 쓰기로 했다. 드론으로 건설 현장 구석구석을 촬영해 각종 3차원 데이터로 전환시켜 서버에 쌓아둔다. 그리고 측량 기사나 전문 기술자 없이 소프트웨어가 부지 면적, 굴착 양, 시공 기간 및 비용을 자동으로 산정한다. 이렇게 하면 건설사들이 주요 고객이 된다. 드론을 활용해 건설, 지하광산, 극지와 심해의 원유 채굴 등 중장비 산업에서 혁신적인 서비스를 제공할 수 있다.

4차 산업혁명의 테스트 베드

한국이 4차 산업혁명의 선도국가로 자리매김할 수 있는 길은 테스트 베드 시장화에 있다.

한국은 세계 최고 ICT 인프라와 국민적 디지털 역량을 활용하면 4차 산업혁명을 선도하고 개척하는 퍼스트 무버(First Mover, 새로운 분야를 개척하는 선도자)가 될 수 있다. 더욱이 한국은 세계 최대 시장인 중국이 인접해 있기 때문에 글로벌 기업들이 한국을 중국 진출의 교두보로 활용할 수 있다. 선진 기술업체가 한국으로 들어와 중국을 향한 산업 기술을 구체화할 수 있는 지정학적 이점을 갖고 있는 것이다.

세계는 지금 법인세 인하 등으로 외자 유치 전쟁을 벌이고 있다. 최근 10년간 한국의 FDI[Foreign Direct Investment(외국인 직접 투자), 외국인이 단순히 자산을 국내에서 운용하는 것이 아니라 경영 참가와 기술 제휴 등 국내 기업과 지속적인 경제관계를 수립할 목적으로 투자하는 것]는 865억 달러였는데 반해 FDI 유출액은 2,261억 달러에 달했다. 최근 5년간(2011~2015년)을 보더라도 외국인 투자 유치금액은 464억 달러로 세계 37위에 그쳤다. 스마트 시티 사업은 4차 산업혁명 관련 기업들을 유치하는 신산업 외자 유치 플랫폼 사업이다. 4차 산업혁명 관련 신산업 인프라를 선점하면 유망 기업들을 대거 한국으로 유치할 수 있다. 싱가포르는 같은 기간 FDI 유입액이 4,308억 달러로 한국의 5배다. 두 나라의 경제 규모를 감안하면 격차는 엄청나다. 국내 기업이 해외로 나가면서 일자리가 줄어들면 외자 기업을 유치해 일자리를 늘려야 하는데 기업을 유치한다면서 지자체들끼리 첨단산업단지 유치 경쟁을 벌이고 있다. 그런 식으로 산업단지를 조성한다고 해서 기업들이 몰려올까?

4차 산업혁명의 신산업 테스트 베드는 바로 상용화 시장 선점전략이다. 스마트 시티 사업은 한국을 4차 산업혁명의 신산업 테스트 베드로 만드는 플랫폼 사업이다. 국가 차원에서 완성된 형태의 스마트 시티의 샘플을 만들어야 각 요소별 기술을 가진 글로벌 기업들이 몰려들고 관련 생태계가 한국을 중심으로 만들어진다. 선진국과의 기술 격차를 좁히기 위해서라도 테스트 베드가 큰 역할을 할 수 있다. 업체들이 다양한 실험을 할 수 있도록 하면 글로벌 기술 선도 업체를 유치할 수 있고 노하우에 접근이 가능하기 때문이다.

싱가포르는 전 국토를 살아 있는 실험실로 만들고 여기서 거둔 스마트 네이션(Smart Nation)의 노하우를 다른 국가로 수출할 계획이다. 싱가포르 난양공대에 적용된 에코캠퍼스프로젝트는 싱가포르 정부 외에도 도시바, 지멘스, IBM, 필립스, BMW 등 많은 글로벌 기업이 참여하고 있다. 따라서 4차 산업혁명과 관련된 도시 인프라를 선행해서 구축해야 한다.

규제 프리 존과 같은 규제 혁신과 함께 부문별 스마트 시티 특화 단지를 조성하는 것이 좋은 예다. 일례로 제주도는 탄소 제로(0)의 친환경 섬으로 변신하려고 한다. 친환경 에너지, 전기차, 자율주행 자동차의 거점 도시화를 추진하는 전략이다. 2030년까지 모든 전력을 재생 에너지로 하고 40만 대에 가까운 차량을 전기차로 대체하는 목표를 세웠다. 이미 세계 최대의 스마트 그리드 실증단지를 구축한 상태다. 2018년까지 13만 가구에 지능형 계량기(AMI)를 설치하고, 29개 건물에 에너지 관리 시스템(BEMS)을 구축할 계획이다. 기존의 에너지, 교통체제와는 다른 새로운 생태계를 구축해 글로벌 스마트 그린 시티 비전을 제시하는 롤 모델이 되고 있는 것이다.

국토교통부도 4차 산업혁명 신기술 상용화의 종합 테스트 베드 개념인 '스마트 커넥티드 타운'이라는 계획을 내놓았다. 스마트 커넥티드 타운은 실증과 사업화를 동시에 할 수 있는 리빙 랩 형태로 조성된다. 자율주행 자동차 기술은 물론, 전기자동차 충전 인프라, 스마트 방범을 비롯한 홈 관리 시스템, 스마트 쓰레기 처리 기술 등 다양한 미래 도시 기술이 구현된다. 우선 4대 도시를 선정하고 4차 산업혁명 신기술이 접목된 스마트 시티 특화단지로 조성할 계획이다. 글로벌 기업들에게서 테스트 베드로 최적화된 나라라고 평가받는 것이 궁극적인 목표다.

미국의 자율주행 자동차 벤처 기업인 누토노미는 2016년 8월부터 싱가포르에서 6대의 자율주행 택시로 시범 영업을 시작했다. 우버도 자율주행 자동차 투입을 위해 테스트를 진행 중이다. IT업계에서는 5년 이내에 자율주행 자동차 상용화를 전망하고 있다. 테스트 베드가 되면 공유 서비스 확대, 지능형 교통망 솔루션, 자동차 해킹 방지 기술 등 자율주행 자동차 인프라분야에서 선점 기회를 얻을 수 있다. 중국 완샹그룹은 블록체인 기술을 IoT와 전자지갑 등에 적용해 모두 온라인으로 연결된 9만 명 규모의 스마트 시티를 추진하고 있다. 도시 내 모든 시설이 자동화되고 금융 거래는 물론 출생증명서 발급과 투표에 이르기까지 블록체인 기술을 활용해 안전하게 기록하고 보관할 수 있는 페이퍼리스 시티를 구현하려고 한다. 한국이 선제적으로 유치할 테스트 베드 사업들이다. 이 테스트 베드 사업을 유치하기 위해서는 과감한 규제 혁신과 같은 비즈니스 인프라를 먼저 조성하는 것이 선결과제다. 일례로 구글이나 테슬라가 자율주행차를 개발하면 평창과 강릉에 와서 테스트를 해야 가능하다. 자율주행차는 5G 환경 내에서만 상용화가 가능하기 때문이다.

정부와 일부 기업은 한미약품의 성공 사례를 보면서 바이오나 제약 등 의약품이 돈이 될 것이라 보고 차세대 주력 수출품목으로 육성하고 있다. 이 분야에서 한국의 세계 시장 점유율은 1.5~1.8퍼센트 정도로 극히 미미하다. 차라리 상대적으로 경쟁우위를 가진 분야를 집중 육성하는 것이 성공할 확률이 높다. 한국형 스마트 시티는 새로운 기회다. 스마트 시티가 4차 산업혁명의 신기술을 담아내는 플랫폼 역할을 하기 때문이다. 스마트 시티 기반 위에 자율주행 자동차, 드론 배송 등과 4차 산업혁명 시대의 미래 산업들이 실증적으로 구현된다. 이는 신산업을 유치하고 세계에서 테스트 베드 시장이 될 수 있는 기회로 작용한다. 우리만의 강점을 잘 활용할 때 신산업 육성의 길도 열린다.

고등교육 메카화 사업: 인재 다양성 확보 및 인구 대책

1997년 서울대, 고려대, 경희대 등 9개 대학에 국제대학원이 문을 열었다. 20주년을 맞이한 지금, 신흥 개도국 출신 유학생 중에는 한국의 발전 모델을 배우러 오는 엘리트 공무원이 많다. 세계 70퍼센트를 점하는 170여 개 신흥 개도국들은 한국의 압축 성장과 산업화, 도시화, 사회 시스템 노하우를 배우고 싶어 한다.

캄보디아는 국토 관리, 도시 계획, 건설 등 한국의 1960년대 국토종합개발계획을 벤치마킹하고 있다. 라오스는 경제 개발 관련 법률이 117개에 불과하다(한국은 1,400개에 이른다). 신흥국의 고도성장을 뒷받침하는 농지 분배 관련법, 경부고속도로 등의 인프라 건설 관련법, 중화학공업 육성법, 무역진흥법 등 'K—Law'에 대한 법제수출 수요가 확대되고 있다. 신흥 개도국이 경제 개발과 개방을 목적으로 법제 정비 사업을 추진 중이기 때문이다.

현재 우리나라에는 200여 개 대학이 있고 저출산으로 인한 학생 부족으로 구조조정이 불가피한 상황이다. 이런 와중에 2016년 처음으로 국내 대학에 재학 중인 외국인 학생이 10만 명을 넘어섰다. 정부 목표는 2023년까지 20만 명을 유치하는 것이다. 세계 유학 시장에서 OECD 평균은 8퍼센트인데 한국은 불과 2퍼센트 수준이다. 그나마 대부분 중국(60퍼센트), 베트남 등 아시아 출신들이다. 스위스 국제경영개발대학원에 따르면 2010년도 해외 고급 인력 유인지수의 경우 한국은 33위에 그쳤다. 아시아 국가 중에서도 싱가포르 2위, 중국 13위에 비해 상당히 부족하다.

세계 각국은 인재 획득을 위해 치열한 경쟁 중이다. 일본은 일본 재흥전략의 일환으로 2020년까지 외국인 인재를 1만 명으로 늘리겠다고 한다. 이를 위해 고도외국인 인재 분류제도를 도입하고 영주권 규제를 완화하고 있다. 중국은 외국인 인재 점수 평가제를 도입한다. 중국 대학에서 학위를 취득한 외국인 유학생이 중국에서 취업할 수 있도록 취업 비자의 문턱도 낮춘다. 유능한 인재를 끌어오려는 전략이다.

국내 체류 외국 인력이 200만 명 이상으로 늘어나고 외국인 근로자가 100만 명에 육박하는 것에 비해 전문 인력 비중은 거의 늘지 않고 있다. 정부는 복수국적 허용, 영주권 취득 기간 단축 등 해외 우수 인재 유치정책을 내놓고 있지만 (전문 비자 또는 유학 비자를 취득한) 외국인 전문 인력은 2016년 기준 4만 8,000명으로 5퍼센트 미만이다. 모두 3D업종의 단순 노동직, 최저 임금 수준의 근로자가 대부분이다. 저부가업종을 기피하는 한국 청년을 대신해 외국인 노동자를 받고 있는 것이다. 현재 글로벌 우수 인재가 관광 목적 외에 한국으로 올 만한 유인 요소가 없다. 교육 기회, 취업 기회, 사업 기회 등이 주어지지 않고서는 우수한 인재를 유치할 수 없다. 신흥 개도국의 우수 인재를 한국으로 유인하는 플랫폼이 한국 대학의 비전이다. 개도국의 엘리트 인재가 한류를 확산시키는 역할을 한다. 또한 우수 인재 유치가 장기적인 인구 대책이 된다.

해외의 우수 인재 유치

유학생 유치정책은 우수 인재 이민정책이기도 하다. 저출산 대책에 최근 10년간 약 100조 원의 예산을 쏟아 부어도 저출산 문제는 좀처럼 해결되지 않고 있다. 경제적 환경보다 신세대의 가치관 변화가 출산율에 더 큰 영향을 미치기 때문이다. 고학력에 고소득일수록 출산율이 떨어진다는 통계가 이를 방증한다. 자연계에도 특정 생물의 개체 수가 과도하게 증가하면 개체 수를 줄이려는 (자연적인) 현상이 존재하듯이 인구도 마찬가지다. 전체로서의 인구는 그 자체로 생물과 같다. 더욱이 한국은 OECD 최고의 인구 밀도 국가다. 이 좁은 국토에 5,000만 명이 살고 있다. 인구정책이 절대 인구를 유지하려고 하기보다는 인구구조의 지나친 노령화를 막고 장기적으로 균형 있는 구조가 되도록 구성 비율을 젊게 바꿔 나가는 것이 더 중요하지 않을까?

GDP의 85퍼센트를 세계 무역에 의존하고 있는 개방 경제인 한국에는 비한국인 비율 그 자체가 글로벌 네트워크 경쟁력인데 자국민에 한정해 인구 대책을 세우는 것이 바람직한가? 지구촌은 국경을 넘어 하나의 공동체로 진화하고 있다. 한국도 예외가 아니다. 한국의 인구 유지를 가능하게 만드는 출산율은 2.1명이다. 미국, 일본, 중국 등 세계 각국은 비자 및 영주권제도를 더욱 개방해 외국인 우수 인재 유치를 경쟁하고 있는데 언제까지 효과도 없는 저출산 대책에 매달리고 있을 것인가? 한국 대학이 국내 학생 유치에 국한하지 않고 외국인을 위한 교육 프로그램을 제대로 갖추면 신흥 개도국의 하버드대로 거듭날 수 있다. 저출산의 영향으로 정원을 축소해야 하는 구조조정이 필요한 한국 대학이 세계의 대학으로 재탄생할 수 있는 길이 열리게 된다. 대학이 우수 인재 유치를 위한 플랫폼 역할을 하는 것이다.

국내에 근무하는 외국인 노동자 100만 명 대신 우수 인재 100만 명을 유치한다면 신흥 개도국의 우수 인재가 모이는 인재 허브국가가 될 수 있다. 먼저 각국 정부 관료들을 장학생으로 양성해 한국 유학을 통해 인맥을 쌓도록 지원한다. 한국의 공적개발원조는 중국, 일본 등에 비해 절대 규모가 작기 때문에 수백 가지 프로젝트에 산발적으로 활용하지 말고 신흥 개도국 인재 양성에 집중한다. 저출산 대책에 투입되는 예산의 10퍼센트만 신흥 개도국의 우수 인재 유치에 투자해도 한국의 인구구조는 앞으로 차원이 달라질 것이다. 저출산, 노령화에 대응하기 위해 신흥국의 우수 인재를 적극적으로 유치하는 것이 최선의 인구 대책이다.

인재 허브가 경쟁력이다

21세기는 인재 전쟁이 국가의 성패를 좌우한다. 중국은 2008년 해외 인재 유지정책인 천인계획을 발표했다. 그동안 미국 경쟁력의 근간은 인재 허브에 있다. 미국은 인구가 3억 명이지만 세계 70억 명의 인구로부터 우수 인재가 모여드는 세계의 인재 허브국가다. 중국이 14억 명의 인구를 갖고도 미국을 도저히 이길 수 없는 이유 중 하나다.

창의 벤처 시대에 문화의 다양성은 창의 혁신의 우위를 가져오는 국가의 기본 경쟁력이다. 이는 곧 창의 경제 시대의 국가 경쟁력이 구성원의 다양성에서 나온다는 뜻이다. 세계는 지금 벤처 활성화를 위한 인재 유치 전쟁 중이다. 국내의 한정된 인재만 갖고는 국가 경쟁력을 높이고 잠재 성장률을 올리는 데 한계가 있다. 한국의 반면교사인 일본이 아무리 노력해도 미국과 유럽의 창업을 따라가지 못하는 이유는 순혈주의에도 있다. 미국의 힘은 세계의 인재들이 모여드는 인재 허브로부터 나온다는 사실을 인식해야 한다.

글로벌 인재 네트워크 구축을 시작하자

한국은 경제 영토 세계 2위인 국가로 자유 무역의 허브다. 각국

내수 시장을 개발하려면 친한파(親韓派) 인재가 현지에 있어야 유리하다. 세계 최대 시장인 중국이 내수 시장 중심의 경제로 전환하고 있다. 이런 상황에서는 민간 소비 시장 개척의 성패가 양국 유학생에 달려 있다고 해도 과언이 아니다. 신흥 개도국 정부의 우수 관료와 우수 학생을 장학생으로 4~5년간 유치하자. 졸업해서 자국으로 돌아갈 때쯤 친한파 인맥이 형성되어 자국의 우수 인재들에게 한국 유학의 강력한 동기가 될 것이다.

산업한류 7대 사업 중 고등교육 메카화 사업과 디지털 교육 사업은 한국을 소프트 파워국가로 변신시키는 지렛대다. 특히 고등교육 메카화 사업은 신흥 개도국 우수 인재들을 끌어들이는 인재 유치 플랫폼으로서 한국이 신흥 개도국의 허브국이 되기 위한 백본(Backbone, 근간)이 된다.

디지털 교육 사업: 사교육 문제 해결 및 지구촌 교육 불평등 해소

거대한 디지털 교육 시장이 열리고 있다. 성장 잠재력이 가장 큰 미래 신산업으로 교육 산업이 부각되고 있다. 4차 산업혁명에 대응하기 위해서는 암기식 교육에서 창의 중심으로 학교 교육이 전면 재편되어야 하고 100세 시대에 걸맞은 평생 교육 시대도 열어야 한다.

특히 신흥 개도국은 도시화로 인한 교육 수요가 급팽창하고 있다. 신흥국에 맞춤형 산업단지를 조성하고 단지와 연계된 인프라 개발, 자원 개발, 스마트 시티 사업이 하드웨어 측면의 현지 개발 사업이라면 디지털 교육 사업은 현지 직원과 주민을 교육시키는 소프트웨어 측면의 현지 개발 사업이다. 교육은 경제 발전을 위한 가장 근본적인 처방이고 진정한 한류다. 한국도 교육 딜레마에 빠져 있다. 창의 인재 육성을 위해 기존 교육 시스템 혁신이 시급하다는 사회적 공감대가 그 어느 때보다 크다. 디지털 교육 사업은 세계는 물론 우리 내부의 교육 문제를 동시에 해결할 수 있는 사업이다. 7가지 산업한류 사업 중 가장 핵심이 되고 고용 효과가 큰 대표적인 지식 기반 미래 산업이다.

선진국들은 정부 예산의 20~30퍼센트를 복지에 투입하고 있다. 이 같은 천문학적인 예산에도 불구하고 복지 수급자는 줄어들지 않고 오히려 늘어나고 있다. 이른바 복지 딜레마다. 미래는 복지 수급자를 보호하고 관리하는 차원에서 벗어나 복지 수급자 자체를 줄여나가는 패러다임으로 진화해야 한다.

사회 부적응의 결과가 복지 수급자다. 따라서 복지 수급자의 사회 적응력을 올려 사회 활동으로 복귀시키는 교육 중심의 복지 패러다임이야말로 근본적인 복지 대책이다. 복지 시장이 교육 시장으로 바뀌는 이유다.

빅토르 위고는 《레 미제라블》에서 "아는 것이 없어, 배운 게 없어서 빵을 훔칠 수밖에 없다면 그것은 교육을 시키지 않은 사회의 책임"이라고 했다. 교육을 받지 않으면 빵을 먹을 수 없는 세상은 미래에도 계속될 전망이다. 따라서 미래의 복지 패러다임은 사회 적응력을 올려 구성원으로서의 역할을 할 수 있도록 교육 중심으로 바뀌게 될 것이다.

OECD는 기술 혁신이 소득 격차에 가장 큰 영향을 미친 것으로 분석했다. 결국 소득 불균형을 개선하려면 교육의 불평등을 해소해 취약계층에 대한 교육의 질을 올리는 것이 근본적인 처방이다. 2015년 노벨경제학상 수상자인 앵거스 디턴 미국 프린스턴대 교수도 양극화의 원인인 불평등이 단순히 임금 격차, 소득 격차만의 문제가 아니라고 했다. 오히려 교육 기회의 불평등, 역량 문제가 더 클 수 있다며 재분배만으로는 해소되지 않는다고 주장했다. 결국 부의 재분배보다 뒤처진 집단을 끌어올리는 것이 더 중요하다는 말이다. 나눠주기 복지가 아닌 교육 복지가 중요한 것은 중소기업이나 사회 약자층이 시대 변화에 맞춰 적응하도록 역량을 올려줘야 진정한 복지 효과를 낼 수 있기 때문이다. 곧 최고의 복지는 분배가 아닌 교육이다. 이런 이유로 미래는 국민 재교육의 중요성이 더욱더 부각된다.

미국 통신회사 AT&T는 24만 명에 달하는 유무선 통신장비 및 네트워크 콜센터에 종사하는 인력을 대상으로 조지아테크, 노스캐롤라이나 주립대 등 지역 명문 대학과 손잡고 직원 재교육에 나서고 있다. 유다시티, 코세라 등의 온라인 강좌를 통해 인공지능과 같은 프로그램을 수강한 뒤 학위를 따면 비용을 전액 보조해주는 방식으로 리부트 캠프(Reboot Camp)를 운영하고 있다. 그 결과, 2016년 4만 명의 신규 인력 중 약 40퍼센트를 내부에서 선발된 인력으로 채울 수 있었다. 대량 해고를 하지 않고도 직원을 재배치할 수 있었으며 직원들 또한 같은 회사지만 새로운 일자리와 연봉으로 사실상 재취업을 하게 되는 것이다. 이 같은 평생 학습 진도와 리부트 캠프는 새로운 비즈니스 모델로도 등장하고 있다. 이미 코세라와 유다시티 같은 무크 회사들은 비즈니스 모델을 무료 교육에서 직원 재교육 또는 평생 학습으로 바꾸고 있다.

4차 산업혁명은 새로운 교육 패러다임을 요구한다. 산업 간, 기술

간 융합으로 기하급수적 변화, 가속 변화의 시대다. 시대가 바뀌면 인재상도 바뀐다. 자국민을 4차 산업혁명 시대에 맞게 어떻게 재교육하느냐에 미래 국가 경쟁력이 달려 있다. 지구촌 교육 시장이 급팽창하고 있는 배경이다. 로봇과의 일자리 경쟁에서 인간만의 고유한 역할을 재정립해야 하는 시대다. 인문학이 답해야 할 차례다.

싱가포르 정부는 25세 이상 국민에게 정기적으로 500싱달러(한화 43만 원)를 자기계발 보조금으로 준다. 40세 이상의 추가 학위 이수 희망자에게는 수험료의 90퍼센트를 지원한다. 북유럽은 한발 더 나아가 성인 의무 교육 법제화를 추진하고 있다. 1990년 소련이 붕괴하자 소련에 대한 무역 의존도가 높았던 핀란드도 경제가 함께 무너져 1993년 실업률이 20퍼센트에 달했다. 경제 규모는 13퍼센트나 축소되었다. 핀란드는 국가 위기 타개책으로 산업 다각화 혁신을 추진하면서 창의 인재 양성 중심의 교육 개혁을 강력하게 단행했다. 오늘날 핀란드는 분야 간의 벽을 허무는 융합 교육으로 4차 산업혁명 시대에 가장 잘 준비된 국가 중 하나로 평가받고 있다. 교육 개혁을 통해 국가 경쟁력을 재구축하는 데 성공한 사례다.

한국도 저출산 노령화 시대에 700만 명에 육박하는 베이비 붐 세대의 재교육과 재배치에 재도약이 달려 있다고 해도 과언이 아니다. 기존 교육 내용을 혁신해 재교육시키고 역량을 올려야만 선진국으로 진입할 수 있기 때문이다. 한 나라의 교육 혁신이 선진국이 되기 위한 필수조건이 되는 시대다.

교육 시장이 급팽창함과 동시에 전통적인 교육 내용을 혁신하려는 시도도 다양하게 전개되고 있다. STEM(Science, Technology, Engineering and Mathematics, 1990년대 미국과학재단이 집중해서 사용한 용어로 융합형 인재를 키워 경쟁력을 유지하기 위한 혁신 교육정책)은 융합적으로 접근하는 교육이며 선진국에서는 교육 개혁의 핵심이다. STEM 교육에서는 수업 방식을 프로젝트 방식으로 진행한다. 하나의 주제에 대해 다양한 학문적 입장에서 공동으로 접근해 과제를 해결하는 학습방식이다. 미래는 스스로 학습하는 자율학습이 기본원칙이 되고 학교 교육은 공동체 의식, 창의력 함양, 인성 교육 중심으로 바뀐다. 굳이 학교에 갈 필요가 없는 시대가 열릴 것이다. 인공지능 로봇이 교사를 대체하고 교사들은 과정 콘텐츠 개발 및 자기 학습 조력자로 전환될 것이다. 교사는 더 이상 일방적인 정보 전달자가 아니라 지식에 접근하는 방법을 알려주는 역할로 바뀌는 것이다.

강의를 그냥 듣기만 하면 5퍼센트 정도 밖에 기억에 남지 않지만 학생끼리 서로 가르쳐주면 90퍼센트가 기억에 남는다는 연구결과도 있다. 집단 토의는 거꾸로 학습, 실제 해보기는 프로젝트 학습, 다른 사람 가르치기는 하브루타(Havruta, 친구를 의미하는 히브리어인 하베르에서 유래한 용어로 학생들끼리 짝을 이뤄 질문을 주고받으며 논쟁하는 유대인의 전통적인 토론 교육방법) 학습 등 미래는 학생 중심의 능동적인 방식이 다양하게 시도될 것이다. 특히 STEM과 같은 융합 교육이 미래다.

"수학 등 개별 과목을 가르치는 건 의미가 없다. 그런 공부는 인공지능이 훨씬 더 잘할 것이다. 후배 세대들에게 가르쳐야 할 과목은 감성지능(Emotional Intelligence)과 마음 균형(Mental Balance)이다."

세계적인 베스트셀러《사피엔스》의 저자인 유발 하라리 히브리대 역사학과 교수는 감성지능을 자신과 타인의 감정을 잘 다스려 원하는 결과를 이끌어내는 능력이라고 말한다. 우리의 사람을 대하는 능력 함양, 곧 인성 교육과 맥을 같이 한다. 상대방을 알아야 상대방에게 도움이 되는 무언가를 할 수 있다. 사람과의 관계에 있어 갑과 을을 냉철하게 알고 처신할 줄 아는 처세술도 인성 교육의 일부다. 또한 그는 마음 균형은 나이가 들어도 경직되지 않고 유연하게 변화에 적응할 수 있는 정체성이라고 정의했다. 마음 균형은 곧 영혼의 양식, 끊임없는 지식 흡수가 아니겠는가? 100세 시대에 가장 필요한 덕목일 것이다.

지구촌은 그 어느 때보다도 양극화 문제에 시달리고 있다. 양극화를 해소하는 근본 대책은 교육 기회의 균등이다. 디지털 교육 사업은 지구촌의 교육 불평등을 해소하는 레버리지다. 한국의 40대 가장은 과도한 사교육비 탓에 자산 축적이 되지 않는다. 소비 지출의 18퍼센트를 교육비로 쓴다. 반면 일본은 7퍼센트에 그친다. 이 악순환의 고리를 끊으려면 교육 개혁이 절실하다. 사교육비 부담에서 벗어나게 해줘야 중산층의 구매력이 살아나고 노후 파산으로 인한 사회복지 문제도 해소할 수 있다. 오늘날 한국의 교육 개혁을 누가 주도할 것인가? 교육 혁신을 위한 기업가정신이 절실한 때다.

문 익스프레스(Moon Express, 민간 최초로 달 탐사 프로젝트를 승인

받은 기업)를 창업해 미국 벤처 창업의 신화로 떠오른 나빈 자인은 100억 달러 규모의 경제란 특정 이슈가 아닌 교육 격차, 기아(빈곤) 질병, 기후 변화, 에너지 고갈 등 인류가 전반적으로 직면하고 있는 문제들을 해결해야 생성된다고 주장한다. 특히 교육을 해결할 분야 1순위로 꼽고 있다.

디지털 교육 사업은 재래식 학교를 멀티미디어 기반의 디지털 환경으로 바꿔주는 하드 인프라 사업, 창의적인 신개념 교육 내용을 다양한 포맷으로 디지털화시킨 디지털 교육 콘텐츠 개발 사업, 교육 운영 소프트웨어 및 교육 콘텐츠의 집합체인 교육 전용 포털, 즉 개인화된 맞춤형 교육 플랫폼 사업으로 구분된다. 디지털 교육 사업은 인공지능, 증강현실, 가상현실, 사이버 시뮬레이션 실험(3D 입체영상) 등 4차 산업혁명의 신기술이 접목된 에듀테크 종합서비스 산업 생태계를 구축할 것이다.

디지털 기술을 통해 학교의 모습이 바뀐다

기술 혁명으로 인해 디지털 교육 환경이 새롭게 열리고 있다. 과거 재래식 교육 환경은 무크(MOOC: Massive Open Online Course, 전 세계 유명 대학 강의를 무료로 수강할 수 있는 교육과정), 플립 러닝(Flipped Learning, 온라인을 통한 선행학습 뒤 오프라인 강의를 통해 교수와 토론식 강의를 진행하는 역진행 수업방식)과 같은 온라인 교육환경으로 진화하고 있다. 물리적인 학교 건물, 교사, 집단학습으로 대표되는 전통적인 교육 시스템이 디지털 환경으로 대체되고 있는 것이다.

교사 중심의 획일적인 재래식 학교 시스템에서 멀티미디어 기술을 활용해 학생 중심의 개인 맞춤형 교육 환경으로, 공간 제약으로부터 자유로운 교육 환경으로 변모하고 있다. 학생이 학교에 모이지 않고도 각자 적성과 수준에 맞게 개인 학습을 할 수 있는 교육 환경으로 진화하고 있는 것이다. 온라인 강좌 무크는 미래 교육 환경의 앞선 사례다. 세계 3대 무크 중 하나인 유다시티는 50년 안에 세계 고등교육 기관이 10개 이내로 축소될 것으로 전망했다. 스텐포드대학교와 예일대학교 등이 참여한 코세라, 하버드대학교와 MIT 등이 참여한 에덱스, 영국 대학 중심으로 유럽의 여러 대학이 참여하는 퓨처런, 구글 등이 참여한 유다시티 등 세계는 지금 무크 간 세 확장 경쟁이 벌어지고 있다. 특히 코세라와 같은 무크 플랫폼을 통한 직장인 재교육 시장이 급성장하고 있다. 프랑스 로레알과 보스턴컨설팅그룹은 직원의 재교육에 온라인 공개강좌를 활용하고 있다. 미국은 300만 명에 이르는 초·중·고 교사 연수에, 싱가포르 정부는 공무원 재교육에 무크를 도입했다. 클레이턴 크리스텔슨 하버드대 교수는 무크가 발전하면 미국 대학 중 25~50퍼센트 정도가 사라질 것이라고 전망했다.

묘테인찌 미얀마 교육부 장관은 〈글로벌 인재포럼 2016〉에서 모바일 기술의 발달과 초고속 인터넷의 보급이 교육의 개념을 바꿨다고 했다. 그리고 20세기 교육법이 교사 중심의 수동적 학습이었다면 21세기는 학습자와 교사가 쌍방향으로 소통하는 적극적 학습으로 진화할 것이라고 강조했다. 미얀마 정부는 정규 교육을 받지 못하는 150만 명의 학생들에게 교육 기회를 제공하고자 교육 환경에 대한 디지털 인프라 투자를 적극적으로 추진하고 있다.

페이스북 창업자 마크 저커버그는 딸에게 준 편지에 '인간의 가능성을 향상시키고 기회 균등을 촉진하기 위해 개별화된 학습, 질병 치유, 사람들을 연결해 건강한 공동체를 건설할 목적으로 450억 달러를 기부한다'라고 썼다. 개인별 관심이나 필요와는 상관없이 모두 같은 진도로 같은 내용을 배우는 획일적인 현행 교육의 한계를 깨달았기 때문이다.

현대 경영학을 창시했다고 평가받는 미국의 경영학자 피터 드러커는 현실 공간과 가상 공간을 결합한 교육기관들이 새롭게 출연할 것으로 예견했다. 이미 실리콘밸리와 아이비리그를 중심으로 만들어진 온라인 교육 플랫폼이 세계 교육 시장을 선점해 가고 있다. 첨단 디지털 기술과 교육의 결합이 진행 중인 것이다.

오늘날은 PC, 태블릿, 스마트폰 등 멀티미디어 기기를 활용한 자율학습이 보편적이다. 미국은 아예 학교에 가지 않고 집에서 공부하는 홈스쿨링 인구가 해마다 늘어나 2016년 전체 학생의 2.7퍼센트인 153만 명에 이르고 있다. 초등학교와 중학교 학생의 절반이 넘는 3,000만 명이 구글의 크롬북과 교육용 앱 구글클래스룸으로 수업을 받고 있다. 공책과 필기구가 사라지고 있는 것이다. 구글, 마이크로소프트 같은 IT 기업들이 저가 랩탑을 학교에 공급하며 미국

교육 시장의 IT 인프라 플랫폼 경쟁을 벌이고 있다. 디지털 교육 인 프라는 곧 멀티미디어에 기반을 둔 교육 플랫폼이며 랩탑, 텔레비 전, 태블릿과 같은 개인용 스크린 디바이스를 통신 네트워크로 연결해 원격으로 수업이 가능하게 하는 인프라다. 학교도 디지털 교과서를 중심으로 전자칠판 등이 보조 역할을 하게 된다.

교육 주체는 정부에서 민간 기업으로 이전되고, 교사는 가르치는 활동에서 연구원으로 변신하여 교육 내용을 개발해 디지털화를 시키면서 온라인 콘텐츠를 만드는 역할로 바뀔 것이다. 일본은 이미 학교 42.8퍼센트가 디지털 교과서를 사용하고 있다. 미국 실리콘밸리의 일부 학교는 이미 종이가 필요 없는 수업을 진행하고 있다. 교과서는 전자교과서로 대체되었고 수업은 아이패드로 한다. 과제물 제출과 시험도 당연히 아이패드로 이뤄진다.

삼성은 사회 공헌의 일환으로 국내에 수십 개의 스마트 스쿨을 운영하고 있다. 주로 도서 지방과 산간 지역 학생들을 대상으로 양질의 교육 기회를 제공한다는 취지에서 2012년부터 시작했다. 선정된 학교에는 삼성전자의 태블릿 PC, 전자칠판, 무선 네트워크 등을 제공하고 스마트 기기를 활용해 수업을 진행할 수 있도록 디지털 교육 콘텐츠와 프로그램도 제공한다. 2016년에는 스마트 스쿨 지원 대상을 일반 학교, 아동복지 시설, 특수학교, 병원 내 학교, 다문화센터 등 14개 교육기관으로 확대했다. 또한 아프리카에서는 학교가 없는 오지 지역에 태양광으로 전원을 공급받는 이동식 인터넷 학교를 제공하고 있다.

[이동식 인터넷 학교]

• 출처: 삼성전자 아프리카 본사

멀티미디어 기반의 디지털 교육 인프라 사업은 세계 최고의 전자
업체와 네트워크 기술을 보유한 한국이 가장 잘할 수 있는 분야다.
여기에 가상현실, 홀로그램 등의 4차 산업혁명의 신기술을 접목하
면 하버드대학교의 강의를 집에 앉아서 수강할 수도 있다. 재래식
학교가 없어지는 시대가 성큼 다가오고 있다.

진정한 문화 사업인 디지털 교육 콘텐츠 개발 사업

국내 IT 산업분야에서 소프트웨어 비중은 15퍼센트 정도에 불과
하다. 미국의 62퍼센트, 중국의 58퍼센트에 크게 못 미친다. 한국이
하드웨어분야에서는 경쟁력이 있지만 소프트웨어 비중이 높아지고
있는 산업계 흐름과는 큰 괴리가 있다. 소프트웨어 산업을 육성하

기 위해서는 먼저 어떤 분야에 특화하고 집중할 것인지, 어떤 분야에 강점이 있는지를 파악하고 정해야 한다. 교육 콘텐츠 산업은 지구촌에 뜨고 있는 한류를 활용해 한국이 가장 잘할 수 있는 유망분야다.

한국은 정권이 바뀔 때마다 교육 개혁이라는 미명 아래 수없이 교육제도를 바꿔왔지만 궁극적으로 교육 개혁에 실패했다. 교육 개혁의 본질은 시대 변화에 따라 필요한 역량을 갖춘 인재를 어떻게 길러내느냐에 있다. 교육 개혁을 이야기하면서 교육의 본질은 건드리지 않고 교육 시스템을 구성하는 외형적인 틀과 형식, 그리고 제도만을 바꾸려고 한다. 사교육 폐지, 학제 개편 등 모두가 이에 해당된다. 산업화의 고도성장기에 필요한 표준 인재를 단기간에 대규모로 양성하는데 효율적이던 교육 시스템이 이제 시효를 다했다. 창의 인재를 양성하려면 무엇보다 교육의 내용이 바뀌어야 한다.

고도성장기에 만들어진 모든 틀이 한계에 도달한 지금, 단순히 외형을 바꾼다고 될 일이 아니다. 시대에 맞게 교육 내용 자체를 바꾸고 그에 맞는 외형을 새로 설계해야 한다. 본질인 내용은 바꾸지 않고 형식만 바꾸면 수백 번을 바꿔도 효과가 없다. 교육 개혁의 본질은 신개념 교육 콘텐츠 개발에 있다.

〈동아일보〉가 수포자(수학을 포기한 학생)를 양산하는 수학 교육의 붕괴를 우려하는 기사를 다룬 적이 있다. 세계적인 수학자들을 보더라도 계산 속도와 수학 능력은 전혀 관계가 없다고 한다. 부산대 수학과 이용훈 교수는 "수학에서 가장 중요한 것은 문제 해결을 위한 논리적 사고와 새로운 생각이다"라고 말한다. 미국은 수학 교육을 학년이 아닌 수준에 따라 진행한다. 문제 풀이 중심의 수학 교육에서 개념과 원리를 흥미롭게 이해할 수 있도록 하는 콘텐츠는 누가 개발할 수 있을까? 강남 대치동 수학 강사들을 연구 개발(R&D) 연구원으로 채용해 수학 교육 콘텐츠 개발을 주도할 수도 있다.

핀란드의 현상 기반학습이 한국에서도 시험적으로 확대되고 있다는 것은 고무적이다. 서울 삼각산고등학교는 학생별 '1인 1프로젝트'를 시행하고 있다. 학생 각자가 생활 속의 문제, 스스로 관찰한 사회 문제 중 하나씩 선택하고 주제를 정해 원인을 분석하고 솔루션을 찾는 프로젝트다. 사회를 보는 학생들의 안목을 키워주기 위함이다. 과거 지식의 전달이 아니라 살아가면서 당면하고 있는 각종 사회 문제를 '어떻게 창의적으로 해결할 것이냐?'가 사회 학습의 시작점이다. 즉, 지식을 암기하는 교육에서 아이들이 살아갈 미래 환경에 '어떻게 잘 적응하느냐?'가 교육 내용 개혁의 기본이 되어야 한다. 지금의 교육 내용은 모두 온라인화시켜 자습으로 하게 유도하고 학교는 건강한 시민으로, 사회 구성원으로 자신의 역할을 하면서 더불어 살아가는 데 필요한 사회적 인성 역량을 키워주는 신개념 교육 중심으로 바뀌어져야 한다. 신개념 교육 콘텐츠의 경우 형식도 게임과 같이 즐기면서 배울 수 있는 동영상 콘텐츠가 새로운 경쟁력이다. 몇 가지 사례를 보자.

브레이브팝스컴퍼니가 개발한 학급 관리 플랫폼인 '클래스123'은 유아와 초등학교, 중학교 학생의 눈높이에 맞춘 프로그램으로 창의성 측면에서 높은 평가를 받고 있다. 2014년 2월 처음 선보인 후부터 국내에서만 1만 5,000명의 교사가 활용하고 있다. 미국, 일본, 싱가포르 수출도 추진 중이다.

교육 기업 시공미디어는 2008년 초등학교 교사에게 디지털 교재를 제공하는 '아이스크림(i—Scream)' 서비스를 세계 최초로 선보였다. 학생은 교사가 보여주는 동영상과 사진으로 교과 내용을 쉽게 학습할 수 있다. 국내외에서 디지털 콘텐츠 관련 상을 받은 이 서비스를 체험하려고 53개국에서 찾아온다고 한다. 2011년에는 초등학생이 태블릿 PC로 예습과 복습을 하고 문제를 푸는 홈러닝 시스템 '아이스크림 홈런'을 내놨다. 학생 스스로 배울 수 있도록 콘텐츠를 재미있게 개발한 것이다.

블루웍스는 수학 5대 영역에 대해 균형 학습이 가능하도록 설계한 온라인 학습 시스템인 에듀밸런스 태블릿을 출시하고 미국, 중국, 베트남 등에 수출을 협의 중이다. 유아용 교육 프로그램인 핑크퐁, 수포자를 위한 토도수학 등도 한국 기업들이 개발한 디지털 교육 콘텐츠로 해외 시장에서 큰 인기를 끌고 있다.

지금 지구촌은 산업화가 이룩한 물질 성장의 토대 위에 정신적 성장을 추구하는 인본주의, 인문과학의 시대로 옮겨가고 있다. 바야흐로 교육 산업의 시대가 열리고 있는 것이다. 콘텐츠의 연구 개발 재료는 빅데이터다. 사회에 비효율을 초래하는 사회 문제와 관련된 데이터를 모아서 연구하면 제반분야에서 새로운 교육 콘텐츠를 생성할 수 있다. 콘텐츠 생산 역량이 새로운 국가 경쟁력이 되고, 콘텐츠 개발 역량에 앞선 국가가 지구촌을 선도한다. 4차 산업혁명 시대를 맞아 재취업 관련 직업 훈련 교육, 창의 인재를 육성하기 위한 학교 교육 등 교육 전 부문에 걸쳐 혁신적 변화가 불가피하다. 신개념 교육 콘텐츠 개발이 폭발적인 잠재 성장력을 지닌 배경이다.

2018년 한국의 게임 산업 수출은 한류 대표 상품인 화장품을 제치고 6조 원을 돌파해 수출 품목 15위에 오를 것으로 전망된다. 게임 수출은 방송, 영화, 음악 등을 모두 합친 콘텐츠 산업 전체 수출의 55퍼센트에 해당된다. 수출 불황에도 불구하고 연간 증가세가 늘어나고 있다. 2016년 세계 가정용 비디오 콘텐츠 시장은 3,320억 달러, 게임 시장은 940억 달러 규모다. 최근 정보통신 기업들이 앞다투어 콘텐츠 시장에 뛰어들고 있다. 과거에는 콘텐츠 개발을 자사 제품이나 서비스를 차별화하기 위한 수단으로 활용했지만 이제는 콘텐츠 자체를 유망 사업으로 인식하고 있다. 콘텐츠 수익 모델이 중개 수수료 방식이 아니라 소비자에게 월정액을 부과하는 식의 직접 과금으로 바뀌고 있는 배경이다.

교육 혁명 시대에 교육 콘텐츠 시장은 게임 시장과는 비교할 수 없을 정도로 확장될 것이다. 글로벌 시장에서 입증된 한국의 게임 콘텐츠 개발 역량은 동영상 형식의 신개념 교육 콘텐츠 개발 경쟁력으로 이어진다. 게임이나 드라마 같은 휘발성 높은 오락성 한류 콘텐츠에 비해 교육 콘텐츠는 지속 가능한 IP(Intellectual Property, 지적 재산권) 사업이자 한류 2.0의 진정한 문화 사업이다.

디지털 교육 사업은 반도체에 이어 4차 산업혁명 시대에 한국의 신성장을 위한 대표적인 디지털 경제 모델이다. 특히 신개념 교육 콘텐츠 개발 사업은 공장 없이도 일자리 창출 효과가 매우 큰 신산업이다.

맞춤형 교육 플랫폼 사업을 주도하자

미래는 새로운 교육 콘텐츠를 팔고 사는 콘텐츠 IP의 시대다. 재래식 학교를 멀티미디어 기반의 디지털 환경으로 전환시키는 하드웨어 인프라 구축과 더불어 디지털 학교를 운영하기 위한 소프트웨어 노하우를 플랫폼으로 만들 필요성이 여기에 있다.

교육 플랫폼 사업은 상거래 플랫폼이나 SNS 플랫폼보다 더 큰 성장 잠재력을 갖고 있다. 세계 에듀테크 시장은 이미 250조 원 규모로 추산된다. 미래의 첨단 디지털 학교를 어떻게 운영할 것이냐는 교육 사업의 핵심이다. 디지털 학습과정을 설계하는 솔루션 관련 소프트웨어 개발이 핵심 경쟁력이 된다.

미국, 영국 등 선진국 중심으로 정부가 나서서 에듀테크 산업을 적극 육성하고 있다. 현재의 이러닝(e—Learning), 스마트러닝(Smart Learning)은 재래식 교실 수업을 태블릿 PC나 스마트폰에 옮겨 놓은 수준이다. 이러닝 대부분은 기업별로 독자적인 플랫폼을 사용하고 있다. 콘텐츠 제작도 보안에 취약한 비표준방식인 플래시 기반이다. HTML5 기반으로 멀티 디바이스와 멀티 브라우징 환경으로 콘텐츠를 제공할 수 있도록 국제표준기술을 활용한 서비스와 콘텐츠로 개발해야 한다. 개발과 동시에 즉시 세계 시장에 공급할 수 있어야 함은 물론이다.

이런 수요를 반영해 실리콘밸리에서는 교육 관련 스타트업이 우후죽순으로 탄생하고 있다. 미래 교육 모델을 제시하는 알트 스쿨, 대안형 공립 고등학교인 서밋 스쿨 등 맞춤형 교육 커리큘럼을 도입하는 학교 교육의 혁신 모델이 속속 등장하고 있다. 구글 직원이었던 맥 스킬라가 설립한 알트 스쿨은 교사가 없다. 디지털과 프로젝트 베이스 러닝을 하고 있기 때문에 아이들이 스스로 배우도록 돕는 에듀케이터가 있을 뿐이다. 알트 스쿨은 학생 개인별로 맞춤형 수업을 제공해 잠재력을 끌어내는 것을 목표로 하고 있다. 온라인 교육 플랫폼에서 강의 목록은 물론 개별 진도도 확인이 가능하다. 학생 관리용 소프트웨어로 학생 개개인의 적성과 흥미, 수업 참여도 등을 세세하게 분석하고 나이와 상관없이 흥미와 적성에 따라 학생을 분류해 가르친다. 알트 스쿨의 학생 관리용 소프트웨어를 접목하려는 학교가 확산되고 있다. 실리콘밸리에서 주목받는 미래형 학교 모델의 가장 큰 특징은 똑같은 교과과정을 가르치는 것이 아니라 학생들의 흥미에 따라 각기 다른 맞춤형 수업을 제공하는 것이다.

'디지털 교육 플랫폼을 누가 선점할 것인가?'

세계는 지금 플랫폼 전쟁 중이다. 한국은 어떤 분야에서 세계 최고의 플랫폼을 구축할 수 있을까? 교육분야는 아직 구심점 역할을 하는 앵커 기업이 없어 콘텐츠 제작, 유통, 연관 산업들이 생태계를 제대로 형성하지 못하고 따로따로 경쟁하고 있다. 이제는 플랫폼 비즈니스가 필요하다.

한국은 아직 글로벌하게 경쟁력 있는 플랫폼 기업을 배출하지 못하고 있다. 교육분야는 IT 기술과 결합해 한국이 세계에서 가장 앞서 나갈 수 있는 플랫폼분야다. 4차 산업혁명 시대에 한국이 차별화할 수 있는 부문이다.

향후 5년 내 전 세계 교육 시장은 몇 개의 메이저 플랫폼으로 통일될 것으로 전망된다. 교육 플랫폼 기업들은 공산품 찍어내듯 획일화된 교육 시스템을 개개인에게 특화하고 창의력 배양에 기반을 둔 교육 환경으로 바꿀 것이다. 또한 인터넷 정보의 홍수 속에서 양질의 교육 콘텐츠를 선별해 맞춤형 큐레이션 서비스를 제공할 것이다. 평생 교육 시대에 걸맞은 최적의 생애주기 교육 환경을 구축하는 것까지 예측해본다. 페이스북, 알리바바와 같은 거대한 교육 플랫폼 기업이 한국에서 탄생한다면 기존의 대형 교육 기업을 인수하거나 협업 파트너십으로 단기간에 사용자 기반 확대도 가능할 것이다.

한국의 전자업체, 이동통신사들은 교육 솔루션 관련 소프트웨어 기업으로 재탄생할 수 있는 기회를 맞고 있다. 통번역 인공지능을 접목해 글로벌 플랫폼을 구현하면 지구촌 누구든지 자국어로 글로벌 교육 콘텐츠를 구매할 수 있게 되고 영어 중심의 기존 플랫폼들과도 차별화할 수 있다.

한국은 인공지능을 기반으로 한 개인 학습 중심의 미래 교육 혁명에 최적의 조건을 갖추고 있다. 높은 교육열에다 사교육 시장이 가장 발달했기 때문이다. 사실 사교육의 본질이 맞춤형이지 않은가. 심지어 줄넘기 과외까지 있다. 대치동의 오프라인 학원가를 온라인 화시킨다면 구글의 검색 플랫폼, 페이스북의 소셜 플랫폼, 알리바바의 커머셜 플랫폼 못지않은 글로벌 플랫폼으로 성장시킬 수 있다. 현재 한국은 맞춤형 온라인 교육 시장에서 최고 강자가 될 조건을 고루 갖추고 있기 때문이다.

교육 포털 플랫폼을 선점하는 것은 미래의 새로운 지식을 선점하는 길이기도 하다. 4차 산업혁명의 빠른 기술 진보주기를 고려할 때 100세 시대를 대비한 수요자 중심의 평생 직업 교육 플랫폼이 절대적으로 필요하다. 국민 누구나 언제, 어디서든 시대가 필요로 하는 역량을 습득할 수 있는 맞춤형 생애 직업 교육 플랫폼은 한국 기업에서 나와야 한다.

서비스 글로벌화 사업: 제조업 및 압축 성장 노하우 활용

동남아시아에서 한국식 홈쇼핑과 택배가 큰 인기를 끌고 있다. 맞춤형 학원도 인기다. 신흥 개도국에서는 선진국에 최적화된 서비스보다 개발 시대에 최적화되어 속도와 효율이 강점인 한국식 서비스에 대한 수요가 더 크다.

선진국으로 도약하기 위해서는 제조업 성장을 발판으로 삼아 서비스 산업을 선진화시켜야 한다. 그런데 지금 그 타이밍을 놓치고 있다. 국민 소득 2만 달러 시대에 진입한 2006년 이후, 11년째 3만 달러대로 진입하지 못하고 있는 이유이기도 하다. 제조업 일자리 창출이 정체되고 서비스 산업도 고부가가치이면서 양질의 일자리를 창출하지 못해 청년 실업은 더욱 악화되고 있다.

정부는 2006년부터 2015년까지 30여 차례에 걸쳐 서비스 산업 선진화, 활성화, 발전 전략 등을 내놓았으나 오히려 부가가치 비중은 60.2퍼센트에서 59.4퍼센트로 줄었다. OECD 평균 71.3퍼센트와 큰 격차를 보이고 있다. 정책 이름은 조금씩 다르지만 핵심 내용은 대동소이하다. '제조업 위주의 성장 전략에서 벗어나자', '영세자영업 중심의 저부가가치 서비스 산업으로부터 의료, 관광, 교육, 금융, 콘텐츠 등의 고부가가치 서비스 산업으로 개편하자'는 내용이다. 서비스 활성화를 위해 어떤 대책을 내놓아도 국내 시장만으로는 효과가 미미하다. 한편 서비스 산업이 발전하지 못하는 원인을 각종 규제와 이익 단체의 반대 탓으로만 돌리기도 한다.

제조업이 글로벌 시장에서 주력 산업으로 성장한 것처럼 서비스 산업도 해외로 나가 시장을 넓혀야 발전할 수 있다. 국내 시장에 갇혀 출혈 경쟁을 벌이면서 저부가 산업으로 추락한 기존 서비스 산업이 새로운 시장을 개발한다면 고부가 서비스 산업으로 진화하는 데 탄력을 받게 될 것이다.

한국 경제는 2차 산업에서 성장을 멈췄다. 3차 산업은 서비스화다. 제조업 일자리가 줄어드는 상황에서 일자리 창출 여력이 큰 서비스 산업의 경쟁력을 키우지 않고는 청년 일자리 확대의 실마리를 풀 수 없다. 제조업 다음은 서비스 산업으로 가는 것이 선진국으로 가는 국가 경제의 진화단계인데 한국의 서비스 산업은 전체 수출에서 13.9퍼센트를 점하는 데 그치고 있다. 미국의 50.3퍼센트, 영국의 79.1퍼센트에 비해 현저하게 낮은 수치다. 제조 강국에서 소프트웨어 강국으로 전환하려면 서비스 산업의 GDP 기여도 증대가 필수적이다.

정부는 '서비스 경제 발전 전략'을 수립하고, 서비스 산업의 수출 산업화를 위해 금융 혜택을 제조업 수준으로 늘리며 서비스 산업 연구 개발 투자에 2021년까지 4조 7,000억 원을 투자하기로 했다. 의료, 콘텐츠, 금융, 관광, 교육, 소프트웨어, 물류 등 7대 서비스 산업을 집중 육성해 고용 창출 확대로 연결한다는 것이다. 하지만 시장 없이 고용이 일어날까? 한국의 전체 고용에서 서비스 산업 비중은 69.5퍼센트로 OECD 국가 평균 72.9퍼센트에 크게 못 미친다.

1960년대부터 제조업과 부품 및 소재 산업으로 경제 성장의 틀을 만들었고 1990년대 이후부터 지금까지 ICT를 성장 동력으로 성장해왔다면 앞으로 서비스 산업을 새로운 성장 동력으로 삼아야 하는 것은 현재 경제 수준을 고려할 때 당연한 수순이다. 서비스 산업의 연구 개발 확대는 고도성장기의 사회 문제 해결, 국민 생활의 질 향상이라는 오래된 과제에 대한 해결책이기도 하다.

제조업의 서비스화 확대로 부가가치가 높은 상품 기획과 엔지니어링, 마케팅 등은 물론이고 금융, 의료, 교육 등 전통적인 고부가가치 서비스 부문에서도 신기술이 접목된 K—서비스 수출을 늘려야 한다.

'내수 중심'에서 '해외 진출'로 바꾼다

서울대 공대 교수 26명이 공저한 《축적의 시간》은 한국 산업의 본질적 약점을 지적하고 있다. 서구와 같이 오랜 기간 과학 기술의 경험과 지식을 축적하지 못했고 그 역사가 짧은 한국은 단기적, 실용적 응용 수준에 그치고 있어 선진국을 따라잡기 어렵다는 것이다. 반면 중국은 후발 추격자이지만 대국의 인구와 규모의 경제를 활용해 빠르게 선진국을 추격 중이라며 한국의 분발을 촉구하고 있다. 선진국과는 축적된 시간의 격차, 중국과는 규모의 차이를 어떻게 극복할 것인가에 주목하고 있는 책이다. 그런데 필자는 이 책을 읽으며 한 가지 질문을 던지지 않을 수 없다. 왜 한국의 지식인들은 아직도 선도자와 추격자, 그리고 경쟁우위라는 패러다임에서 벗어나지 못하는 것일까? 이것이야말로 한국의 최대 위기다. 말로는 퍼스트 무버(First Mover)를 외치면서도 내면 의식은 여전히 패스트 팔로워(Fast Follower)에서 벗어나지 못하고 있다. 경쟁자와 비교하는 관점에서 우리가 갖고 있는 자산이 무엇이며 누가(소비자) 이를 필요로 하며 어떻게 우리가 가진 것을 잘 활용해 도움을 줄 것인지(사업 모델)로 관점을 돌리면 새로운 기회가 보인다. 이제 우리나라도 우리만의 것을 찾아야 하지 않은가.

21세기는 글로벌 공급 과잉으로 생산이 아닌 운용의 시대다. 제조업을 어떻게 운용업, 즉 고부가가치 서비스 산업으로 진화시킬 것인가? 제조업을 어떻게 업그레이드할 것인가? 이것이 관건이다.

양산 기술형 제조는 신흥 개도국으로 이전되는 것이 필연이다. 선도국은 후발 개도국에 기술 컨설팅을 하면서 제조 역량을 업그레이드해주는 서비스 운용업으로 진화해야 제조업의 과잉 경쟁에서 벗어나 비로소 공존이 가능하다. 그렇게 하기 위해서는 좁은 내수 시장만으로 한계가 있으니 한국 제조의 글로벌화가 필수적이다.

개별 기업의 제조업이 아니라 한국 제조 전체를 묶으면 신흥 개도국을 소비자로 하고 종합적인 경제 개발을 위한 맞춤형 산업화 서비스를 제공할 수 있다. 즉, 국가 차원의 제조 역량 자체를 서비스 산업으로 탈바꿈시킬 수 있다. 앞으로 한국의 일자리 창출은 제조업보다 서비스 산업이 주도할 수밖에 없다. 중국이 양산 제조 대부분을 차지할 것이므로 한국은 서비스 산업으로 가는 길밖에는 없다는 말이다. 하지만 국내에서 서비스 산업을 육성하는 데에는 한계가 있다. 서비스업 중심의 일자리 만들기, 서비스업 규제 완화 등의 정책이 도움은 되겠지만 본질적인 부분은 '시장의 한계를 어떻게 극복하느냐'이다. 중소기업의 기술을 요구하는 신흥 시장이 있다면 제조 기술 자체로 서비스 산업화가 가능하다. 신흥 시장이 단초인 이유다. 내수 중심 경제와 내수 중심 서비스 산업 육성 전략은 타국에 비해 인구도 적고 고령화가 빠르게 진행되고 있는 한국에는 적용하기 어려운 전략이다.

산업한류 7대 플랫폼 사업은 서비스 산업이 신흥 개도국에 진출해 뿌리를 내릴 수 있는 토대가 된다. 서비스 산업 전반을 해외로 수출해 고급 서비스 일자리를 창출하는 기회이기도 하다. 서비스 글로벌화는 우리 국민의 해외 거주 비중을 현재(700만 명) 2배인 전체 인구 30퍼센트(1,500만 명)까지 확대시킬 수 있는 플랫폼이다. 무역 의존도가 90퍼센트에 육박하는 한국 경제는 최소한 30퍼센트 정도의 국민이 해외에서 네트워크를 형성해야 글로벌 경제와의 화학적 결합이 가능하다. 전 세계의 화교 커뮤니티와 유대인 커뮤니티가 글로벌 영향력을 갖듯이 한상 커뮤니티도 더 확대되어야 한다.

해외로 진출한 제조업과 연계하자

서비스 산업을 글로벌화시키려면 제조 기업을 해외 진출의 레버리지로 활용해야 한다. 베트남에는 한국의 은행, 병원, 호텔, 유통, 법무법인, 심지어 학원까지 진출해 있다. 한국의 제조 기업이 대거 진출해 있기 때문이다.

글로벌 경쟁력을 갖고 있는 국내 기업 대부분은 제조업과 관련되어 있다. 금융사나 서비스 산업이 글로벌 역량을 단기적으로 확보하기는 쉽지 않다. 서비스 산업은 해당 지역의 독특한 관습, 문화, 규제 장벽을 넘어야 하기 때문이다. 선진국의 서비스 산업이 글로벌화가 된 배경에는 역사적으로 과거 식민지 시장이 크게 기여했음을 쉽게 알 수 있다. 제조업과 달리 그만큼 진입 장벽이 높다.

제조업을 앞세워서 서비스 산업을 진출시키는 데 성공한 사례는 일본의 태국 시장 진출이 대표적이다. 일본은 1960년대 후반에 세계 최초의 텔레비전 공장을 필두로 거의 모든 제조업이 태국에 진출했다. 태국 방콕의 북부인 아유타야는 거대한 일본 제조업 타운이다. 제조업을 기반으로 일본 서비스업종도 대거 진출했다. 오늘날 태국은 마치 경제적으로 일본의 식민지 같은 모습을 띄고 있다고 해도 과언이 아니다. 베트남 호찌민이나 하노이에서는 신한은행의 ATM(Automatic Teller's Machine, 현금자동입출금기 또는 자동금융거래단말기)을 자주 볼 수 있다. 이외에도 한국의 홈쇼핑, 은행, 호텔, 학원, 물류, 유통 등 한국 서비스 산업의 거의 모든 부문이 진출해 있다. 삼성전자를 비롯한 많은 한국의 제조 기업이 현지에 진출해 있었기 때문에 가능했다. 베트남에서 롯데백화점과 마트가 성공한 이유도 제조업에서 비롯된 한국의 이미지와 한류라는 콘텐츠가 함께 빚어낸 성과다. 이마트나 롯데와 같은 한국 유통사의 글로벌화는 한국의 중소기업 제품들을 해외로 진출시키는 교두보 역할로 이어진다.

롯데백화점, 신세계백화점, 현대백화점 등 국내 대기업 유통이 내수 시장 정체를 극복하기 위해 수도권 외곽을 중심으로 복합 쇼핑 리조트 경쟁을 벌이고 있다. 유통 대기업은 기업 내부 혁신 관점도 있지만 국내 중소 제조 기업을 신흥 개도국으로 진출시키는 데 주도적 역할, 즉 중소기업 제조와 유통을 결합한 해외 진출 플랫폼 사업으로 진화할 수 있다.

제조업이 수출로 발달했듯이 서비스 산업 활성화도 한국의 서비스를 필요로 하는 새로운 시장이 생겨날 때 가능하다. 제조업을 잘 활용할 때 서비스업의 발전 기회가 따라오는 것이다.

4차 산업혁명 신기술로 압축 성장 노하우를 서비스 상품화

고도화된 산업국가를 지향하는 이란은 울산을 제1의 벤치마킹 대상으로 삼고 있다. 울산의 중화학단지를 이란에 제2의 울산단지로 건설한다면 울산의 병원, 학교, 통신, 안전 관리 등 모든 산업 도시 인프라가 하루아침에 서비스 산업으로 탈바꿈할 수 있다. 세계 1위 인천공항의 운영 노하우 전체를 서비스로 수출할 수도 있다. 맞춤형 산업단지 수출 자체가 교육 산업이고 서비스 산업이다. 당연히 서비스 업종에 종사하는 중소기업도 해외 진출의 길이 열린다.

4차 산업혁명은 지금의 제조 기업을 서비스 산업으로 진화시킬 수 있는 신기술 도구를 제공할 뿐만 아니라 전통 서비스도 자동화, 지능화시켜 고부가 서비스 산업으로 변신할 기회를 제공한다. 한마디로 4차 산업혁명 신기술들은 전통 산업을 첨단 산업으로 고도화시키는 촉매제이다.

신기술로 인해 전통 산업이 업그레이드가 되면 청년보다 경험 많은 중장년층에게 더 많은 창업 기회가 만들어진다. 그래서 이 중장년층에게 4차 산업혁명 신기술에 대한 재교육 기회 여부가 관건이다. 기술 융합으로 신기술에 뒤처지는 사람이 더욱 증가하면서 불평등 심화의 요인이 되고 있다. 한국 서비스 산업의 활성화는 기성세대가 축적한 경험 노하우라는 재료에 어떻게 4차 산업혁명 신기술을 접목해 고부가가치 서비스로 구현하느냐에 달려 있다고 해도 과언이 아니다. 일례로 농업 종사자는 신기술을 활용해 기존 농장을 스마트 팜으로 진화시킬 수 있다. 비닐하우스에 센서를 설치해 온도, 습도, 생육 상태 등 정보를 실시간으로 취합하고 인공지능으로 분석한 다음, 작물이 가장 잘 자라는 최적의 환경을 조성하고 자동으로 관리한다. 핀란드는 쓰레기 처리에 IoT를 접목했다. 쓰레기통에 센서를 부착해 쓰레기의 양을 실시간으로 측정하여 수거 차량의 시간과 비용을 줄일 수 있었다. 노래방, PC방 등에도 가상현실 기기를 접목하면 새로운 경험을 제공할 수 있다. 신기술을 어디에 먼저 접목하느냐에 따라 전통업종을 재탄생시킬 수 있는 것이다. 재래식 산업과 사업이라도 얼마든지 신기술을 접목하면 새로운 부가가치를 창출할 수 있다는 뜻이다.

한국은 세계 최고의 의료 인력을 가진 나라다. 한류와 더불어 한국식 의료 서비스를 찾는 외국인이 점점 증가하고 있다. 그러나 한국에 외국인을 유치할 수 있는 국제 경쟁력을 갖춘 병원이 몇 개나 있는가?

세계적 수준의 IT 인프라와 효율적인 의료 시스템을 무기로 한다면 신흥 개도국에 혁신적 헬스케어의 미래를 주도할 수 있다. 의료 한류를 주력 서비스 산업으로 키워낼 수도 있다. 신흥 개도국에 우리의 건강보험제도를 수출하면 병원 건설, 의료기기 및 보건의료 관련 정보기술과 시스템 등 제반 인프라 수출까지 연결된다. 하드와 소프트의 결합이다. 아랍에미리트에 원전과 병원(5년 동안 20억 달러 규모로 서울대학교병원에 위탁 경영)을 수출하며 고급 기술직과 관리직을 파견해 관리 및 운영 서비스를 제공하는 것은 한국 기업이 제조 상품 수출과 건설 중심에서 고급 서비스업으로 진화하고 있는 사례라고 할 수 있다.

모든 서비스업종이 아니라 한국만의 강점을 활용할 수 있는 분야를 선별해 남보다 앞서 신기술을 접목하고 상용화시켜 경쟁우위를 확보하는 것이 유리하다. 예컨대 우수한 의료 인재로 무장한 의료 산업, ICT로 무장한 디지털 교육 산업, 세계 최고의 업종 다양성과 숙련된 은퇴 인력을 활용한 맞춤형 산업화 솔루션 등은 4차 산업혁명 시대에 한국의 주력 서비스 산업으로 육성시킬 수 있는 대표적인 분야다.

4장

신흥 개도국을 위한
/
허브국가로서의
/
6대 역할 비전

[신흥 개도국을 위한 허브 비전]

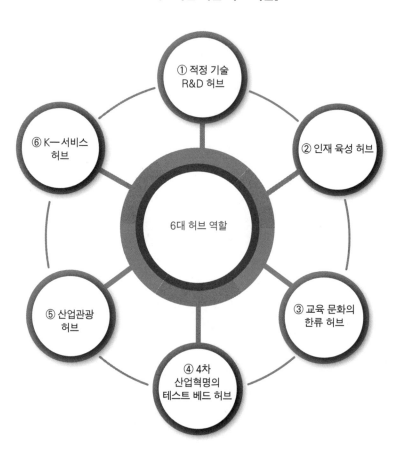

허브 ① 산업화 롤 모델 코리아, 신흥 개도국 적정 기술 연구 개발의 허브로

산업화 단계별로 필요한 기술의 허브

신흥 개도국은 경제의 발전단계별로 필요한 산업과 적정 기술을 한국에서 확보할 수 있다. 압축 성장 노하우가 담긴 다양한 업종과 기술을 맞춤형으로 제공받을 수 있는 것이다. 한국은 3D업종을 포함해 중후장대(重厚長大) 산업(건설업 등 규모가 큰 산업), 첨단 산업까지 보유한 제조 강국이다. 경공업, 중화학공업, 첨단 제조업에 이르기까지 산업화 단계별로 필요한 모든 산업과 업종을 아우르고 있다. 업종별로 기술을 전수하는 데 있어 최적의 조건을 갖췄다. 극빈국, 신흥 개도국, 중진국이 필요로 하는 적정 기술을 가진 숙련된 베이비 붐 세대 은퇴자를 파견해 기술을 전수할 수도 있다.

한국은 신흥 개도국 산업화를 주도할 수 있는 글로벌 프런티어 국가다. 한국의 단순 제조업은 경공업부터 중화학공업까지 순차적으로 해외로 이전될 것이다. 장기적으로 제조업의 70퍼센트 정도가 신흥 개도국으로 옮겨가고 한국은 고부가가치 연구 개발(R&D) 중심의 HQ(본사 또는 본부)로 거듭날 것이다. 이렇게 되면 미세먼지도 줄어든다. 금수강산 청정국가로 다시 태어나는 것이다.

코트라는 중소기업 유휴 설비를 신흥 개도국으로 이전하는 사업을 지원하고 있다. 설비 이전과 함께 기술자를 보내 현지인에 대한 기술 전수도 병행하는 사업이다. 신흥 개도국이 한국으로부터 가장 지원받고 싶어 하는 부문이다.

한국의 기술 무역 수지 적자 규모는 최근 몇 년째 50억 달러로 OECD 중 규모가 가장 크다. 한국의 산업이 아직도 수입 기술에 의존하고 있다는 것을 의미한다. 선진국 대부분과의 기술 무역 수지는 적자다. 기술 무역 수지를 흑자로 전환하기 위해서는 한국의 기술을 원하는 신흥 개도국 개척이 답이다.

현지 공장 생산성에 대한 지속적인 업그레이드 허브

신흥 개도국의 산업단지에 진출한 한국 기업들의 (한국에 있는) 본사는 국내 기술자를 파견하고 현지 운영을 업그레이드해주는 HQ 역할을 하게 된다. 현지 기업들은 생산 시설을 업그레이드하고 생산성을 제고하기 위해 자사 업종에 필요한 기술과 설비를 가진 한국 기업의 문을 우선적으로 두드릴 것이다. 그러면 한국의 제조 기업들이 신흥 개도국의 제조업 발전에 멘토 역할을 하게 되면서 하드(웨어적인) 제조업을 소프트(웨어적인) 사업으로 고부가가치화할 수 있는 기회를 갖게 된다. 저부가 제조업은 신흥 개도국으로 이전하고, 한국에 있는 기업은 고부가 연구 개발의 허브로 거듭난다.

산업화의 롤 모델 국가라는 위상과 책임

인천 송도는 2012년 유엔 산하 국제기구인 녹색기후기금(GCF: Green Climate Fund)을 유치했다. 당시 아시아 국가가 유치한 글로벌 단위 국제기구로는 가장 규모가 크다. 개발도상국들이 온실가스를 적게 배출하고 기후 변화에 적응할 수 있도록 도와주자는 취지로 설립된 기구다. 환경분야의 세계은행으로 불리며 선진국들이 기금을 만들어서 신흥 개도국을 지원하는 사업을 펼친다.

국제 환경 문제는 선진국의 역할도 중요하지만 개발도상국의 참여를 이끌어내는 것이 관건이다. 사실 화석 연료를 사용해서 부유해진 선진국들은 환경 관련해서는 신흥 개도국들에 대한 설득력이 약할 수밖에 없다. 반면 짧은 기간 내에 저개발국에서 경제 선진국으로 성장한 한국은 신흥 개도국들을 설득할 수 있는 대안이 될 수 있다.

신흥 개도국들은 환경 친화적 발전에 대한 한국의 경험을 듣고 싶어 한다. 선진국들도 한국의 녹색 성장 브랜드와 글로벌 리더십을 기대하고 있다. 한국이 환경에 관한한 국제적 리더십에 기회가 있다는 뜻이다.

세계은행은 2011년 한국 정부와 협약을 맺고 글로벌녹색성장기구(GGGI: Global Green Growth Institute)를 한국에 설립했다. 한국의 녹색 성장 기술 및 경험을 개발도상국과 공유하기 위한 것이다. 기금은 아프리카, 동남아시아 등 신흥 개도국의 도시, 교통, 에너지 등의 개발 지원에 쓰인다.

앞으로 국내에는 신흥 개도국을 위한 다양한 형태의 적정 기술 플랫폼들이 등장할 것이다. 한·중 기술 이전 플랫폼, 한·아프리카 산업화 파트너십 플랫폼 등 한국의 앞선 기술을 신흥 개도국에 이전하고 현지 기술을 지속적으로 업그레이드해주는 플랫폼들이다. 한국의 1980년대 수준인 베트남은 한국의 KIST(Korea Institute of Science and Technology, 한국과학기술연구원) 성공 신화를 재현하기 위해 한국 정부의 공적개발원조를 지원받아 VIST(Vietnam Institute of Science and Technology, 베트남과학기술연구원)를 설립했다. 현지에 필요한 산업 기술을 연구해 베트남 산업 활성화를 지원하기 위한 목적을 갖고 있다.

베트남은 농업 관련 산업이 매우 유망하다. 쌀, 커피, 후추, 수산물, 과일 등에 있어 세계 수출 선두를 달리지만 베트남 농업은 많은 문제점을 안고 있다. 그래서 베트남 정부는 농업 수출을 위한 기반 시설 현대화에 주력하고 있다. 부가가치를 높이기 위해 하이테크 농업, 유기농 등을 육성하려고 하는데 이와 관련해서 한국 중소기업의 기술 파트너십이 필요한 상황이다. 베트남에는 14만 명의 한국인이 살고 있고 한국에도 이와 비슷한 13만 명의 베트남인이 살고 있다. 그만큼 양국 경제가 서로 융합되어 있다고 볼 수 있다. 베트남에게 있어 한국은 필요한 기술은 무엇이든지 얻을 수 있는 기술의 허브국가로 여겨지고 있다.

허브 ② 자원 부재와 인재 강국 코리아, 신흥 개도국의 인재 육성 허브로

한국 기업들이 신흥 개도국에서 사회 공헌 활동을 하다 보면 현지 정부의 공무원을 한국에서 교육시켜 달라는 요청을 가장 많이 받는다.

신흥 개도국은 자국에서 고급 인력을 육성할 수 있는 교육 시스템이 취약하다. 그러므로 한국 제조 기업이 많이 진출해 있는 신흥 개도국 중심으로 한국이 인재 육성의 허브가 될 수 있다.

한국 유학의 경쟁력은 무엇인가?

한국에 유학을 오게 만든 힘은 무엇일까? 바로 '한류'다. 한류의 근본은 압축 성장한 신흥 개도국의 롤 모델로서 대한민국이 갖고 있는 국가 이미지다. 즉, 개별 대학의 명성보다는 국가 브랜드가 경쟁력인 것이다.

저출산으로 학생 절벽을 겪고 있는 한국 대학은 이제 국내 학생만 바라보지 말고 해외를 바라봐야 한다. 'STUDY KOREA!', 고등교육의 블루 오션은 신흥국에 있다. 한국의 압축 성장 경험을 체계화시키고 한류를 접목하면 한국 대학은 신흥 개도국의 하버드대로 발전할 수 있다. 한국개발연구원이 신흥 개도국 정부 관료를 대상으로 하는 압축 성장 정책연구 KSP(Knowledge Sharing Program, 경제 발전 경험 공유 사업), 서울시립대의 산업 도시 및 도시 개발정책, 영남대의 새마을운동 지역 개발정책, 인하대의 우즈베키스탄 정보통신기술대학 운영, 유엔 산하 세계해양대학 유치 등은 이미 그 가능성을 충분히 입증하고 있다.

세계수산대학(WFU)은 매년 신흥 개도국 공무원 100명(석사과정 90명, 박사과정 10명)을 한국으로 초청해 교육시키고 그에 필요한 재정을 한국이 공적개발원조로 부담하는 유엔 산하 FAO(국제연합식량농업기구)의 국제 사업이다. 신흥 개도국의 빈곤 퇴치를 위해 한국 수산업의 발전 경험과 노하우를 전수하는 것이 목표다.

한국은 50년 전 FAO로부터 100만 달러를 지원받은 적이 있다. 유엔의 도움을 가장 많이 받은 나라 중 하나다. 그때 도와준 나라 중에는 아직도 가난한 나라가 많다. 이제는 한국이 그 나라들에 신세 졌던 것을 보답할 때다.

한국은 아직 중국과 일본에 비해 공적개발원조 규모가 작다. 신흥 개도국 지원에는 비용 대비 효과가 가장 큰 부문이 교육이다. 공적개발원조의 집행분야를 신흥 개도국 엘리트 양성에 집중할 필요가 있다. 수산·해양분야의 엘리트들이 교육받고 모국으로 돌아가면 10~20년 후에는 그 나라의 정책 결정권자가 되어 있을 것이다. 자연스럽게 한국의 글로벌 네트워크가 형성된다.

한국은 지구촌 인재 양성소

한국은 이렇다 할 자원 하나 없이 오직 인재의 힘만으로 성장을 이뤘다. OECD 국가 중에서 최고의 인구 밀도와 최고의 대학 진학률을 기록하고 있다. 사회 전체가 본능적으로 교육 외에는 살 길이 없다고 깨달은 것이다. 이러한 한국은 신흥 개도국의 우수 인재가 압축 성장 경험과 노하우를 배울 수 있는 최적의 콘텐츠를 보유한 고등교육 메카다.

우즈베키스탄 정부는 자국의 정보통신기술대학의 운영권을 인하대에 위탁했다. 우즈베키스탄의 타슈켄트인하대는 정부가 설립한 정보기술 특성화대학으로 비용은 현지 정부가 대고 인하대가 학사, 커리큘럼, 강의 등 콘텐츠를 책임지는 구조다. 고등교육 수출 모델이라고 할 수 있다.

에티오피아 건설교통부장관을 지낸 마쿠리야 하일리는 2016년 9월 카이스트(한국과학기술원) 글로벌 IT 기술 전문가과정에 입학했다. 그는 2002년부터 2008년까지 에티오피아 지방 신도시 개발 업무를 담당했다. 개발 계획 수립에서 실행에 이르기까지 모든 과정을 주도했다. '한강의 기적'을 이룬 경제 발전 노하우를 배워 에티오피아에 접목하고 싶어 한다. "카이스트에서는 한국의 압축적인 과학 기술을 배울 수 있는데 이는 미국의 명문 대학에서 배울 수 없는 내용이다"라고 입학 동기를 밝혔다. 카이스트는 2년 전부터 글로벌 인재 확보 차원에서 에티오피아, 케냐, 탄자니아 등 아프리카 정부나 대학 등과 연계해 지속적으로 유학생을 유치하고 있다.

조선업이 점점 쇠퇴하면서 여러 대학의 조선 관련 학과가 폐지되고 졸업자도 심각한 취업난을 겪고 있다. 하지만 이 학과에는 중후장대한 한국의 주력 산업 기술 노하우가 축적되어 있다. 인도는 조선업, 이란은 중화학공업 등을 주력 산업으로 집중 육성하고 있는데 해당 국가의 학생들을 관련 대학들이 적극적으로 유치해 기술자로 만드는 것은 어떨까?

세계 인재 허브가 곧 창업 허브

실리콘밸리는 세계의 하이테크 수도다. 세계의 예술 인재들이 파리로 가고 영화를 만들려면 할리우드로 가듯이 실리콘밸리에 하이테크 기업들이 몰린다. 프랑스 인시아드대 세계인적자원경쟁력지수(GTCI)에 따르면, 해외의 유능한 인재를 유치하는 경쟁력을 나타내는 인재 유치부문에서 한국이 118개 국가 중 70위를 차지하고 있다.

4차 산업혁명 시대에 융·복합, 네트워크 효과로 기하급수적인 변혁이 몰려오고 있다. 수직적인 칸막이 문화나 개별분야만의 경쟁으로는 대응이 불가능하다. 광범위한 협업이 필요하고 시스템 전체를 보면서 플랫폼 차원으로 접근해야 한다.

다양성의 융합을 요구하는 4차 산업혁명 시대의 혁신에는 순혈주의가 지극히 불리하다. 창업가정신은 문화적 다양성을 지닌 인재 간의 상호 자극에서 나온다. 융합 시대에서 혁신 경쟁력의 토양은 창의 교육뿐만 아니라 인재의 다양성에 달려 있다는 말이다.

세계 각국은 지금 인재 확보를 위한 전쟁 중이다. 4차 산업혁명의 성패도 결국 인재 유치에 달려 있다. 중국의 인공지능 인재 중 40퍼센트가 미국인이다. 4차 산업혁명에 대응하고 벤처 육성을 위한 경쟁력은 인재의 문화적 다양성으로부터 나온다. 세계 인재의 허브가 곧 창업의 허브가 된다고 할 수 있다.

미국의 노벨상 수상자 중 상당수가 이민자 후손이다. 글로벌 인재 풀이 곧 혁신 역량이다. 스웨덴 남부 도시인 말뫼는 최첨단 기술대학교를 설립해 세계 179개국에서 학생들을 유치하고 있다.

한국이 신흥 개도국의 허브가 되려면 먼저 우수한 인재가 모이는 인재 허브가 되어야 한다. 한류는 보이지 않는 도로이며 인적 물류망이다. 신흥 개도국과의 교역을 활성화하는 길은 물리적인 물류망을 확대하는 것 외에도 인력 교류, 특히 유학생 교류가 지름길이다. 중국이 일대일로로 물리적 연결을 추진한다면 한국은 한류를 통해 인적 교류라는 더 튼튼한 도로를 놓을 수 있다.

허브 ③ 한류 코리아, 21세기 디지털 교육과 문화 혁명의 허브로

2015년 5월 인천 송도에서는 유네스코가 주관한 세계교육포럼이 개최되었다. 전 세계 많은 국가에서 한국형 교육 모델을 직접 보고 배우기 위해 한국을 방문했다. 세계는 최고의 ICT 인프라를 구축한 한국이 유엔의 STEM 교육의 메카가 되기를 기대하고 있다. 암기식 교육과 입시 지옥으로 비난받는 한국식 교육이 아이러니컬하게도 해외에서는 벤치마킹 대상이다. 산업화 시대를 지난 한국에서는 기존의 교육체계가 시효를 다했지만 신흥 개도국이 봤을 때에는 단기간에 표준 인재를 생산해내는 한국식 교육 시스템이 개발도상국형 교육 모델로 각광받고 있다. 개발 시대에 더 효율적이기 때문이다.

이런 상황에서 한국이 STEM을 융합해 가르치는 교육 테스트 베드로 거듭난다면 한국의 교육체계는 4차 산업혁명 시대의 새로운 한류(산업)가 될 수 있다. 한류는 한국이 지구촌의 콘텐츠 허브가 될 수 있는 가능성을 입증한 현상이다.

한국은 디지털 문화 혁명의 메카

한국국제교류재단에 따르면, 2016년 현재 88개국에서 1,652개의 한류 동호회가 생겨났고 5,939만 명의 회원이 활동 중이라고 한다. 이미 한국의 인구를 넘어섰다. 한국은 2017년 세계 최대 대중문화컨벤션인 코믹콘(COMIC CON)을 유치했다. 만화, 게임, 영화, 애니메이션, 캐릭터, 웹툰 등 모든 콘텐츠를 아우르는 글로벌 행사다. 이 행사는 뉴욕, 파리, 베이징에서 열린 바 있다. 주최 측은 한국에 창의적이고 혁신적인 콘텐츠 제작자가 많고 열성적인 팬과 마니아가 있어 대중문화의 허브국가가 될 수 있다고 평가했다. 구글, 애플, 넷플릭스 등도 한국 시장을 아시아 진출을 위한 교두보로 삼고 한류 콘텐츠에 적극 투자하고 있다.

한국이 OECD에 가입한 지 20년이 넘었다. 경제 규모가 급신장하고 성장률, 연구 개발 투자 등 외형 지표는 인상적이지만 미세먼지, 장시간 근로, 노인 빈곤 등 국민 삶의 질과 관련되는 지표는 아직 하위권에 머무르고 있다. 지난 반세기의 압축 성장과정에서 길잡이 역할을 했던 선진국의 정책 사례들은 다양한 모순점을 드러내고 있다. 한국은 선진국의 제도를 수입해 단기간에 실험해보면서 가장 많은 시행착오를 겪었다. 따라서 지구촌의 문제를 해결할 수 있는 새로운 답을 찾는 사명도 한국에 있다. 한국이 찾아낸 정답, 해법이 한국의 소프트 파워 실체이자 지구촌의 교육 한류로 자리매김할 것이다.

신개념 교육 콘텐츠를 개발하는 허브

한국은 한류가 이끄는 지구촌의 미래 라이프 스타일 중심지다. 또한 선진국과 후발국 간의 복지 딜레마를 해결하고 복지 이상을 실현하는 테스트 베드다.

전국에 운영 중인 경로당은 한국이 갖고 있는 독특한 노인 복지 인프라다. 노인 교육 콘텐츠를 개발해 사회 변화에 뒤쳐지지 않고 사회 구성원의 역할을 하면서 노년을 보낼 수 있게 한다면 전 세계로 수출할 수 있는 복지 교육의 IP가 될 수 있다. 문화 산업의 글로벌화, 문화 콘텐츠 산업 육성 등은 모두 교육 한류 사업의 일환이다.

한류 콘텐츠는 휘발성 높은 오락성 콘텐츠에 그치지 않고 우리 문화가 지향하는 참된 삶의 모습을 보여주는 것이어야 지속이 가능하다. 음악, 영화, 드라마 등 오락성 분야뿐만 아니라 생활 문화 전반의 뉴 라이프 스타일 콘텐츠여야 하는 것이다. 문화 콘텐츠 수출은 한국이 지구촌의 라이프 스타일을 선도하고 있다는 증거다. 유시진 대위의 신념이 돋보인 드라마 〈태양의 후예〉, 장인의 프로 정신이 담겨 있는 드라마 〈대장금〉 등 해외 시장에서 인기를 끈 콘텐츠는 모두 교육적인 요소를 담고 있다. 이렇듯 교육적 가치가 내재된 콘텐츠가 지속 가능하며 진정한 한류 문화 사업이다. 선진국과 신흥 개도국의 경계에 위치한 한국은 지구촌 교육 콘텐츠의 허브가 되어야 한다. 세계 최대의 내수 시장인 14억 중국인을 위한 시민 교육 콘텐츠와 신흥 개도국 국민에게 필요한 교육 콘텐츠 개발의 허브를 말한다. 한국 사회가 압축 성장과정에서 겪은 수많은 시행착오를 신흥 개도국들은 반복하지 않도록 하는 책임이 우리 국민에게 있지 않은가.

디지털 교육 콘텐츠 실험센터

교육 기업인 에스티유니타스가 미국의 프린스턴리뷰를 인수한다. 프린스턴리뷰는 미국 중산층 부모와 학생들에게 가장 인기 높은 사교육 기업이다. 유학과 입시 교육을 전문으로 하는데 1시간에 1,500달러를 넘는 강의도 있다.

에스티유니타스는 수준 높은 강의를 가장 저렴한 가격에 온라인으로 판매하면서 급성장했다. '영단기' 브랜드로 국내 성인 영어교육 시장을 석권하고 '공단기' 브랜드로 공무원 시험 시장을 장악했으며 대입 시험 관련 사이트인 스카이에듀 등을 운영하고 있다. 에스티유니타스의 교육 기술과 프린스턴리뷰의 교육 콘텐츠가 합해지면 미국 온라인 교육 시장 선점도 가능할 것이다. 최근 에스티유니타스는 학생 개인별 약점을 보완하고 출제 문제를 예측하는 인공지능 교육 서비스 '스텔라'를 선보이기도 했다.

세계적으로 온라인 교육 시장은 개화단계에 막 들어서고 있다. 한국은 세계적으로 인정받고 있는 게임업체의 개발 역량과 사교육 콘텐츠를 결합하고 인공지능, 빅데이터, 가상현실, 증강현실 등 4차 산업혁명 신기술을 접목시키면 미래 지향적 교육 콘텐츠를 쏟아내는 연구 개발 실험센터로 거듭날 수 있다. 미래의 대안 교육 모델을 고심하는 세계의 교육자와 교육 관련 종사자들이 한국을 방문하고 답을 찾게 된다.

교육 콘텐츠 개발은 제조업보다 더 많은 양질의 일자리를 창출한다. 고용 효과가 매우 높은 대표적인 고부가가치 서비스 산업인 것이다. 한류를 토대로 한 디지털 콘텐츠 교육 기업을 많이 배출해 세계 시장에 진출하면 한국은 문화와 교육분야에서 디지털 콘텐츠 IP 종주국으로 거듭나게 된다.

허브 ④ 기술 상용화 경쟁우위 코리아, 4차 산업혁명 신산업 테스트 베드 허브로

한국은 ICT 관련 하드웨어분야는 세계 최고다. 하지만 이를 활용한 서비스 부가가치 창출은 꼴찌 수준이다. 국내 GDP에서 디지털 경제가 차지하는 비중을 봐도 알 수 있다. 16.9퍼센트로 조사 대상 12개국 가운데 중국 다음인 11위에 그친다. 미국의 디지털 경제 비중은 33.1퍼센트에 달한다. 통신 속도, 인터넷 인프라, 스마트폰 보급률 등 디지털 인프라는 앞서 있지만 이를 활용한 부가가치 생산성은 수준 이하인 것이다.

왜 그럴까? 디지털 인프라를 활용해 사회 각 부문의 모순과 문제를 해결하려는 국가 차원의 응집된 목표가 없기 때문이다. 그렇다면 4차 산업혁명의 테스트 베드 비전은 한국을 어떻게 바꿀 수 있을 것인가?

ICT 기반 미래 도시 벤치마킹 허브

오늘날 세계의 도시는 서로 차별화된 역할로 경쟁하고 있다. 타이완의 도시인 신주는 중화권에서 두 번째로 큰 첨단 전자제품 제조 허브이고, 브라질의 도시인 산타카타리나는 자동차 제조의 허브로 인식되고 있다. 국가 단위 경쟁에서 도시 단위 경쟁 시대로 바뀌고 있는 것이다.

4차 산업혁명의 급격한 기술 진보는 선진국이 아닌 신흥 개도국의 도시들이 선도할 것이다. 신흥 개도국의 경우 도시로 인구가 몰리고 인프라 수요가 급증하는 상황에서 4차 산업혁명의 신기술들이 새로운 인프라에 우선적으로 접목될 것이기 때문이다. 일례로 재래식 은행 지점이 부족한 아프리카 동부에는 모바일 뱅킹인 엠페사(M—PESA, 케냐의 통신사 사파리콤과 남아프리카공화국의 통신사 보다콤의 휴대전화를 이용한 비접촉식 결제, 송금, 소액 금융 등을 제공하는 서비스)가 먼저 시작되었다.

지금 신흥 개도국의 도시화에 K—스마트 시티가 표준 모델이 되고 있다. 세계 최고 수준의 정보통신기술을 스마트 시티에 접목하면서 신흥 개도국의 신도시 건설 롤 모델이 되고 있는 것이다. 캄보디아는 시아누크빌에, 쿠웨이트는 압둘라에 한국형 스마트 시티를 구축할 예정이다.

한국은 가장 최근에 산업화를 이룩한 국가로 현대식 도시화의 역사를 가지고 있는 몇 안 되는 국가 중 하나다. 수도 서울은 한류의 메카이자 국제적인 도시다. 모리재단의 도시전략연구소는 2016년 도시 경쟁력 순위를 발표했는데 경제, 연구 개발, 문화, 주거, 환경, 교통 등의 평가에서 서울을 런던, 뉴욕, 도쿄, 파리, 싱가포르에 이어 세계 6위로 선정했다. 도시국가인 싱가포르를 제외하고는 모두 현대식 도시로 발전한 역사가 서울과는 비교할 수 없을 정도로 길다. 그래서 상대적으로 짧은 현대식 도시화 역사를 가진 서울이 선진국의 오랜 역사를 가진 도시보다 신흥 개도국의 롤 모델 가능성이 훨씬 높다. 단기간에 도시 문제를 압축적으로 경험하고 풍부한 신도시 건설 경험, 가장 앞선 ICT 인프라를 가진 한국의 K—스마트 시티에 세계가 주목하는 이유다.

유엔 경제사회국은 2050년까지 세계의 도시 인구가 25억 명 정도 증가하고 이 중 90퍼센트는 아프리카와 아시아에서 나올 것으로 전망했다. 신흥 개도국의 도시는 급격한 성장에 따른 부작용을 최소화하기 위해 고민하면서 노하우를 전수할 파트너를 찾고 있다. 난(亂) 개발, 인프라 부족, 환경오염, 슬럼화 등 선진국 도시들의 시행착오를 벤치마킹해 같은 부작용을 피하려는 것이다. 이런 상황에서 당장 폭증하는 인구에 비해 턱없이 부족한 인프라를 극복해야 하는 신흥 개도국의 도시 입장에서는 수백 년에 걸쳐 발전해온 유럽의 도시들로부터는 실질적인 도움을 기대하기 힘들다. 반면 압축적인 성장을 이루며 부작용을 극복하기 위해 첨단 기술을 적극적으로 활용한 한국의 도시 성장 모델은 최적의 롤 모델로 보일 수 있다. 성공적인 산업단지와 도시 건설 경험은 최고의 자산이며 제대로 융합하면 독보적인 시너지를 발휘할 수 있다.

4차 산업혁명 신기술 상용화의 테스트 베드

교통 관리분야에서 앞서 있는 싱가포르, 스마트 그리드분야에서 앞서 있는 바르셀로나, 방범과 방재분야에서 앞서 있는 송도 등은 이미 세계의 벤치마킹 대상이 되고 있지만 모두 미완의 스마트 도시다. 이런 부분을 보완하는 K—스마트 시티의 목표는 의료, 교육, 교통, 문화, 제조, 관광, 서비스 등 제반분야에서 4차 산업혁명 신기술이 접목되고 상용화된 도시 인프라의 종합적인 디지털화다.

국토교통부는 세종, 동탄2, 판교, (평택의) 고덕 등 4개 신도시에 스마트 시티 특화단지를 구축한다. 한국은 이미 세계 최초로 도시 안의 사물들이 저전력과 저비용으로 서로 연결되는 저전력 장거리 전국망(LoRa: Long Range Wide—area network) 5G의 상용화를 추진 중이다. 전국 50여 개 도시에서 스마트 시티 실증과 첨단 기술 테스트 베드도 조성하고 있다. 2017년 다보스포럼은 제주도의 탄소 제로 프로젝트인 그린 빅뱅을 4차 산업혁명 시대 청정에너지와 전기자동차 교통의 모범 사례로 선정했다. 인천에 있는 길병원은 인공지능 왓슨을 암 진료에 활용하고 있고, 삼성서울병원은 3D 프린터로 환자의 뼈 모양을 만들어 수술 시뮬레이션에 활용 중이다. 365mc병원은 가상현실로 지방 흡입 수술을 시연한다.

4차 산업혁명 신기술을 접목한 의료 산업의 테스트 베드가 되면 한국은 세계의 의료관광 허브로 거듭날 것이다. 4차 산업혁명의 신기술을 누가 먼저 도입해 기존 서비스에 접목하느냐가 새로운 경쟁력이 되고 있다. 테스트 베드는 산업관광의 레버리지다. 미래형 도시와 한류는 국제기구를 끌어들여 한국을 허브로 만든다.

중국 진출을 위한 교두보

서울과 주요 도시를 4차 산업혁명 신기술 관련 부문별로 테스트 베드가 되도록 각종 규제를 풀어주고 남북관계를 안정적으로 유지하면 세계 최대 시장인 중국과 인접해 있는 한국에 외국 기업들의 투자가 급증할 것이다.

테스트 베드는 4차 산업혁명의 글로벌 선두 기업들을 유치하는 플랫폼으로 작용한다. 싱가포르는 스마트 네이션을 비전으로 내걸고 법인세도 17퍼센트로 낮추면서 지난 10년간 바이오 등 4차 산업 관련 글로벌 기업들을 7,000개나 유치했다. 싱가포르는 작년 8월부터 자율주행 택시를 시범 운영하고 있으며 두바이는 드론 택시를 시범 운행하고 있다. 허브국가의 지위를 지향하는 두 도시의 전략을 읽을 수 있는 사례다.

중국이 세계의 공장에서 세계의 시장으로 바뀌고 있다. 중국을 세계의 공장으로만 보면 우리에게 굉장한 위협이 되지만 세계의 시장으로 보면 엄청난 기회가 된다. 중국은 2030년까지 중산층이 10억명에 이르고 전 세계 중산층의 18퍼센트를 차지하게 될 것으로 예측되고 있다. 바야흐로 중국이 세계 시장의 중심이 되는 것이다. 특히 교육, 헬스케어, 엔터테인먼트 등의 고부가가치 서비스 산업이 급격히 성장하고 있다.

글로벌 기업이 봤을 때 한국은 세계 최대 시장인 중국에 진출하기 위한 교두보 시장으로서 최적의 조건을 갖추고 있다. 선진국의 기술은 한국의 강점인 양산 기술을 거치는 숙성단계를 통과해 중국으로 진출하는 교량 역할을 필요로 한다. 한국 시장에서 검증되고 실용화된 모델이라면 한류로 인해 그 확장성이 배가 된다. 한국이 테스트 베드 시장으로서 최적의 조건을 갖추고 있다는 의미다. 4차 산업혁명의 전초기지 역할을 가장 잘할 것으로 평가된다.

한국에 대한 외국 투자가 급증하고 국제 사회에 허브국가로서의 위상이 높아지면 그만큼 한국 안보에 취약점이었던 북한의 핵 위협도 무력화시킬 수 있다. 특히 북한에 절대적 영향력을 가진 중국의 자본과 기업을 더 많이 한국에 유치하면 효과는 배가 될 것이다. 한국이 신흥 개도국 기업들의 허브국가로 자리매김해 외국 기업의 투자가 확대되고 신흥 개도국을 상대로 하는 국제기구를 적극적으로 유치하면 한국의 안보는 저절로 강화된다. 북한이 국제 사회 전체를 상대로 핵 위협을 계속할 수는 없다.

허브⑤ 한류 매력의 산업국가 코리아, 지구촌 산업관광의 허브로

한국은 프랑스처럼 세계적인 문화유산을 가진 문화유산관광국, 그리스 로마처럼 고대 제국 흔적이 남아 있는 역사유적관광국, 뉴질랜드나 호주처럼 천혜의 풍광을 갖춘 자연경관관광국 등과 비교하면 관광 자원이 열세하지만 산업관광분야에서는 세계 그 어느 나라 못지않은 강점을 갖고 있다.

한국을 찾는 외국 관광객들은 꼭 경험해야 할 1순위로 서울지하철 승차를 꼽는다고 한다. 산업관광은 한국의 발전된 산업 및 도시 시스템, 그리고 그 속에서 미래의 라이프 스타일을 경험하는 것이다. 미국 마이클 무어 감독의 유럽 복지제도를 벤치마킹한 다큐멘터리는 사회 시스템의 롤 모델을 찾는 콘텐츠로 평가받는다. 우리 민족의 효(孝) 사상이 복지제도와 사회 시스템에 그대로 녹아 있는 경로당 운영 콘텐츠 등을 체계화시켜 OECD 자살률 최저, 노인 행

복지수 1위 등 복지정책의 모범 사례를 만들면 세계로부터 벤치마킹 대상이 될 수 있다.

시티넷은 아시아·태평양 지역의 도시들이 겪는 공통의 문제를 해결하고 지속 가능한 도시 발전을 모색하고자 설립된 국제기구다. 138개 도시가 회원으로 가입해 있고 서울에 본부가 있다. 한국이 압축 성장을 해오면서 겪고 해결한 도시 문제의 경험과 정책을 여러 회원 도시와 공유하는 것이 목적이다. 서울시는 인도네시아, 말레이시아 등에 교통카드 시스템, 버스 전용차로 등 대중교통 체계 선진화방안을 수출하고 있다. 도시 개발에 박차를 가하고 있는 개발도상국의 신도시에 한국 도시의 검증된 정책을 수출하는 것이다. 개도국뿐만이 아니다. 교통카드 한 장으로 버스, 지하철 등 대중교통 요금 지불이 가능한 한국식 지능형 교통 시스템이 뉴질랜드 웰링턴에도 도입된다. 북미나 유럽에 비해 한국은 환승과 거리병산제 등 복잡하지만 정교하면서 오류가 거의 없어 기술적으로 세계에서 가장 앞선 교통카드 선진국이다. 한국을 방문한 외국인들은 버스정류장이나 지하철역에서 다음 차량이 언제 도착할지를 실시간으로 알려주는 안내판 서비스를 보고는 감탄한다. 도시 전체에 깔린 초고속 인터넷망 덕분에 한강 수변공원에서도 배달 음식을 주문해서 먹을 수 있는 나라는 한국밖에 없다. 편리한 지하철, 빠른 택배 서비스 등 도시의 생활문화, 병원, 사회 시스템, 산업 시설, 변방국가에서 글로벌 기업으로 성장한 한국 기업들의 성장사를 보여주는 홍보관 등 신흥 개도국 관광객들이 한국에서 벤치마킹하고 배울 수 있는 요소들을 상품화시킨다면 모두 훌륭한 관광 자원이 된다. 1962년 한국 최초의 국가산업단지인 울산은 자동차, 조선, 석유화학, 비철금속분야에서 수십 년간 축적한 안전 기술에 ICT를 융합해 세계적인 산업도시로서 안전 재난 관리 시스템의 롤 모델 역할을 할 수 있다. 산업 안전도시의 롤 모델을 관광 상품으로 만드는 것이다.

아프리카, 동남아시아, 중남미 등 전 세계 개발도상국에서 새마을운동을 배우러 한국을 찾고 있다. 2016년 한 해만 해도 38개국에서 경기도 성남에 있는 새마을운동 중앙영수원을 찾았다. 참가자들의 공통된 소감은 "지역 사회를 발전시킬 새로운 에너지와 노하우를 습득하고 돌아간다"였다. 새마을운동은 개발도상국이 배우고 싶어 하는 경제 발전의 모델로 최고의 한류 상품이기도 하다. 은퇴한 공무원 중에는 신흥 개도국에 파견되어 기술과 경험을 전수하는 일로 인생 2막을 사는 사람이 많다. 신흥 개도국의 교통 정책 수립과 급행버스 운행체계 자문, IT 안내 시스템 도입, 도로·교통 유지 관리 기술, 인적 개발 정책 자문, 도시 개발 자문, 심지어 어린이 교통사고 줄이기 노하우까지 전수하고 있다. 한국의 압축 성장 경험 자체가 신흥 개도국의 교과서고 산업 관광 자원이다.

관광은 21세기를 대표하는 산업이다. 지구촌이 하나의 공동체가 되면서 가장 잠재력이 큰 미래 산업이기도 하다. 일본 청년들의 취업 선호 1순위는 제조업이 아닌 관광업이다. 관광 산업은 청년들의 미래 일자리 보고다.

한국이 제한된 내수를 키울 수 있는 유일한 길은 바로 관광객을 불러들이는 것이다. 하지만 아직 관광 산업의 잠재력을 충분히 살리지 못하고 있다. 자연환경이나 문화유산 측면에서 관광 자원의 부국은 아니지만 급성장한 산업국가로서 ICT 기반의 미래 도시, 한류가 접목된 미래 지향적 라이프 스타일이 차별화된 관광 콘텐츠가 될 수 있다.

미래의 관광은 교육적 가치 요소가 내재되어 있는 프로그램일 때 경쟁력 있고 지속 가능하다. 4차 산업혁명의 신기술 시범 교육장, 산업도시 신도시 롤 모델, 사회 운영 시스템 전반에 대한 벤치마킹 사례 등 산업 발전을 통해 축적한 경험 자산을 관광 콘텐츠로 개발하면 한국은 교육관광, 지식관광, 비즈니스 관광에 무한한 잠재력을 갖게 된다.

비즈니스 관광의 허브

벨기에에 본부를 둔 국제협회연합(UIA: Union of International Associations)의 발표에 따르면, 한국은 2016년 국제회의와 행사 981건을 유치해 미국 다음인 세계 2위를 기록했다. 2014년 기준으로 싱가포르는 비즈니스 관광객만 무려 320만 명에 달했다. 이 관광객들이 소비한 금액은 한화로 4조 원이 넘는 52억 싱달러에 이른다. 한국도 2015년 국제 비즈니스 행사로 유치한 관광객 수가 157만 명에 이르고 이에 따른 경제 효과도 5조 원을 상회한다. 한국이 비즈니스 관광 대국으로 자리매김할 수 있는 가능성을 입증하고 있는 사례다. 하지만 최근에는 국내 업체 간 저가 유치 출혈 경쟁으로 변질되고 있어 안타깝다.

한국이 친환경 에너지, 자율주행 자동차 등 4차 산업혁명 신산업의 연관 인프라가 완비된 테스트 베드 이미지를 선점한다면 문화 한류와 연계해 고부가가치 관광 허브로 거듭날 수 있다. MICE, 엑스포 등 단순히 비즈니스 이벤트 유치에 그치지 않고 한국 도시만이 가진 차별화된 벤치마킹 콘텐츠를 담아내면 고부가가치 관광 상품으로 발전시킬 수 있는 것이다.

지식관광과 교육관광의 최적지

2021년 제15차 세계산림총회(WFC: World Forestry Congress)가 서울에서 개최된다. FAO 주관으로 6년마다 열리는 세계산림총회는 산림 관련 지식과 경험을 공유하고 산림의 보존과 관리, 산림의 사회·경제·제도적 문제를 논의하는 최대 규모의 산림 국제회의다. '산림분야의 올림픽'으로 불린다. 이 회의를 통해 신흥 개도국들과 함께 산림 복원 경험을 나누고 녹색기후기금 등의 효과적인 방안을 이용해 산림 사업을 대대적으로 추진하면서 온실가스를 감축한 노하우 등을 공유한다.

대구는 2015년 제7차 세계물포럼(World Water Forum)을 개최한 이후, '대한민국 국제 물 주간'과 '세계 물 도시 포럼'을 창설하여 국제 물 이슈의 주도권을 확보하고 물분야의 국제 네트워크를 구축하는 등 글로벌 물 중심 도시로의 입지를 확대하고 있다.

의료 한류의 잠재력 역시 매우 높다. 매년 해외 의료진 1,000여 명이 연수를 목적으로 한국을 방문한다. 기초 의학은 아직 선진국에 뒤지지만 일반 수술과 검진, 미용 의료는 세계 최고 수준이다. 비용도 상대적으로 저렴하다. 뛰어난 의료 기술은 훌륭한 관광 자원이다. 한국보건산업진흥원의 의료 관광객 설문조사에 따르면, 조사 대상자의 87.8퍼센트가 한국 의료를 주변에 추천하고 싶다고 했다. 한국의 건강보험제도는 선진국인 미국에서도 벤치마킹할 정도다.

중국 기업들은 직원들을 단체로 한국에 보내 치맥(치킨과 맥주) 파티를 벌이기도 한다. 한 중국 보험사는 한국으로 수만 명 규모의 직원들을 단체 여행으로 보냈다. 단순히 쇼핑하고 즐기라는 목적이 아니다. 한국의 앞서 있는 생활문화를 경험하게 하고 직원들의 의식 수준을 올려주려는 동기가 숨겨져 있다. 중국의 지방정부는 도시에 대규모로 편입되는 농민공(農民工, 농촌을 떠나 도시에서 일하는 빈곤층 노동자로 신분은 농민이지만 실제로는 노동자의 역할을 하는 사람)에 대한 시민 교육의 필요성을 절감하고 있지만 마땅한 교육 콘텐츠를 찾지 못해 어려움을 겪고 있다. 이들에게 한국은 지식관광과 교육관광의 최적지가 될 수 있다.

미래 지향적 라이프 스타일을 경험하게 하자

2014년까지만 해도 한국을 찾는 외국 관광객은 1,420만 명, 일본을 찾는 외국 관광객은 1,341만 명으로 한국이 더 많았다. 하지만 2016년부터 일본은 외국 관광객 수가 2,400만 명으로 증가하며 한국을 큰 폭으로 앞서가고 있다. 한국이 일본보다 관광 자원이 더 우수하다고 할 수는 없지만 그래도 돌파구가 필요하다.

지구촌이 하나의 공동체로 진화하면서 새로운 라이프 스타일을 경험하고 싶어 하는 인구가 급증하고 있다. 유엔은 2030년까지 관광객이 18억 명으로 늘어날 것이라 전망했다. 한류로 길을 튼 한국으로 관광 오는 사람이 지속적으로 늘게 하려면 면세점에서 명품이나 사는 쇼핑관광이 아니라 한국만의 독특한 라이프 스타일을 경험할 수 있도록 해야 한다.

한국은 요우커(遊客, 한국을 방문하는 중국인 관광객) 1,000만 명 시대를 바라보고 있다. 아직까지는 요우커들이 단순히 쇼핑하고 보고 즐길 목적으로 한국을 방문하지만 장차 자국 내에서 경험해보지 못한, 해결하지 못한 사회 문제의 답을 찾고자 한국을 벤치마킹하려고 방문하게 될 것이다. 쇼핑이 아닌 라이프 스타일 체험관광으로의 전환이다.

중국도 10퍼센트대의 고성장 시대가 끝나고 중진국 소득 수준을 갖추게 되면서 성장기에 가려진 각종 사회 문제가 불거지고 있다. 이미 한국 사회가 수많은 시행착오를 통해 얻은 사회 운영 시스템 전반이 요우커에게 전해져 중국 사회가 같은 실수를 되풀이 하지 않고 발전할 수 있는 토대가 될 수 있다. 한국이 과거 개발 시대 때부터 주로 일본을 벤치마킹한 것과 마찬가지다.

한국을 벤치마킹하기 위해 찾아오는 중국인들에게 무엇을 보여 줄 것인가? 미래 1억 명에 이르게 될 요유커에게 한국이 제공할 수 있는 최고의 관광상품은 바로 자신의 생활을 업그레이드하는 데 영감을 주는 미래 지향적이고 선진적인 라이프 스타일이다. 또한 중국인 개인이 아닌 조직의 경우에는 중소기업, 대기업, 사회복지, 실업자 구체 대책 등을 벤치마킹하게 해주는 무한한 지식관광 산업과 교육 산업의 기회에 대해 준비해야 한다.

중국보다 한발 앞서 산업화를 겪은 한국이 사회분야 전반에 걸쳐 뉴 패러다임을 보여준다면 14억 중국인은 당연히 한국을 벤치마킹할 것이다. 그 과정에서 한국은 세계 최고의 지식관광국으로 거듭날 것이다. 중국을 단순히 경쟁 상대로 보는 과거의 패러다임에서 벗어나 중국이 부족한 것, 필요한 것을 찾아 지원하는 것이야말로 중국에서 기회를 찾아내는 새로운 관점이다.

허브 ⑥ 개발 시대에 최적화된 K—서비스, 속도와 효율의 디지털 서비스 허브로

개발 시대에 최적화된 서비스 허브

신흥 개도국에는 개발 시대의 환경에 맞춰 단기간에 급격하게 양적 수요 팽창을 효율적으로 수용하는 효율 중심의 한국식 서비스, 즉 K—서비스가 최적이다. 한국식 학교 운영, 한국식 병원 운영, 한국식 행정 제도 등 소위 '빨리빨리'로 대변되는 속도와 효율이 높은 한국식 서비스가 인기 있다는 말이다.

바레인은 한국의 건강보험 시스템(건강보험 심사평가)을 자국의 국가건강보험 시스템 개혁을 위해 155억 원에 수입했다. 하드웨어, 소프트웨어 구매 비용까지 포함하면 250억 원이 넘는다. 바레인은 영국, 덴마크 등 유럽과 일본 시스템을 검토했지만 한국의 시스템이 자국에 최적인 것으로 평가했다. 건강보험심사평가원은 현재 페루, 칠레, 콜롬비아, 인도네시아, 필리핀 등 모두 13개국에 건강보험 심사평가 시스템 관련 컨설팅을 진행하고 있다.

베트남 등 신흥 개도국 기준으로는 선진국의 교육 시스템보다 한국이 개발 시대에 구축한 교육 시스템을 더 선호한다. 오늘날 시대 흐름에 맞지 않는다며 개혁 대상으로 보는 한국식 교육 시스템이 신흥 개도국에서는 산업 현장에 꼭 필요한 표준 인재를 가장 효율적으로 양성해내는 교육 모델로 평가받고 있기 때문이다.

베트남은 2018년부터 한국식 대학수학능력시험을 전면 도입한다. 한강의 기적을 이룬 교육 시스템을 벤치마킹하는 것이다. 이와 함께 한국의 초·중·고 교과서 번역 사업을 정부 주도로 추진하고 있다. 첨단 산업을 육성하기 위한 교육과정도 KIST를 롤 모델로 하고 있을 정도다.

공공 서비스 벤치마킹 허브

한국이 압축 성장을 통해 얻은 산업화, 도시화, 사회 시스템 노하우는 신흥 개도국에 최적의 롤 모델이다. 안전 관리, 산업 육성, 복지제도 등 각종 사회 운영의 노하우는 한국의 귀중한 지적 자산이다. 한국의 병원, 교육, 유통 등 다양한 K—서비스분야를 체계화시키고 맥킨지와 같이 기업화시켜 컨설팅 사업을 펼칠 수도 있다. 신흥 개도국의 정부와 지자체가 주요 잠재 고객이다. 이미 기획재정부와 한국개발연구원은 공동으로 한국의 경제 발전 경험에 바탕을 둔 정책 연구, 자문, 교육 훈련 등을 실시하는 '경제 발전 경험 공유 사업' 프로그램을 개발해 신흥 개도국을 대상으로 국가 정책 자문을 하고 있다.

고부가가치를 지닌 컨설팅 사업은 교육 산업의 일부다. 한국은 신흥 개도국 컨설팅 시장에서 높은 경쟁우위를 갖고 있다. 신흥 개도국 시장에서만큼은 글로벌 컨설팅업체인 맥킨지, 보스턴컨설팅그룹 등을 뛰어넘는 컨설팅 기업을 배출할 수 있는 잠재력을 가진 국가가 바로 한국이다.

고도성장기의 산업화를 이끈 한국의 전략들, 외자 도입형 공업화 전략, 보세가공무역, 중화학공업, 수출제일주의, 울산공업단지, 수출자유지역, 종합상사제도 등은 국가적인 성장 동력이 되었다. 이 정책들을 오늘날의 신흥 개도국 상황에 맞게 재해석한다면 검증된 국가 정책으로 적용할 수 있다.

최단 기간 내에 복지제도를 완성해서 운영해본 경험을 활용해 선진국과 후발국 사이에 발생하는 복지 딜레마 해결을 위한 복지 컨설팅 사업도 좋은 기회다. 건강보험제도를 오만, 몽골 등의 신흥 개도국에 소개하면 병원 건설, 의료기기, 보건 의료 관련 정보기술 등 관련 인프라 수출로도 연결된다.

컨설팅 서비스 허브

한국 기업은 선진국과 신흥 개도국의 경계에 위치한 독특한 위상 때문에 교육과 컨설팅 서비스 사업에 기회가 많다. 중소기업은 개발도상국의 현지 업체와 제휴해서 관리 시스템, ERP(Enterprise Resources Planning, 전사적 자원 관리) 시스템, 기술 등 동일 업종에 대해 기업 운영 전반 컨설팅을 해주는 파트너십을 맺을 수 있다. 현지 업체와 경쟁하지 않으면서 서로 이익을 취할 수 있는 성장 전략이다. 최근 중국에 진출한 유통 및 호텔업계는 점포와 건물을 직접 확보하는 직접 투자방식에서 간접 진출방식으로 전략을 바꾸고 있다. 예를 들어 롯데호텔은 미얀마 양곤, 중국 옌타이, 러시아 사마라 등 현지 호텔의 위탁 경영, 백화점 위탁 경영, 브랜드 사용권 제공, 운영 노하우 전수, 상품 수출 등에 주력하고 있다. 현지 업체의 강점을 살리는 대신 현지 업체가 부족한 노하우를 한국 기업이 전수하는 형식의 합작 투자는 현지 업체와의 경쟁을 피하면서 위험 부담도 줄일 수 있다. 한국 기업이 신흥 개도국의 기업 경영 전반에 대한 컨설팅 서비스를 통해 허브 역할을 수행하는 사례다.

한국에 있는 기업 본사는 해외로 잉여 설비와 저부가 사업을 이전하는 대신, 세계 곳곳에 있는 신흥 개도국 사업장의 제품과 운영 역량을 업그레이드해주는 서비스 거점으로 진화할 수 있다. 고부가 상품 기획, 첨단 기술 연구, 경영 컨설팅, 교육 서비스 등의 역할이 그것이다. 중소기업의 기술이 첨단 기술이 아니라도 신흥 개도국에 수요가 있으면 기술 수출과 서비스 산업화가 가능해지는 것이다.

우리가 가진 기술과 시스템은 대부분 국내에서 개발되었다기보다는 선진국에서 들여와 짧은 기간 동안 국내에 적용해보면서 많은 시행착오를 겪으면서 숙성시킨 것들이다. 이들을 신흥 개도국에 공급하여 같은 시행착오를 반복하지 않게 해줄 책임이 산업화의 롤모델 국가인 우리 한국에 있다. K—서비스의 허브가 되는 것이 곧 한국판 디아스포라(Diaspora)이며 우리 국민이 해외로 진출하는 플랫폼이자 산업한류의 궁극적인 비전이다.

6대 허브 비전과 대기업의 역할

국제 사회 속에서 국가의 역할 변화는 자국 기업의 글로벌 사업 모델을 통해 구현된다. 국가 발전의 변곡점에 서 있는 한국이 21세기 지구촌의 허브국가로 변신하기 위해서는 먼저 새로운 성장 동력으로 물꼬를 틀 수 있는 기본 토대를 만들어야 한다. 한국만의 강점인 제조업 하드웨어와 한류의 소프트웨어를 결합한 신산업의 토대를 만드는 촉매 역할이 필요하다. 이때 그동안 국가 대표 선수로 키워온 대기업의 브랜드 신용과 글로벌 네트워크를 레버리지로 활용할 수 있다.

창업 이념의 지구촌 확산

이병철 회장의 창업 이념인 '사업보국(事業報國)'을 사례로 살펴

보자. 6·25 전쟁으로 모든 것을 잃고 헐벗은 국민들에게 가장 시급했던 사업보국은 무엇일까? 따뜻하게 입고 배부르게 먹는 의식주의 해결이었다. 제일제당과 제일모직이 탄생한 배경이다. 빈곤과 기아라는 급한 불을 끈 후, 국가에 가장 필요한 다음 산업은 무엇일까? 이병철 회장은 고민 끝에 소비재보다 부가가치가 높고 일자리를 많이 제공할 수 있는 중공업에 진출했다. 이처럼 이병철 회장은 시대 변화에 맞춰 사업보국의 창업 이념을 지속적으로 재해석해 신사업을 펼쳐왔다. 그의 창업 행적이 우리나라 산업화를 고스란히 반영하고 있다.

'개인이 아무리 부유해도 사회가 빈곤하면 개인의 행복을 보장받지 못한다. 나의 길은 사업보국에 있다.'

그의 사업보국 이념이 신사업에 지속적으로 뛰어들게 한 원동력이었다. 시대 변화에 따라 한국 사회가 필요로 하는, 그리고 국민에게 적합한 산업이 무엇인지 고민하면서 창업을 계속했다. 만약 사업보국의 창업 이념을 견지하지 않았다면 한두 개의 국내 1등 기업을 만드는 데 만족했을 것이고 위험을 무릅쓴 창업 릴레이는 일어나지 않았을 것이다. 실제 같은 시대에 창업에 나선 1세대 창업가가 많았지만 오늘날의 삼성그룹과 같이 거대한 기업군으로 성장시킨 예는 드물다.

대기업들은 이제 한국을 넘어 세계 시장에서 사업을 하고 있다. 제철보국(포스코), 건설보국(현대), 수송보국(한진), 고객 중심(LG)의 창업 이념을 오늘날에 구현한다면 어떤 사업을 펼쳐야 할까?

국가 경제 재도약과 대기업의 2차 도약은 하나다

이건희 회장은 취임할 때 '제2의 창업'을 선언하며 선대의 창업 이념인 '사업보국'을 세계로 확장시키면서 '인류 사회 공헌'으로 재해석했다. 삼성그룹이 국내에서 1등 기업이 된 것이 이병철 회장의 '사업보국'에 기인한다면 세계에서 1등 기업이 된 것은 이건희 회장의 '인류 사회 공헌'이라는 창업 이념 재해석에 뿌리를 두고 있다.

삼성그룹은 이제 글로벌 브랜드가 되었지만 인류 사회에 공헌한다는 약속을 실천함으로써 얻어지는 사랑받고 존경받는 브랜드 반열에는 아직 오르지 못했다. 반기업 정서는 무엇을 의미하는가? 삼성그룹의 창업 이념은 미완의 상태이고 그 숙제는 3대로 넘어갔다. 3대에 이른 삼성그룹이 사업보국의 창업 이념을 오늘에 되살려 재해석한다면 무슨 사업을 펼칠 수 있을까? 창업가 이병철 회장이 돈벌이 사업, 먹거리 사업을 찾은 게 아니라 항상 마음에 품었던 질문이 그러했듯이 '이 시대와 한국 사회, 나아가 지구촌이 가장 필요로 하는 것은 무엇일까?'를 생각한다면 어떤 사업 기회가 있을까? 글로벌 기업으로 성장한 삼성의 사업보국은 지구촌 모든 나라로 확산할 수 있다. 산업화를 추진하는 신흥 개도국 모든 나라가 사업보국의 대상이 되는 것이다.

국내의 청년 일자리 문제, 고용의 88퍼센트를 떠안고 있는 중소기업 문제, 양극화 문제, 교육 불평등 문제, 전통 산업의 구조 개혁 문제 등 사회의 어려운 문제일수록 국민은 힘 있는 대기업이 해결해주기를 바라고 희망한다. 대기업에 대한 국민의 기대와 실망감이 반기업 정서로 표출되고 있지 않은가? 한국의 주력 산업을 책임지고 있는 대기업들이 새로운 길을 열지 못하면 앞으로 중소기업은 더 어려워질 것이고 일자리 문제도 더 심각해지면서 반기업 정서 역시 날로 악화될 것이다. 사회가 재벌 대기업을 사회악으로 보는 한, 그 피해는 해당 기업은 물론이고 국가와 국민의 기회 손실로 고스란히 돌아온다.

한국의 경제 문제와 대기업의 재도약 문제는 결코 둘이 아니고 하나다. 대기업을 국가 재도약의 레버리지로 활용하지 못하면 결국 국민이 최대 피해자로 전락한다. 삼성그룹, 현대차그룹, LG그룹, SK그룹 등 한국을 대표하는 대기업들은 우리 사회의 최대 난제들을 어떤 사업으로 해결할 수 있을까?

국가 경제의 신성장 동력이 될 대기업의 제2 창업

오늘날 한국은 산업화의 변곡점인 중진국 함정에, 대기업은 주력 사업의 성장 변곡점에 서 있다. 반면 세계는 4차 산업혁명의 도래와 함께 생산 제조 경제에서 디지털 서비스 운용 경제로 빠르게 이동하고 있다. 국가는 하드 파워에서 소프트 파워로 변신해야 하고, 기업은 제조업에서 서비스 운용업으로 진화해야만 지속적인 성장이 가능하다. 그렇다면 누가 국가 산업을 신산업으로 탈바꿈시킬 역량을 가지고 있는가?

한국의 주력 산업별로 앵커 역할을 하는 대기업들은 현재 신산업 찾기에 골몰하고 있다. 주력인 제조업에서 새로운 사업 아이템으로 갈아타도 곧 중국과의 경쟁에 직면하게 되고 미래의 지속 가능성을 보장받을 수 없는 형국에 맞닥뜨리게 된다. 삼성그룹을 예로 들어 보자. 이건희 회장이 선언한 제2 창업은 양적 경영에서 질적 경영으로의 전환을 낳았지만 실질적으로 사업 내용이 바뀐 것은 아니다. 선대가 일으킨 사업을 잘 경영해 국내 제일의 기업을 글로벌 일류 기업으로 성장시킨 것이다. 오늘날 창업주가 일으킨 사업들이 모두 2대를 거치면서 성장의 변곡점에 이르렀다. 3대에 이르러서는 전자를 제외하고 관계사 대부분의 매출이 정체되고 수익성은 악화되고 있다. 지금이야말로 제2 창업이 필요한 시점이다. 새로운 창업으로 새로운 씨앗을 뿌리지 않으면 도태될 수밖에 없는 것이 모든 사업의 생명주기다.

　선대 이병철 회장은 시대마다 국가에 필요한 사업을 앞서가는 선진국에서 들여올 수 있었지만 이제 글로벌 기업으로 성장한 삼성이 신사업을 경쟁 사업에서 찾기는 쉽지 않다. 창업보다 수성이 어렵다는 말이 여기에서 나온다. 그 어느 때보다 3대에게 기업가정신이 요구되는 것이다. 4차 산업혁명의 융합 시대에 구글, 애플과 경쟁하는 삼성(그룹)의 힘은 개별 기업인 삼성전자가 아니라 59개 삼성그룹 관계사의 사업 포트폴리오다. 삼성그룹이 관계사의 강점과 역량을 살려 삼성만이 가장 잘할 수 있는 신사업 영역을 개척할 수는 없을까? 그리고 대표 기업 삼성의 신사업이 국가 신산업 생태계를 구축하는 데 기본 토대가 되게 할 수는 없을까?

▌신흥 개도국를 위한 맞춤형 산업화 플랫폼 사업

한국이 21세기 신흥 개도국의 허브로 거듭나기 위한 기본적인 사업은 기존 제조업의 강점을 활용한 신흥 개도국 대상 맞춤형 산업화 플랫폼 사업이다. 중소기업이 신흥 개도국으로 진출해 새로운 성장 기회를 얻으면서 국내 기업들이 4차 산업혁명에 대응해 고부가가치 신사업으로 변신을 꾀할 수 있는 출구이기도 하다.

삼성물산은 2010년부터 그룹 전체의 역량을 융합한 CM(Country Marketing) 사업을 펼쳐왔다. 관계사의 사업 포트폴리오와 기술을 한데 묶어 주로 신흥 개도국을 대상으로 국가 전체를 개발해주는 프로젝트다. 삼성물산의 자원 개발과 플랜트 건설, 삼성전자의 현지 생산 공장 투자 등을 모두 연계해 시너지를 내는 형태다. 삼성그룹은 예전부터 신흥 개도국의 맞춤형 산업화 사업에 최고의 경험과 노하우를 키워온 것이다.

삼성은 그룹 전체의 사업 포트폴리오뿐만 아니라 세계의 산업화 롤 모델인 한국의 자산과 역량을 모두 융합해 신흥 개도국을 위한 맞춤형 산업화 플랫폼 기업으로 진화할 수 있다. 최근에 합병한 그룹 관계사는 물론, 여타 관계사 및 협력업체, 국내 중소기업의 업종 포트폴리오를 모두 융합시켜 맞춤형 산업화 솔루션을 제공한다. 국내에서 1,000여 개 이상의 산업단지를 운영했던 경험을 살려 현지에 필요한 산업과 기술로 개성공단과 같은 한국 기업 전용 맞춤형 산업단지를 신흥 개도국에 조성한다. 공동 인프라와 판매망을 구축해 국내 중소기업들이 자유롭게 입주하고 제품을 생산해 새로운 성장 기회를 얻도록 한다. 또한 종합상사의 역량과 인프라 사업 노하우를 활용해 신흥 개도국의 경제 개발 관련 종합 컨설팅 사업도 추진할 수 있다. 이는 한국의 성장 기회 재점화를 위해 중소기업과 국민이 성장 시장으로 진출하는 길을 열어주는 것이다. 해외로 나가려는 중소기업과 그 중소기업의 기술이 필요한 신흥 개도국을 연결시켜주는 플랫폼 사업이 된다. 알리바바는 중국 내 중소 제조 기업에 해외 판로를 온라인으로 열어줘서 급성장한 플랫폼 기업이다.

삼성이 선두가 되어 신흥 개도국의 산업화를 지원하면 이는 지구촌의 균형 발전과 양극화 해소에 앞장서는 일이기도 하다. 창업 이념인 사업보국을 지구촌으로 확대시켜 실현하는 것이다. 또한 삼성은 국내 업종 문어발에서 지구촌 곳곳의 시장 문어발 기업으로 진화하게 된다. 산업화 파트너로 세계 각국에 토착화된 진정한 현지 기업으로 변신하는 것이다. 이렇게 해서 존경받는 (기업) 브랜드로 거듭나면 기존의 하드웨어 사업도 더욱 힘을 받는다. 명실상부하게 글로벌 초일류 기업으로 재도약하는 것이다.

▌맞춤형 디지털 교육 플랫폼 사업을 선점하라

2017년 2분기 삼성전자는 FANG[미국 IT업계를 선도하는 페이스북(Facebook), 아마존(Amazon), 넷플릭스(Netflix), 구글(Google) 등 4개 기업을 가리킴]의 수익을 합친 것보다 많은 수익을 거뒀다. 반도체의 대호황 덕분이기도 하다. 제조업의 최전성기를 보내고 있는지도 모른다.

삼성전자는 전자제품의 디지털화를 선점해 일본 업체들을 누르고 오늘의 위치에 올랐다. 그런데 삼성전자의 성공은 데이터가 중심이 되는 디지털 경제에도 지속 가능할까? 20세기 하드웨어 선도기업이었던 삼성전자가 시대 변화에 맞게 소프트웨어 기업으로 진화하려면 먼저 어떤 분야에서 데이터를 선점할 것인지를 결정해야 한다. 이는 우리의 강점인 하드웨어뿐만 아니라 약점인 소프트웨어 분야를 강화할 수 있는 토대다.

한국이 4차 산업혁명 시대에 살아남으려면 제조업 중심의 경제 체질을 개선해야 한다. 제조 중심의 중소기업을 소프트웨어 중심의 산업 생태계로 전환하려면 소프트웨어 산업의 앵커 역할을 할 플랫폼 개척이 절대적으로 필요하다. 삼성전자가 소프트웨어 플랫폼 기업으로 길을 열어줘야 한국에 새로운 소프트웨어 산업 생태계가 생겨난다. 삼성의 제2 창업과 한국의 경제 구조 체질 개선이 서로 맞물려 있다는 뜻이다. 제조업 전성 시대의 반도체에 이어 세계적인 소프트웨어 산업을 키울 수 있는 기회는 어디에 있는가?

제조 강국인 한국을 소프트웨어 강국으로 진화시킬 수 있는 유망 신산업분야는 한류를 레버리지로 활용한 사업이다. 21세기는 교육 혁명의 시대다. 개인별 맞춤형 교육, 100세 시대 평생 교육, 창의력 중심의 신개념 교육, 4차 산업혁명 재교육 수요 등 교육 시장이 폭발적으로 확대된다. 21세기 지식 산업 및 지구촌 교육 혁명을 선도

하는 디지털 교육 사업을 삼성이 선점해야 한다. 국부 창출의 1등 공신인 반도체를 이을 고부가 지식 IP 사업이 바로 맞춤형 디지털 교육 플랫폼 사업이다.

맞춤형 교육 플랫폼은 제조 강국인 한국이 소프트 강국으로 변신하기 위한 특화분야이자 제조 중심의 중소기업 생태계를 소프트웨어 중심의 중소기업 생태계로 변신시키기 위한 앵커 신산업이다.

4차 산업혁명기에 하드웨어와 소프트웨어의 적절한 조합이 가능한 분야가 바로 교육 혁신분야다. 이와 관련해 빅데이터의 관점에서 한번 보자. 산업을 불문하고 빅데이터는 미래 부가가치 창출의 최고 원천 자원으로 등장했다. 페이스북, 아마존, 구글과 같은 글로벌 IT 기업들이 검색, 전자상거래, 소셜, 클라우드 사업 등의 각 분야에서 빅데이터를 축적하며 후발주자들과의 격차를 확대해 가고 있다. 소수 선도 기업들이 빅데이터를 독점하면 후발주자들은 모두 이에 종속될 수밖에 없는 운명이다. 한국은 어느 분야에서 빅데이터를 선점할 것인가? 한류를 활용한 맞춤형 교육분야다.

삼성전자는 2012년부터 세계 72개국에 857개 스마트 스쿨을 운영하고 있다. 삼성전자의 스마트 스쿨은 재래식 학교를 대체할 멀티미디어 기반의 디지털 교육 환경의 플랫폼 사업으로 발전시킬 수 있다. 지구촌의 학교를 개인별 맞춤형 교육이 가능하도록 온라인 교육 환경으로 업그레이드시키는 일이다. 인공지능, 가상현실, 증강현실 등 4차 산업혁명의 신기술과 신개념 교육을 접목시켜 미래 교육 모델을 제시하고, 지구촌의 교육 불평등 및 국내 사교육비 문제를 해결하면서 근본적인 격차 해소에 앞장선다.

삼성전자는 멀티미디어 하드웨어 기술과 통신 네트워크 기술을 활용해 글로벌 에듀테크 플랫폼 기업으로 진화할 수 있다. 스마트폰, 텔레비전, 컴퓨터 등 삼성전자의 최대 강점인 멀티미디어 통신 기기를 어떤 서비스 플랫폼으로 활용할 것이냐에 대한 답이다.

기존의 강점인 디바이스와 네트워크 사업에 플랫폼과 콘텐츠를 추가해 ICT 생태계 CPND(콘텐츠, 플랫폼, 네트워크, 디바이스)를 완성한다. 그리고 전통적인 하드웨어 제조 기업에서 지식 서비스의 소프트웨어 기업으로 변신하고 진화한다. 구글은 검색 엔진 플랫폼, 페이스북은 SNS 플랫폼, 아마존과 알리바바는 이커머스 플랫폼으로 세계를 장악하고 있다. 삼성전자는 무슨 플랫폼으로 글로벌 IT 선두 주자들과 경쟁할 것인가? 하드웨어 강자인 삼성전자가 소프트웨어분야로 영역을 확대할 수 있는 길은 바로 디지털 교육 플랫폼을 선점하는 일이다. 국내외 유수 교육 기업과 제휴하고 한국 사교육 인프라를 활용해 개인별 맞춤형 교육(전용 포털) 플랫폼을 구축하는 것이다.

또한 삼성전자는 청소년 코딩 교육을 위해 삼성전자주니어소프트웨어아카데미를 운영하고 있다. 이를 디지털 교육 플랫폼의 핵심 부가가치가 될 신개념 디지털 교육 콘텐츠 개발 사업으로 발전시킬 수 있다. 교육 콘텐츠는 고품격 한류의 정수이자 지속 가능한 IP다. 신개념 디지털 교육 콘텐츠는 반도체 못지않은 고부가가치 산업이다.

나라가 어려운데 우리 국민이 다시 희망을 갖고 국가 경제가 다시 살아날 수 있도록 대표 기업 삼성이 역할을 해야 한다. 삼성뿐만이 아니다. 현대차, SK, LG, 한화, 포스코, CJ, 롯데 등 한국의 30대 그룹사는 각자 강점을 살릴 수 있는 산업한류 7대 사업을 선정해 제2 창업에 나섬으로써 우리 사회의 난제 해결에 앞장설 수 있다. 삼성이 앞의 2가지 사업을 중심에 둔 제2 창업에 나선다면 국가 신산업 구축에 촉매 역할을 함으로써 국가 경제 재도약에 크게 기여하고 국제 사회에서 존경받는 브랜드로 자리매김할 수 있을 것이다. 비로소 반기업 정서도 해소하고 국민에게 신뢰받는 진정한 국민 기업 '뉴 삼성'으로 거듭나 2차 도약의 새로운 성장곡선을 그리게 될 것이다.

한국의 선택은 왜 이 길밖에 없는가?

책을 마무리하면서 산업한류가 왜 한국의 외길 솔루션인지를 다시 한 번 짚어보고자 한다. 지금 시대는 국가, 기업, 국민에게 마땅히 해야 할 역할을 하라고 채근하고 있다. 국제 사회의 원조에 힘입어 무역 강국으로 성장했는데도 아직 빚을 갚지 않은 국가에는 미국, 중국 등 강대국의 보호 무역과 남북관계 긴장 확대로, 성장기에 국민에게 진 빚을 갚지 않은 재벌에게는 반기업 정서와 총수 구속으로, 그리고 국민에게는 부채 압박으로 새로운 역할을 빨리 찾으라는 죽비를 내리치고 있다.

전쟁에 승리하려면 천시(天時, 기회), 지리(地理, 환경과 지리적 요건), 인화(人和, 화합)의 3대 조건이 갖춰져야 한다고 했다. 산업한류는 지금 바로 3대 조건을 모두 갖춘 타이밍을 맞고 있다. 시대적으로 보호 무역과 양극화 문제는 지구촌의 균형 발전을 요구하고 있고, 한국은 발전 수준이 선진국과 신흥 개도국의 가교 위치에 도달해 있으며 그 어느 때보다 한류가 세계를 향해 뻗어 나가고 있다. 또한 심각한 취업난을 겪는 청년 세대와 명퇴한 베이비 붐 세대가 새로운 일자리를 찾고 있다. 언제 우리 정부와 기업이 국책 사업으로 산업한류를 추진하게 될지 아직은 불확실하지만 반드시 그날이 올 것이라 믿는다. 필자와 동료들은 그날을 하루라도 앞당기기 위해 정책 제안을 계속할 것이다.

'산업한류'는 지구촌과 한국의 문제를 동시에 해결할 수 있는 유일한 해결책이자 다음과 같은 플랫폼이다.

- 한국이 산업화과정에서 겪은 시행착오를 반영해 부작용을 최소화하며 신흥 개도국의 산업화를 지원하고 기아의 뿌리인 빈곤을 원천적으로 해결할 수 있는 국가별 맞춤형 산업화 플랫폼.
- 한국만의 강점을 활용해 국제 사회에 기여할 수 있는 차별화된 해외 사업(수출) 플랫폼.
- 현지는 물론 국내 인력에게도 대규모 일자리를 제공하는 일자리 창출 플랫폼.
- 성장 정체에 빠진 국내 중소기업을 그룹으로 묶어 신흥 개도국에 진출시키는 중소기업 살리기 플랫폼.
- 지구촌에 산업한류를 일으켜 한국이 선진국과 후발국을 잇는 글로벌 허브국가로 우뚝 서고, 국가 발전 모델의 희망이

되게 하는 국가 비전 플랫폼.

지금 우리 사회가 당면한 난제들을 어떻게 해결할 것인지, 그 실마리를 산업한류 관점에서 다시 한 번 정리해 보자.

'잘 살아보세', '1등 하자', 그다음으로 21세기 우리 국민이 함께 바라볼 국가 비전이 없다. 비전 부재가 한국 사회에 갈등이 증폭되는 근본 원인이다. 국가의 비전은 국제 사회 속에서 어떤 역할로 어떻게 기여할 것이냐 하는 것이다. 우리만의 강점으로 차별화된 역할이어야 자국민은 물론 세계 시민으로부터도 인정받을 수 있다. 그래서 '창조 경제'나 '문화 대국'이 국가의 비전이 될 수 없다.

국가 발전 변곡점에 서 있는 한국의 경우에는 국가 경제 재도약 전략과 사회 통합 비전을 누가 갖고 나오느냐가 국가 리더십의 최대 책무다. 산업한류는 한국의 '21세기 대국굴기 비전 플랫폼'이다.

선(先)국가 일자리, 후(後)청년 일자리여야 한다. 작금의 저성장은 국제 사회 속에서 한국이 역할을 잃어가고 있다는 의미다. 제조 중심의 주력 산업 노후화와 경쟁력 저하가 그 원인이다. 그래서 한국의 역할을 어떻게 진화시키느냐가 관건이다. 캐치 업과 카피 캣(Copycat, 독창적이지 않고 남을 모방하는 사람이나 기업 또는 제품) 전략으로 중진국까지는 올라갈 수 있지만 진정한 선진국이 되려면 타국과의 경쟁이 아닌 독보적인 역할을 찾아야 한다.

한국이 10여 년간 국민 소득 2만 달러대의 중진국 함정에 빠져 있고, 일본이 잃어버린 20년을 보내고 있는 것은 모두 국제 사회 속에서 국가의 일자리를 잃은 결과다.

지구촌은 오늘날 저성장을 탈출하기 위해 신흥 개도국의 잠재 수요 개발, 빈곤 퇴치와 양극화 해소를 위한 극빈국의 일자리 창출형 산업화, 기후 변화 대응을 위한 제조 산업의 지역별 균형 안배 등의 시대적 과제를 안고 있다. 특히 신흥 개도국은 기술 전수, 일자리 창출, 산업 발전을 원하고 있는데 과연 해법이 없는 걸까? 이런 상황에서 한국의 압축 성장 노하우가 담겨 있는 다양한 업종과 기술로 신흥 개도국의 경제 발전단계에 맞게 맞춤형 산업단지를 조성해주는 일이야말로 '한국 수출의 뉴 패러다임'이자 시대가 주는 시장 기회다. 결국 우리가 가장 잘할 수 있는 새 역할은 우리의 강점을 살리는 분야에 집중하는 것이다. 과거의 역할을 토대로 진화한 형태이지 새로운 무언가가 아니다. 이처럼 산업한류는 대한민국이 선진국으로 도약하기 위한 지구촌의 '새로운 국가 일자리 플랫폼'이다.

한국의 인구 밀도는 OECD 국가 중 최고이며 대졸 인력 비중은 세계에서 가장 높다. 청년층의 "헬조선!"이라는 비관은 좁은 내수 시장에서 제한된 일자리를 두고 과열 경쟁, 출혈 경쟁을 벌여야 하는 현실에 대한 절규다. 한국은 자원이 없는 상태에서 인재만 키워왔고, 인재만이 유일한 경쟁력이다. 국내 시장을 떠나 글로벌 시장으로 이러한 인재가 진출할 수 있도록 플랫폼을 열어주는 것이 일자리 창출의 근본적인 처방이다.

국내 일자리만 바라본다면 미래는 없다. 외국인 노동자가 차지한 저임금 단순직 일자리를 단군 이래 가장 우수하다는 우리 청년들

중 그 누가 원하겠는가? 임시직, 일자리 나누기, 파트 타임제 등의 임시변통 일자리에 청년들을 내몰 수는 없지 않은가? 청년들의 역량과 수준에 맞는 일자리를 만들어야 한다. 산업한류는 일자리 창출의 가장 직접적인 방법이자 국내의 '청년 인재를 해외로 진출시키는 플랫폼'이다.

이미 우리 경제는 내수 성장만으로는 수출 감소를 만회할 수 없는 구조를 가지고 있다. 2015년 세계은행에 따르면, 한국 경제의 해외 시장 의존도에서 무역 비중이 GDP의 84.8퍼센트에 이른다. 수출이 GDP에 기여하는 비중은 60퍼센트에 달한다. 하지만 경제 규모는 세계 GDP의 2퍼센트에도 미치지 못하는 소규모 개방 경제다. GDP 대비 무역(수출입액) 의존도가 미국 28.1퍼센트, 일본 36.8퍼센트, 중국 41.2퍼센트 등과는 비교할 수 없을 정도로 높다.

내수의 힘만으로는 버틸 수 없는 경제구조다. 일부에서 내수 확장 정책을 주장하고 있으나 효과는 의문이다. 수출이 1퍼센트 떨어지면 경제 성장률은 0.2퍼센트가 하락할 정도로 해외 시장 의존도가 절대적이다(현대경제연구원 자료 참조). 반도체 등 일부 품목을 제외하고는 주력 산업 대부분에서 수출이 역성장을 보이고 있다. 수출 증가 없이는 성장은커녕 현재의 GDP 수준을 유지하기도 어렵다.

문제는 줄어드는 수출을 만회할 정도로 내수를 키우는 데 시장 규모상 한계가 있다는 것이다. 지난 대선 때 모 캠프의 한 인사가 "수출로 끌어가는 경제 엔진을 민간 소비로 끌어가는 엔진으로 바꿔야 한다"라고 주장했다. 현실을 모르는 소리다. 내수 부양 정책은 곧 부채 증가를 가져온다. 수출로 벌어들인 돈이 내수 시장을 키워 온 소득 경로를 이해한다면 해외 시장에서 소득을 창출한 다음, 내수를 부양하는 식의 성장 전략이 불가피하다는 점에 공감할 것이다. 내수 시장 규모가 우리보다 3배 큰 일본조차도 내수 중심 경제로는 더 이상 성장하지 못하고 겨우 유지하고 있는 정도다. 지금의 2퍼센트대 성장률도 빚에 의한 착시일 뿐 이미 제로 성장에 가깝다.

한국은 FTA 기준으로 세계 경제 영토가 2위인 국가다. 인구 40억 명에 세계 GDP 70퍼센트를 점하는 50조 달러의 시장을 확보하고 있다. 정권에 상관없이 경제 영토를 지속적으로 확장해온 것도 내수 한계에 공감하기 때문이다. 앞으로 국민 소득 4만 달러, 5만 달러대로 성장하려면 돌파구는 해외 시장 밖에 없다. 아직도 국내에 답이 있다고 보는가?

국민 고용의 88퍼센트를 담당하는 중소기업이 국내에서 더 성장할 길은 없다. 한국 경제의 몸통이 되는 산업의 경쟁력을 보자. 몸통은 주력 산업과 중소기업, 제조업과 수출이다. 매출의 87퍼센트를 내수 시장에 의존하는 중소기업은 성장 한계에다 비용 압박 가중으로 줄도산 위기에 처해 있다. 그리고 덩치 큰 개구리가 좁은 우물 안에서 서로 밀쳐 내기 경쟁을 하듯 과잉 경쟁을 하고 있다.

내수는 포화 상태다. 수출로 벌어들인 소득으로 키운 내수 시장은 수출이 축소되는 한, 더 이상 성장할 여지는 제한적이다. 그래서 중소기업이 해외로 나가지 않고는 공멸할 수밖에 없다. 밖으로 내보낼 업종을 국내에 붙들고 있는 것은 산업 구조조정을 지연시켜 장기적으로 국가 경쟁력 저하를 초래한다. 그래서 산업한류를 '중소기업을 대규모로 해외로 진출시키는 플랫폼'으로 활용해야 한다.

대체 산업으로 4차 산업혁명의 신산업, 창조 경제의 벤처 창업을 키우는 것보다 기존 몸통 산업이 망가지는 속도가 훨씬 더 빠르다. 또한 트럼프 대통령 취임으로 미국을 위시한 선진국들의 보호 무역이 강화되면 주력 산업이 의존하고 있는 수출은 더 가파른 속도로 축소될 수 있다. 대기업의 경쟁력 악화는 협력업체로 전가되어 양극화는 더 심화될 수밖에 없다. 원가 경쟁력이나 시장 규모 모두 국내만 봐서는 비전이 없다. 기존 사업의 경쟁력을 유지하려면 중국과의 경쟁력 차이를 유지해야 한다. 이를 위해서는 신흥 개도국과의 협업이 불가피하다.

보호 무역이 새로운 수출 패러다임을 요구하고 있다. 글로벌 무역도 세계 산업화의 변곡점을 맞아 예전과 같은 증가는 불가능하다. 무역 규모 세계 8위지만 13개 주력 품목 중 12개 관련 수출이 축소되고 있다. 58년 만에 2년 연속 '마이너스 수출(2015~2016년)'을 보였다. 반도체 등 일부 품목은 성장세를 보이고 있지만 주력 산업 대부분은 역성장이다. '다른 수출 효자 품목을 찾아야 한다', '대기업 일변도의 수출 대신 중소기업 수출을 육성해야 한다', '환경 및 에너지 산업 등 새로운 수출 블루 오션을 찾아야 한다' 등의 처방이 나오고 있지만 현실성은 적어 보인다. 수출 대책은 미시적인 대책도 중요하지만 좀 더 큰 틀에서 접근을 달리하는 새로운 수출 패러다임을 찾아야 한다.

왜 '보호무역주의'가 다시 나타났는가? 글로벌 저성장으로 각국에서 일자리 문제가 심각해지자 무역 상대국에 화살을 돌리는 것이다. 제조우위의 단품 수출에서 상대국이 필요로 하는 방식으로 바꾸라는 요구다. 국내가 어려우니 해외 시장으로 나가야 한다는 당위나 구호만 갖고서는 안 된다. 실패하지 않는 해외 진출, 한국 기업의 수출 모델 3.0이 필요하며 이것이 바로 산업한류다. 산업한류는 단품 수출이 아니라 현지에 일자리와 기술 전수, 맞춤형 산업화를 지원하는 한국 기업의 차별화된 '솔루션 수출 플랫폼'이다. 보호 무역이 득세하지만 내수의 과잉 설비를 활용해 신흥 시장에서 장기적인 성장 기회를 발굴하면서 수출 한계를 극복할 수 있는 21세기 한국 무역의 뉴 패러다임이다.

한·중·일은 지금 구조 개혁 전쟁 중이다. 한국의 차별화 전략은 무엇인가? 누가 먼저 구조 개혁에 성공하느냐에 따라 3국간 글로벌 가치 사슬이 바뀐다. 우리 기업들이 부채에 못 이겨 한·중·일 구조 개혁의 전쟁에서 패하면 중국과 일본 기업의 하청업체로 전락할 수도 있다.

중국은 정부 주도로 국영 기업 중심의 통폐합을 강력하게 추진하고 있다. '제조 강국 2025'를 기치로 내걸고 선진 제조 기술을 인수 및 합병으로 흡수하고 있다. 제조업으로 중국과 경쟁할 수 있는 시간이 얼마 남지 않았다. 일본 정부도 기업 간 합종연횡을 활발히 유도하고 있다. 일본의 내수 기업들이 해외로 나가지 못하면서 국내 갈라파고스로 지난 20년을 잃어버린 것을 깨달았기 때문이다.

저부가 업종의 과잉 설비는 해외로 이전해 출혈 경쟁을 줄여줘야 국내 기업도 숨통이 트이고 4차 산업혁명에 대비할 여력이 생긴다. 벤처 창업, 대체 상품(화장품 등), 서비스업 활성화, 내수 의존도 확대 등 저성장 관련 대책은 모두 다 좋다. 하지만 한국 경제의 몸통인 주력 산업과 중소기업, 제조업과 수출을 살리는 대책이 없으면 온 국민을 먹여 살리는 데 한계가 있다. 70퍼센트대 가동률을 보이고 있는 국내 부실 기업 구조조정도 과잉 설비와 잉여 인력에 대한 출구가 있을 때 가속화될 수 있다. 신흥국은 과잉 생산 설비를 이전할 수 있는 출구다. 산업한류는 몸통 산업의 구조 개혁에 출구를 제공해 속도를 올려주고 살려내는 '한국형 구조 개혁 플랫폼'이다.

서비스 산업을 키우려면 역설적으로 제조를 비워야 한다. 제조업 중심의 한국 경제는 4차 산업혁명의 신기술을 접목한 고부가 서비스 산업으로 전환해야 한다. 이 좁은 땅에서 세계 7~8위의 무역에 필요한 제품을 생산하고 있으며 1,000개 이상의 공단을 갖고 있다. 전 국토가 공장이나 다름없다. 압축 성장과 산업화를 위해 불가피한 선택이지만 이제 공장국가를 벗어날 때가 되지 않았는가.

미세먼지 관련해서 중국의 영향이 크지만 국내에서도 공장 수를 줄이는 등 환경을 한 단계 업그레이드하는 작업이 필요하다. 역설적으로 제조업종이 줄어들어야 서비스업 육성도 가능하다. 서비스 산업을 키우려면 글로벌화를 목표로 해야 하며 이를 위해 제조업종이 먼저 신흥 개도국에 진출해 거점을 구축해야 한다. 그래야 서비스업 진출에 교두보가 생긴다.

신흥 개도국은 개발 시대에 적합한 한국식 서비스 수요가 높다. 한국의 강점인 제조가 현지에 진출해 전진기지 역할을 수행하면 유통, 병원, 교육, 안전, 법무 등의 서비스업이 진출할 수 있는 길이 열린다. 베트남 사례가 대표적이다. 이때 산업한류는 '서비스 산업을 글로벌화시키는 플랫폼'으로 작용할 수 있다.

한국은 경제 규모에 걸맞은 국격과 국제적 위상을 갖추지 못했다. 국격이 진정한 국력인 시대다. 지구촌은 국가 호감도 경쟁을 하고 있다. 국제 사회의 호감과 지지를 얻는 것은 그 자체로 국가 자산이다. 국가에 대한 호감도는 한 국가의 투자, 관광, 무역, 문화, 외교 활동에 결정적인 영향을 미친다. 최중경 전 지식경제부 장관은 저서에서 '선진국 눈에는 한국이 벼락부자가 된 촌놈' 정도로 비춰진다고 했다. '국제 정치에서 한국의 자리는 없었다'라는 어느 외교 인사의 고백이 이를 뒷받침한다. 한국 외교의 한계를 절감한 것이다.

국제 사회에서 한국은 아직도 강대국은커녕 중견국가도 아니다. 한국의 경제 규모에 비해 국제적 위상은 따라가지 못하는 것이 사실 아닌가? 지금 상황을 객관적으로 인식하고, 경제 규모에 걸맞게 국격을 갖추는 일은 바로 국력 신장과 직결된다. 국격을 높이면 자연스럽게 한국 제품의 경쟁력도 올라간다.

북한 핵을 어떻게 해결할 것인가? 이에 대한 대응으로 내부 갈등이 커지고 동맹국과의 갈등도 확대되고 있다. 우리 스스로 평화를 기획하고 결정하는 주도권을 행사하지 못하는 게 현실이다. 우리 운명을 주도하기 위한 글로벌 네트워크와 영향력을 이 정도로밖에 키우지 못했나 하는 자성이 요즘 우리 사회를 뒤흔들고 있다. 우리에게는 한반도 문제를 해결할 힘이 아직 없다. '통일 대박론'이든, '한반도 운전자론'이든 우리가 상응하는 영향력을 갖추지 못했다면 모두 주변국의 웃음거리가 될 뿐이다.

한국은 통일을 주도할 국력을 아직 갖추지 못했음을 인식하는 것이 우선이다. 북한의 핵 위협, 강대국의 압박으로부터 우리를 지켜낼 수 있는 힘의 본질은 무엇인가? 핵무장인가? 한미 동맹 강화인가? 아니다. 국제 신용이다.

국제 사회에서 힘의 구도를 우리 국익에 맞게 끌어내려면 국제 신용이 선결 요건이다. 한반도는 미국과 중국 간의 갈등 구도 속에 종속 변수의 운명을 타고 났다. 주변 강국에 대해 우리 목소리를 키우려면 외교관계의 다변화가 필수다. 아무리 강대국이라 해도 많은 국가와 독자적인 협력 네트워크를 갖고 있다면 한국을 무시하기가 쉽지 않다. 한국이 이 상황을 벗어날 수 있는 길은 오직 국제 신용을 확보해 국제 사회 영향력을 키우는 길밖에 없다. 이러한 때에 산업한류는 국제 사회에 한국의 영향력을 올리도록 하는 '국제 사회의 선(先)신용 확보 플랫폼'으로 작용할 수 있다.

절대 빈국에서 성공 모델로 자리 잡은 한국이 가장 효과적으로 국제 사회에 신용을 쌓는 길은 지구촌에 공헌하는 것이다. 국제 사회의 골칫거리인 빈곤국의 기아 퇴치는 한국이 가진 자산으로 가장 잘할 수 있는 역할이다. 지구촌 산업한류의 첫 단추로 인류 기아 퇴치를 명분으로 삼는다. 한국이 인류의 숙원과제인 기아 퇴치에 성공한다면 국격과 국제 신용이 올라가서 남북통일에도 크게 기여할 것이다.

범국가적 융합 없이는 지금의 복합 위기를 기회로 바꿀 수 없다. 중소기업은 판로 및 자금, 규모의 영세로 독자적인 해외 진출이 어렵다. 대기업은 신흥 개도국이 필요로 하는 중소기업 업종이 없고 투자 회수의 장기성에 따른 위험이 있어 국가 차원의 보호막을 필요로 한다. 청년층은 해외로 나가고 싶은데 혼자서 취업 기회를 찾을 방법은 제한적이다. 장년층은 100세 시대에 2막 취업이 절대적으로 필요하나 자영업 외에는 기회가 없다.

각개전투로는 해외 진출에 많은 어려움과 위험 요인을 갖고 있다. 그래서 최근 시대의 흐름은 융합으로 가고 있다. 이때 산업한류는 사회 각자의 약점을 융합하여 차별화 자산으로 변화시키는 '범국가 융합 솔루션 플랫폼'의 역할을 할 것이다.

모든 문제가 연결된 초연결 사회는 각자 처방으로는 해결이 불가능하다. 산업한류라는 하나의 해법으로 어떻게 모든 문제를 해결할 수 있다고 보는지 회의를 갖는 사람들이 있다. 오늘날 우리 사회는 초연결 사회다. 고도로 진화된 사회구조는 모든 문제가 서로 연결되어 발생하므로 부처별, 기능별 처방으로는 문제 해결이 불가능하다. 양극화, 일자리 창출, 중소기업 문제, 복지 이슈가 따로따로 발생하는 것이 아니라 모두 연결되어 있다는 뜻이다. '성장이냐?', '분배냐?'의 이분법적 접근이 아니라 모든 문제를 하나로 꿰는 토털 솔루션의 한 방이 필요하다.

성장 기회의 불평등이 양극화의 근본 원인, 기회 제공 없이는 격차 해소가 불가능하다. 양극화의 원류는 대기업의 탐욕에 앞서 산업 경쟁력 노후화다. 내수가 성장기에 있을 때는 중소기업에도 성장 기회가 많았지만 성장이 정체된 경제 성숙기에는 대기업이 상대적으로 제한된 시장 기회를 차지할 수밖에 없다. 납품살이 중소기업(한국 산업 생태계상의 문제), 동반 성장(초과 이익 공유제 등), 경제 민주화, 공정 성장, 기업 소득의 환류 세제 등은 모두 양극화 해소를 위한 정책들이다. 문제의 근원인 성장 기회의 불평등은 그냥 놔두고 공정 분배에서만 답을 찾고 있다. 원류는 그대로 두고 하류에서 수질 개선에 매달리고 있는 형국이다.

격차 해소의 경우 중소기업이 함께 성장할 수 있는 기회를 찾는 것이 우선이다. 중소기업 업종 대부분은 신흥 개도국 시장에서 보면 아직도 성장기에 있다. 국가와 국민이 함께 키운 대기업의 글로벌 역량을 활용해서 중소기업에 성장 기회를 열어주는 것이 진정한 동반 성장이다. 규제를 통한 경제 민주화가 아니라 동반 성장 기회를 제공하는 것이 양극화 해결의 본질이다. 이 과정에서 산업한류는 양극화 해소를 위한 대기업과 중소기업 간의 '동반 성장 플랫폼'이 될 수 있다.

투자할 곳을 찾지 못한 부동자금이 사회에 넘쳐나고 있다. 투자처를 찾지 못해 떠돌아다니는 단기 부동자금이 1,000조 원에 이르지만 실물 경제의 회복과는 거리가 멀다. 넘쳐 나는 자금이 소비와 투자로 흘러가지 않고 대기성 자금으로 머물러 있다. 이제는 개발 시대

때와는 다른 새로운 패러다임의 민관협업으로 정부와 대기업이 중소기업에 성장 기회를 마련해줘야 한다. 싱가포르와 같은 기업가형 국가로 변신해 국가 차원의 성장 기회를 개발하고 육성해야 한다. 이 과정에서 산업한류는 '민관협업의 새로운 플랫폼'이 될 수 있다.

왜 경제 민주화가 아닌 산업한류인가? 양극화 해소가 우리 사회의 시대정신이 되었다. 경제 민주화를 직설하면, 재벌을 규제하여 제한된 국내 시장에서 중소기업에 기회를 더 많이 나눠 주고 재벌에 쌓인 부는 나눠 쓰자는 것이다. 반면 산업한류는 글로벌 네트워크를 가진 대기업을 활용해 신흥 시장에서 중소기업에 성장 기회를 찾아 주고 대기업에 쌓인 부는 중소기업의 해외 진출, 국가 신산업 창출을 위한 제2 창업의 투자자금으로 투입하여 국가 경제의 재도약을 이루고 양극화를 해소하자는 것이다. 이러한 산업한류가 한국의 해법, 국가 비전의 화두가 되어야 한다.

외환위기 이후 20년 동안 신성장 동력을 얻기 위해 노력했으나 별 성과가 없는 것은 실정에 맞지 않는 정책을 계속 이름만 바꿔서 반복했기 때문이다. 지식 경제, 혁신 경제, 창조 경제 등 모두 성공을 거두지 못했다. 양극화 해소, 중소기업 살리기, 신성장 동력 창출, 청년 일자리 등 당면 문제들의 뿌리는 모두 둘이 아니고 하나다. 지난 15~20년간 대증요법적인 단기 경기 부양만 반복하면서 과잉 투자, 과잉 부채의 부작용만 쌓인 것이다.

*   *   *

산업한류는 유효한 시간이 정해진 프로젝트다. 오늘날 한국은 사면초가의 경제 위기에 직면해 있다. 외부적으로는 경제의 중국 의존도가 안보를 위협하고 미국의 보호 무역이 수출 주도 경제에 제동을 걸고 있다. 내부적으로는 반기업 정서가 초래한 재벌 개혁이 산업계 전체의 기회 손실을 초래하고 있다. 주력 시장과 주력 기업 모두가 발이 묶인 셈이다. 그렇다면 어떻게 타개할 것인가?

우리 사회가 지금 경제 시스템 개혁, 4차 산업혁명 등에서 해결책을 찾고 있지만 국내의 관점일 뿐, 글로벌 경쟁우위도 불확실해 성공한다는 보장도 없다. 길은 오직 국가 대표 선수인 대기업을 활용해 중소기업을 신흥 시장으로 진출시키고 국제 사회에서 한국 기업의 신뢰를 높여 2차 성장 돌파구를 찾는 데 있다. 결국 국가 정책의 방향은 산업한류로 귀결될 수밖에 없다.

단, 산업한류 프로젝트가 유효한 시간이 얼마 남지 않았다는 사실이다. 금리도 오름세로 돌아섰다. 기업이 버틸 수 있는 여력도 고갈되고 있다. 주력 산업의 전통 기술을 가진 베이비 붐 세대가 활동할 수 있는 향후 4~5년을 놓치면 재기의 기회는 다시 오지 않는다. 만일 우리가 하지 않으면 중국이 한다. 시장이 있고, 니즈가 있기 때문이다.

국제 사회에 공헌하는 일을 찾는 것이 재도약할 수 있는 길임을 깨달을 때까지 힘든 헬조선을 겪게 될 것이다. 한국의 역할을 발견하는 리더십이 늦어질수록 잃어버린 시간은 20년, 30년으로 늘어날 것이다.

사회 대통합의 한국판 뉴딜, 21세기 뉴코리아노믹스, 대국굴기의 비전은 무엇인가? 나라가 어려운데 국민이 희망을 갖고 다시 살아날 수 있는 비전은 무엇인가? 국민이 함께 바라보는 지향점도 없이 아무리 개혁을 외쳐 봐도 무슨 소용이 있겠는가? 일본의 잃어버린 20년을 반면교사로 지켜보면서도 하염없이 시간만 낭비할 수는 없지 않은가?

국제 신용을 위한
/
최우선 과제는
/
'지구촌 기아 퇴치'*

---

* 극빈국의 생필품 산업단지를 예로 들면서 설명함.

신흥 개도국에 진출하는 명분

한국 기업과 국민의 대규모 해외 진출 명분

신흥 개도국에 대규모로 진출하기 위해서는 국제적인 명분이 필요하다. 지구촌은 기후 변화, 환경오염, 높은 실업률, 난민, 양극화 등으로 신음하고 있다. 그 무엇보다 기아로 죽어가는 수백만 명의 인류를 구하는 것만큼 시급한 과제는 없다[세계식량계획(WFP: World Food Program)에 따르면 아프리카 사하라 사막 이남에서만 기아로 인한 각종 질병으로 연간 900만 명 정도가 사망하는 것으로 추산됨].

지구촌의 대표적 기아 지역인 사하라 사막 이남에는 과거 50년 동안 선진국을 중심으로 1조에서 1조 5,000억 달러에 이르는 막대한 원조자금이 투입되었다. 하지만 선진국 중심의 공급 원조와 중국 중심의 자원 개발 투자에도 불구하고 기아 문제를 근원적으로 해결하는 데는 실패했다.

단발식 프로젝트로 진행된 기존의 극빈국 대상의 공적개발원조는 파급 효과가 제한적이고 지속 가능하지도 않다. 오히려 무분별한 원조로 자생의지를 훼손했다는 비난을 받고 있다. 중국이 세계의 공장으로 부상하면서 세계 기아 인구는 감소했으나 아프리카의 기아 문제는 지금껏 풀지 못한 인류의 숙제로 남아 있다. 세계은행의 2016년 빈곤 보고서에 따르면, 지구촌 인구의 10.7퍼센트에 해당하는 7억 6,000만 명이 아직도 하루 1.9달러 미만의 절대 빈곤 속에 살아가고 있다. 사하라 사막 이남 전체 인구의 25퍼센트가 기아 상태에 있다.

그동안 국제 사회는 기아와 빈곤을 해결하기 위해 다양한 시도를 해왔지만 아직도 근본적인 해결책을 찾지 못하고 있다. 의식주를 일방적으로 제공하는 단순 원조에서부터 부락단위로 자급자족할 수 있도록 소득원을 만들어주는 개발 사업, 현지에 필요한 적정 기술을 제공하는 기술 전수 등 수많은 시도가 있었지만 지속 가능하면서도 기아의 뿌리인 빈곤을 근본적으로 퇴치한 성공 사례는 아직 보고된 바 없다.

마이크로소프트 창업자인 빌 게이츠는 신흥 개도국의 화장실 개선에 1조 원 가까이 투자해왔다. 전 세계 20억 명이 깨끗한 화장실이 없어 야외에서 볼일을 보고 배설물이 물을 오염시키면서 각종 전염성 질병의 원인이 되고 있기 때문이다. 기아의 뿌리인 빈곤은 수조 원의 자금을 투입해도 신흥 개도국 사람들의 의식 수준이 향상되지 않으면 근본적인 해결은 불가능하다. 현지 주민의 의식 수준이 곧 경제 수준을 결정한다. 의식 수준을 높이지 않고 경제 수준을 높일 수 있는 방법은 없다. 이는 오늘날의 시혜성 복지 패러다임이 결코 취약 계층의 해결에 도움이 되지 않는다는 점을 가르쳐준다. 교육으로 의식 수준을 올려주는 것만이 근본적인 해법이다.

교육열은 공장과 제조업이 생겨 일자리를 제공할 때 비로소 생겨난다. 한국에 교육열이 생기게 된 것도 공단이 생기면서 대규모 일자리가 주어진 덕분이다. 산업과 교육이 같이 가야만 빈곤의 덫에서 벗어날 수 있는 진정한 자립이 가능하다. 한국이 6·25 전쟁의 폐허 속에서 빈곤과 싸워 이긴 것은 바로 일자리를 제공하는 산업화 덕분이었다.

기아의 뿌리인 빈곤 종식을 위해서는 일자리 창출에 가장 효과적인 노동 집약적 산업단지를 조성해 자립도를 올려줘야 한다. 산업단지는 산업화의 레버리지다. 산업화는 도시화를 가져오고 도시화

는 기아 문제를 단기간에 해결할 수 있는 최적의 솔루션임은 경제학자의 이론이 아니라 이미 국가 단위로 검증된 모델이다. 일본, 한국, 중국 모두 같은 과정을 거쳐 왔다. 특히 중국이 14억 인구를 단기간에 빈곤에서 해방시키고 G2 경제 대국으로 성장한 것은 과거 10년간 세계의 공장으로 자리매김한 산업화 때문이다.

답은 이미 나와 있다. 산업화, 즉 제조공장을 유치해 단기간에 대규모 일자리를 제공하면서 빈곤에서 탈출한 것이다. 일자리와 임금은 세계 어디서나 빈곤 탈출의 출발점이다. 원조와 각종 빈민 구제식 봉사 활동은 답이 아니다. 대규모 일자리를 제공하기 위해서는 산업단지가 최적의 모델이다. 결론적으로 빈곤 퇴치는 산업화와 도시화가 솔루션이다. 산업화는 단기간에 다수에게 소득의 원천인 일자리를 제공하고, 도시화는 생활에 필요한 기본 인프라를 대규모 인구에게 가장 효율적으로 제공할 수 있기 때문이다. 산업단지가 생기면 소도시가 형성되고, 단지를 중심으로 형성된 상권은 대도시화를 유도한다. 도시 규모가 커지면 전력, 의료 시설, 교육, 상수도, 정보통신, 도로 등 사회 인프라 수요가 급증한다.

지금까지 수많은 구호 활동이 마을 단위로 추진되어 왔는데도 지속적인 성과를 내지 못한 이유는 바로 인구 분산에 따른 비효율에 있다. 산업화와 도시화에 따르는 부작용이 없지 않지만 아사 위기에 처한 생명을 구하는 길은 그 어떤 명분보다도 시급한 전쟁이다. 산업화와 도시화를 거치지 않고 빈곤에서 벗어난 나라의 사례가 있는가?

윌리엄 맥어스킬 옥스퍼드대 부교수는 집필한《냉정한 이타주의자》에서 '빈곤국은 노동 착취공장이라도 절실하다. 차라리 노동 착취공장의 제품을 사라'고 주장하면서 공정무역 인증 기준을 비판했다. 빈곤국은 절대 빈곤을 해결하기 위해서 노동을 착취하는 공장이라도 절실히 필요하다. 1993년 미국 아이오와 주는 아동 노동 착취제품의 수입을 금지하는 아동노동억제법을 발의했다. 이 조치로 방글라데시 공장 한 곳은 5만 명의 아동을 해고했다. 이후 유니세프가 해고된 아동들의 삶이 나아졌는지를 조사해보니 학교로 돌아가지도 못 하고, 좋은 일자리도 찾지 못 한 채 더 영세한 하도급 공장으로 내몰렸고 끝내 더 심한 착취를 받거나 생존을 위해 성매매에 나서는 등 길거리로 내몰린 상황이었다.

유엔은 2016년부터 2030년까지 빈곤을 퇴치하고 기후 변화에 대응하기 위해 17대 지구촌 과제를 추진하고 있는데 '빈곤과 기아 퇴치'를 다시 한 번 글로벌 최우선 과제로 선정했다. 한국이 국제 사회에 명분을 얻기 위한 최고의 기회는 세계 최극빈 지역에 있다. 한국의 고효율 성장 모델, 다양한 제조업종과 기술력은 극빈국 경제 개발에 최적의 파트너십 조건을 갖추고 있다. 한국은 지구촌의 기아와 빈곤 퇴치를 기치로 내걸고 극빈국에 생필품 산업단지를 조성해 인류의 숙원과제를 해결하면서 지구촌 곳곳에 '한국과 손을 잡으면 가난에서 벗어날 수 있다'라는 산업한류 신화를 일으킬 수 있다.

빈곤 퇴치와 기아 퇴치는 지구촌의 과제이므로 국제 사회로부터 가장 강력한 명분을 얻을 수 있다. 경제의 새로운 성장 동력을 통일 대박에서 찾을 게 아니라 한국과 신흥 개도국 간의 상생 경제에서 찾아보자. 남북한 상생 경제 여건도 우리가 국제 신용을 얻는다면 자연스럽게 조성된다. 유엔의 지속가능발전목표 첫 번째 과제인 지구촌 기아 해결에 한국의 재도약 비전이 숨어 있다. 국내에서도 정치적 이해관계를 떠나 온 국민의 지지를 얻어낼 수 있을 것이다.

지구촌 균형 개발과 양극화 해소의 기수

지구촌 기아 퇴치는 한국의 책임이자 숙명이다. 2차 대전 이후 빈곤국에서 선진국 문턱에 이른 유일한 나라가 한국이다. 6·25 전쟁이 끝난 뒤, 3,000만 국민이 절대적 빈곤 상태로부터 해방된 것은 국제 사회의 원조 덕분이었다. 산업화도 국제 사회의 자본과 기술을 지원받아 이룩한 성과다. 이제는 가장 단기간에 피원조국에서 원조국으로 발전한 경험을 활용해 국제 사회에 보답하고 인류 평화에 기여할 때다.

6·25 전쟁 직후 1인당 GDP가 100달러도 못되던 나라에서 지금은 GDP 1조 5,000억 달러 규모의 거대한 시장으로 성장했다. 독일, 미국, 일본을 위시한 선진국으로부터 투자와 기술을 유치하고 산업화를 일으켜 일자리를 만들었다. 세계식량계획 공여국장 크리스 케이는 "한국은 존재 자체만으로도 신흥 개도국의 모범이 된다. 기아 없는 세상이 가능하다는 것을 보여준 귀감이 되는 국가이고 세

계식량계획의 가장 중요한 파트너이기도 하다"라고 말했다. 한국은 1964년부터 20년간 세계식량계획의 지원을 받았지만 산업화에 성공한 뒤인 1984년부터는 세계식량계획에 도움을 주는 나라로 탈바꿈했다.

선진국과 신흥 개도국의 경계에 위치한 한국은 기아 상태에 있는 극빈국과 저개발국이 필요로 하는 생필품 산업 기술은 물론, 개발도상국과 중진국에 필요한 중화학공업 기술 등을 모두 보유하고 있다. 선진국과 저개발국가 사이에서 교량 역할을 할 수 있는 종합 역량을 갖춘 유일한 국가다. 열강들에 비해 원조자금은 턱없이 부족하나 기술 인력 자원이 강점이다. 빈곤 지역 해결에 한국이 인력과 기술을 대고 국제 사회가 자금을 대는 글로벌 상생 모델도 가능하다. 한 세대에 농경 사회, 산업화 사회, 정보화 사회, 지식 사회를 모두 경험한 한국의 베이비 붐 세대야말로 인류의 자산이다.

기아를 없애는 길은 물질적 원조가 아니라 현지가 필요로 하는 기술과 그 기술을 가르칠 수 있는 사람이다. 고학력 청년들은 해외 구직을 희망하고 있다. 재벌 대기업과 수직 계열화된 제조업은 한국 경제의 발목을 잡고 있다고 비난받고 있다. 하지만 대기업 계열사와 수직 계열화된 산업구조는 제조업을 현지로 동반 진출시키는 데 가장 유리하다. 대기업 계열사는 업종 다양화로 현지에 인프라 솔루션을 제공하는 데 최적이다. 또한 중소기업이 경공업업종부터 첨단업종에 이르기까지 신흥 개도국에 필요한 모든 산업과 숙련 기술을 보유하고 있는 몇 안 되는 국가다.

울산 어촌(산업화 전 1960년대)

1인당 GDP = **79달러**
1인당 GNI = **80달러**
(한국, 1960)

울산 산업 도시 (2000년대 후반)

1인당 지역내총생산(GRDP)
(울산, 2011) = **5만 5,846달러** | (한국, 2011) = **2만 2,509달러**

• 출처: SDSN 한국포럼 보고서

한국은 국내에서만 1,000여 개의 공단을 운영하고 있다. 공단을 중심으로 단기간에 도시화를 이룬 노하우를 모두 가진 나라가 한국이다. 특히 자립정신을 배양하려면 새마을운동과 같은 범국민적인 캠페인이 필요하고 성공 경험이 있는 콘텐츠가 절대적으로 필요하다. 한국만의 자산이다.

한국의 압축 성장 경험을 살려 산업단지를 구축해 극빈국의 산업화 기반을 조성해주고 기아 인구 문제를 해결해 현지에서 신용을 쌓을 경우 신흥 개도국의 폭증하는 사회 인프라 사업은 대기업에도 주력 사업을 재도약시킬 수 있는 기회를 줄 것이다. 국제 사회에서 한국의 국격은 물론 기업들이 존경받는 브랜드로 자리매김할 것이 므로 기존 제품의 판매도 자연스럽게 늘어날 것이다.

극빈국 기아 해결에 가시적인 성과가 나타나면 제2단계로 신흥 개도국의 산업화 지원에 나선다. 중국, 한국 등 특정 지역에 몰려 있 는 생산 거점을 신흥 개도국으로 분산시키는 효과를 낳는다. 지구 촌의 균형 발전이 가속화된다면 기후 변화 대응은 더 큰 효과를 얻 을 수 있다. 또한 수요 부족으로 저성장에 시달리는 세계는 그 어느 때보다도 절대 다수를 차지하는 신흥 개도국의 저소득층 잠재 소비 를 현실화시킬 균형 개발에 목말라하고 있다. 저소득층의 소득 증 대는 일자리에서 만들어지는 것이니 신흥 개도국에 어떻게 일자리 를 만들어줄 것인가가 핵심과제다.

한국 기업이 사업 목적을 떠나 빈곤 퇴치 및 현지 개발을 목적으 로 극빈국에 진출한 사례로는 아이티에 봉제 공장을 세운 세아상역 을 들 수 있다. 세아상역은 2011년부터 미국 국무부, 아이티 정부, 미주개발은행(IDB)과 협업해 대지진으로 폐허가 된 아이티에 의류 공장을 지어 일자리를 창출하고 자립을 돕는 재건 사업을 벌이고 있다. 미국 정부가 기본 계획을, 아이티 정부가 땅을 제공하고 미주 개발은행이 공장 건설 투자를 맡았다. 이 공장을 활용해 현지인을 채용하고 교육시켜 생산하는 역할은 세아상역이 맡았다. 당시 클린 턴 국무장관이 직접 김웅기 세아상역 회장에게 협력을 요청했다고 한다. 미국 정부는 공장이 있어야 일자리가 생기고 자립이 가능하다고 판단했다. 미국에는 적당한 기업이 없기 때문에 한국 기업에 요청한 것이다.

공장은 직원들의 숙련도 부족으로 생산성이 오르지 않아 지금까지도 적자를 면하지 못하고 있다. 교육 비용이 많이 들어 초기에는 적자를 보고 있지만 증설이 되면 이익이 날 것으로 보고 있다. IT 산업단지 인근에 현지인 교육을 위해 세아학교도 설립했다.

지구촌의 빈곤 퇴치는 인류 공통의 과제로 유엔 및 세계은행과의 공조, 한국 정부의 국책 사업 승인, 대기업의 앵커 역할 등 3자 사이의 합의를 이끌어내는 리더십이 필요하다. 세계은행 김용 총재가 현직에 있고, 유엔 사무총장을 지낸 반기문 전 총장이 사회 원로로서 돌아온 지금이야말로 한국이 지구촌 기아 퇴치를 선언할 수 있는 최고의 타이밍이다.

극빈국 빈곤 퇴치형 생필품 산업단지

제1 후보 에티오피아, 앵커업종 후보는 섬유

에티오피아는 빈곤 퇴치형 생필품 산업단지로 최적의 조건을 갖추고 있다. 인구는 약 1억 명으로 나이지리아에 이어 아프리카 제2의 인구 대국이다. 내수 시장의 잠재력이 크다.

내륙국가라 육상 운송비 부담이 크지만 지부티와 아디스아바바 간 900여 킬로미터의 철도가 완공되면 내륙 운송비는 절반 정도 줄어들 것으로 예상된다. 항공화물 관련해서는 에티오피아항공이 아프리카 항공사 중에서 가장 안정성이 높고 연결 운항편이 많아 지리적 접근성을 고려할 때 아프리카 대륙 진출의 거점국가라는 이점이 추가된다.

기후 조건이 양호하여 냉난방이 불필요하고 인프라 건설과 안정적인 전력 공급이 보장된다면 저임금의 고급 인력 수급도 가능하다. 무엇보다도 현지 정부가 한국을 경제 개발 모델로 삼고 있어서 쌍방 간에 매우 우호적인 신뢰를 갖고 있다.

[삼성과 에티오피아 간 아이티 파크(IT Park) 협정식]

• 출처: 삼성전자

기아를 원천적으로 해결하기 위해서는 '일거리 제공', '생필품 자급자족', '자립정신 배양' 등 3가지 요소를 결합한 사업 모델이 필요하다. 한국이 제시하는 기아 퇴치 솔루션은 바로 일거리와 기술을 제공하는 맞춤형 산업단지다.

아프리카처럼 전력, 물류 등 인프라가 열악한 환경에서 개별 공장이 경쟁력을 갖기는 어렵다. 그런데 산업단지는 공장들을 모아 인프라를 공유하면서 경쟁력을 갖추는 최적의 제조업 솔루션이 될 수 있다. 특히 생필품 산업단지는 노동 집약적이다. 일자리가 대규모로 만들어지고 원부자재를 현지에서 구할 수 있으며 생산 기술이 단순해 현지인에게 쉽게 전수할 수 있다. 극빈국이 경제 개발의 자립 기초를 마련하는 데 최적이다.

생필품 단지 기본구조는 약 50만 평 부지에 150여 개의 중소기업이 그룹으로 입주해서 3만여 명을 고용한 다음, 300여 종의 생필품을 생산하는 구조를 기본으로 한다. 참고로 개성공단에는 123개 기업이 입주했었다. 현지에 숙련 인력이 없기 때문에 초기 셋 업(set up, 초기 공장 구축 제반업무) 및 운영 안정화를 위해 전체 인력의 30퍼센트인 약 9,000명의 우리 인력을 파견한다. 라인 운영과 기술 전수를 할 장년층 기술 인력 6,000명, 현지인 관리자가 육성될 때까지 관리 업무와 중간 관리자 역할을 수행할 청년 인력 3,000명이다.

극빈국 생필품 시범단지

에티오피아 (50만 평)
150~200개 중소기업 입주, 고용 규모 3만 명, 생필품 300여종 생산

한국인 파견 (총고용 30%)
• 중장년 기술자 6,000명
• 대졸 청년 3,000명

중소기업 입주 (생필품 생산)
• 원자재 가공
• 식품 가공, 섬유 등 의식주
• 위생 기초 보건
• 생활도구 제조업체

대기업 (공단 인프라 조성)
• 전력
• 용수 처리
• 산업폐기물
• 생활구역

먼저 산업단지의 중심이 되는 주력(앵커)업종과 기업을 선정한다. 에티오피아는 앵커업종 후보로 원부자재 현지화에 유리한 섬유와 현지 정부가 요청하고 있는 농기계를 우선적으로 검토할 수 있다.

원자재 가공업체, 식품 가공 및 의류 등의 의식주 관련 업체, 위생 기초 보건업체, 생활도구 제조업체 중심으로 하되 현지의 수입 대체 우선순위로 유치한다.

중소기업의 경우 국내 과잉 경쟁의 주범인 유휴 설비를 활용해서 초기 투자비를 최소화한다. 극빈국은 정치적 위험 부담 외에도 생산성 및 판로 확보에 장애 요인이 많기 때문에 투자 위험을 해소할 수 있는 방안들을 강구해야 한다. 특히 빈곤 퇴치를 위한 극빈국 내 산업단지는 세계은행 등 국제 금융을 어떻게 유치할 것인지 국제기구와의 협업도 필요하다. 정부가 넛지 역할을 해주고 대기업 하나가 앵커 기업 역할을 해준다면 속도는 배가 될 수 있다.

이미 진출해 있는 산업단지와의 차별성

신흥 개도국에는 이미 많은 공단이 있고(아프리카에만 100개 이상) 한국도 해외에 공단을 많이 만들고 있는 상황에서 지금의 제안은 기존 공단과 무엇이 다르냐는 질문을 많이 받는다. 현재 낮은 기술의 노동 집약 산업은 중국, 인도, 터키를 비롯한 인구 대국의 신흥 공업국들이 세계 시장으로 생산기지를 진출시켜 수출 시장을 거의 독점하고 있다. 새롭게 산업화를 추구하는 신흥 개도국들이 산업화에 어려움을 겪고 있는 배경이기도 하다. 고도의 기술이 필요한 첨단 산업 제품은 선진국들이 서로 경쟁하고 있는 반면, 기술력과 자본 투자가 필요한 자본재 산업은 신흥 개도국들에게는 아직도 진입

장벽이 높다. 이런 불합리한 여건들이 산업화를 더디게 하고 있다.

신흥 개도국에 공단 부지는 많이 조성되어 있다. 하지만 비어 있는 부지가 많고 제대로 운영되는 경우도 극소수에 불과하다. 정부가 의지를 갖고 공단 부지는 조성했으나 입주 기업이 없어 애로를 겪고 있는 것이다. 산업화를 촉진시키기 위해 제조업 유치에 적극 나서고 있으나 입주 기업 제한과 운영 실패로 크게 성과를 거두지 못하고 있다. 중국, 인도와 같이 내수 시장이 큰 국가는 상대적으로 어려움이 적지만 아프리카 국가처럼 작은 나라들은 시장 규모가 크지 않아 기업 유치가 쉽지 않다.

신흥 개도국에는 수출 목적으로 싼 인건비를 찾아 철새처럼 옮겨 다니는 기업들에 의해 조성된 단지가 많다. 대부분 내수용 완제품보다 수출을 위한 원자재 가공 중심이다. 앙골라, 가나, 에티오피아, 잠비아 등에 운영되는 일부 공단이 그렇다. 생필품의 자급자족을 우선으로 하는 내수 중심 공장을 유치해야 현지의 장기적인 산업 발전에 기여할 수 있다. 그래서 현지가 필요로 하는 업종과 기술로 맞춤형 단지를 조성해야 한다. 국제 협력 역사의 한 획을 그은 '파리 선언'에 포함된 수원국의 개발 전략과의 일치성 원칙에 따르면, 투자 대상 국가의 경제 발전 전략에 포함된 제조업분야에 집중할 것을 권장하고 있다.

상당수 산업단지는 개별 투자자가 산발적으로 공장을 설립해 인프라 비용이 높다. 수출 중심의 업종으로 진출해 원가 경쟁력을 확보하지 못하고 실패하는 경우도 많다. 현지 종업원의 운영 역량이 열악해 경쟁력을 갖추지 못하는 사례도 다반사다. 현지에 숙련 인력이 부족해 경쟁력을 올리기에 한계가 있다.

기술 인력을 대거 투입해 기술 전수를 하면서 단지를 경쟁력 있게 운영하는 곳은 많지 않다. 초기에는 파견 인력이 대거 투입되어 정상화 시점까지 공장 운영을 해줘야 하는데, 기술 인력 제한 및 파견 인력 비용 문제를 극복하지 못하고 있는 것이다. 따라서 산업단지의 성패는 입주 기업 확보, 기술 전수 및 공단의 효율적 운영에 달려 있다. 특히 개별 기업을 유치하기에는 한계가 있으므로 현지에 필요한 업종을 먼저 정해 그룹으로 동반 진출시킬 수 있는 방안을 찾아야 한다.

한국형 산업단지는 공장 가동 후 3년 안에 자생력을 갖추고 기술 이전을 완료하는 것을 목표로 한다. 기술 전수와 초기 공단 설립을 효율적으로 하려면 대규모의 기술 인력이 현지에 나가 초기 라인이 정상화될 때까지는 직접 운영한다. 대규모 기술 인력의 파견이 공단 조기 정상화의 관건인 셈이다. 맨투맨(Man to Man)으로 기술을 가르치고 운영 시스템을 안정화해주는 것이 필수다. 해외로 이전하는 우리나라 대기업들도 초기에는 모두 이런 절차를 따르고 있다. 또한 언어와 국제 경험이 부족한 기술자들과 현지인 간 통역, 인력 관리 등 교량 역할을 해줄 대규모의 현장 관리자도 필요하다. 특히 원가 경쟁력을 확보하고 내수 시장을 키우려면 원부자재를 현지화해야 한다. 새마을운동을 접목해 부락단위로 납품 자재 개발을 조직화해야 하는데 파견 인력이 주도적으로 해야 한다. 그래서 현지 채용 규모의 30퍼센트 정도는 우리 인력을 파견할 필요가 있다.

중국이 새로운 시장 개척을 위해 신흥 개도국에 산업단지를 구축하고 중국산 기계류 및 장비 수요 창출에 공을 들이고 있다. 현지 생산으로 무역 장벽을 해소하고 중국 산업의 가치 사슬에 더 많은 신흥국을 포함시키면서 시장 규모를 키우려고 애쓰는 것이다. 중국의 아프리카 전용공단 진출은 이집트, 나이지리아, 에티오피아 등에 집중되고 있다. 과거처럼 단순히 자원 획득 목적의 진출이라기보다 비교적 인구 규모가 크고 임금 수준이 낮은 국가에 노동 집약적 산업 및 생활용품 생산에 치중하고 있다. 인도는 아프리카에 거주하는 인도인 네트워크를 최대한 활용해 제조업에서 무역 및 유통에 이르기까지 가치 사슬 전체를 구축하고 있다. 터키도 제조업 활성화를 위해 아프리카의 저임금, 낮은 기술을 이용하는 섬유 산업에 적극적으로 진출하고 있다.

현지에 진출해 있는 중국, 인도 등의 공단과 다르면서 빈곤 퇴치와 경제 개발의 자립 기반 조성이라는 명분을 얻으려면 운영 원칙상 차별화가 필요하다. 무엇보다 생필품 확대 보급 및 자급자족을 위해 수출 중심이 아닌 내수 중심의 제품을 우선적으로 생산하고 경제 개발의 자립 기반 조성을 위해 원부자재 현지화, 역내 판매 비중, 수익 현지 재투자 등 3가지 부분에서 70퍼센트 목표를 공장 가동 7년 내에 달성하도록 한다. 매출 포트폴리오는 40퍼센트 내수, 30퍼센트 역내, 30퍼센트 역외 수출로 하되 역외 수출 물량은 점진적으로 줄인다.

빈곤국의 산업화 토대를 구축하고 기아의 뿌리인 빈곤을 퇴치하는 일은 압축 성장 경험을 가진 한국이 가장 잘할 수 있다. 특히 현지 국가에 맞는 경제 발전단계별로 필요한 산업과 기술 전수, 지역 개발 노하우가 필수이기 때문에 한국의 베이비 붐 세대의 기술 인력, 중소기업의 다양한 업종은 매력적인 자산이다.

하지만 한국의 중소기업이 100~150개 규모로 신흥 개도국에 진출하면 중국, 일본 등 경쟁국의 견제가 불가피하다. 이를 극복하기 위한 대책은 무엇인가?

한국이 조성하는 산업단지는 기아 퇴치 명분에 맞게 부지 선정부터 근본 취지를 살려 철저하게 차별화해야 한다. 무엇보다 현지 기업의 참여를 극대화해 기술 전수라는 본래 취지를 살려 현지의 신뢰를 얻어야 한다. 현지 업체와 경쟁 품목일 경우에는 한국의 중소기업과 합작을 유도해 기술을 전수하고 생산성과 품질을 올리도록 지원한다. 한국 기업과 현지 기업 간의 공동 투자 전략도 적극 검토한다. 공동 운명체 결성으로 외국 기업이 아닌 국내 기업으로 인식시키는 것이다. 이는 해당 국가 정부의 지원을 받을 때 유리한 조건이 될 수 있다.

현지 정부의 정치적, 제도적 지원도 필요하다. 일부 투자 자본을 마련하기 위해 현지 금융기관의 지원에 특혜를 부여하는 제도도 고려해볼 수 있다. 쌍무협정이 필요한 부분이다.

프로젝트의 사업성과 실현 가능성에 대한 타당성 조사

원조 개념에서 성장 기회에 대한 마중물 투자로

현지 정부가 전력과 같은 기본적인 인프라를 제공하면 투자 규모는 산업단지당 2,000억 원에서 3,000억 원 규모가 예상된다. 한국이 대외경제협력기금, 공적개발원조, 대기업의 CSR(Corporate Social Responsibility, 기업의 사회적 책임) 투자금을 출원하여 시범단지에 먼저 투자하고 국제 사회에 파트너십을 요청하면 추가적인 단지 조성 때부터는 세계은행의 개도국 개발자금을 사용할 수 있다.

세계은행 실무진과 가능성을 타진해 본 결과, 현지 정부가 프로젝트 추진을 요청할 경우 국가별로 장기 대출 제공이 가능하다. 한국 외에 대규모로 기술 인력을 파견할 수 있는 국가가 없으므로 한국은 인력 자원 투자로 단지 운영의 주체 역할을 하고 국제 사회는 자금 지원, 단지 주변의 환경 개선을 위한 지역 개발 구호 활동 등으로 역할을 분담하는 것도 가능하다.

극빈국의 산업단지는 국제적인 기아 퇴치 명분과 더불어 한국 기업과 국민이 신흥 개도국으로 진출하기 위한 마중물 투자다. 기업이 생존 차원의 위기 관리도 중요하지만 재도약을 위한 성장 기회를 위한 투자가 병행되어야 미래가 있듯이 국가 예산을 사회 위기 관리 비용으로만 소진할 수는 없다. 연간 15~16조 원에 달하는 중소기업 지원자금, 연간 19조 원에 이르는 일자리 대책 지원금, 11조 원 규모의 조선과 해운업 구조조정 비용, 각종 실업 수당, 재취업 교육 수당, 단기적 경기 부양 예산 등 재정의 일부를 산업한류 관련 사업과 연계시킨다면 미래를 위한 성장 발판을 구축하는 투자로 전환할 수 있다.

연간 2조 원대의 공적개발원조 관련 자금이나 현지 정부와의 쌍무협정으로 투자를 보증받아 대외경제협력기금을 마중물로 활용할 수도 있다. 특히 공적개발원조는 소위 퍼주기라는 부정적 인식을 벗고 기업의 신시장 개척에 교두보 역할을 할 수 있다. 신흥 개도국의 니즈와 기업의 시장 확보 니즈가 접점을 이루는 분야에 마중물이 투자되면 새로운 성장 기회를 얻을 수 있다. 일본 철강 기업인 신일철주금(新日鐵住金)은 정부의 개발 원조를 활용해 최근 10년 동안 베트남, 필리핀, 인도네시아, 우즈베키스탄, 파키스탄 등에서 30여 개 교량과 항만과 고속도로 사업에 참여한 바 있다.

유엔 지속가능발전목표와 연계해 자금을 조달하는 방안도 있다.

빈곤 퇴치용 산업단지는 유엔의 과제목표 1번(빈곤 퇴치), 8번(일자리 조성), 9번(산업화) 모두에 해당된다. 프로젝트 성격상 10~20년 장기적으로 추진되어야 하므로 유엔 과제로 등록되면 상대국의 정권 변화에 상관없이 지속할 수 있는 명분과 세계은행의 자금을 유치하는 데도 도움이 된다. 세계가 해결하지 못한 기아를 퇴치하기 위한 사업이므로 한국 정부와 대기업의 보증으로 20~30년 무이자 장기 대출을 세계은행에 신청할 수도 있다. 단지 이익의 70퍼센트는 현지 재투자, 원부자재 70퍼센트는 현지 조달, 생산품의 70퍼센트는 현지 판매로 자급자족을 유도하는 등의 원칙은 세계은행이 산업단지에 저리나 무이자 대출을 제공할 명분이 된다. 빈곤 퇴치는 세계은행의 설립 목적이고, 빈곤 퇴치 프로젝트는 세계은행이 해야 할 일을 대신하는 일이기도 하다. 그동안 세계은행은 빈곤 퇴치를 위해 수많은 투자를 시도했지만 성공한 예는 많지 않다. 그동안의 투자 실패를 만회할 기회를 한국이 만들어주는 것이다.

또한 유상 원조기관인 한국수출입은행의 대외경제협력기금을 활용하는 방안도 검토할 수 있다. 현지 정부가 한국의 대외경제협력기금을 받아 투자하고 입주 기업에 임대하는 방안이다. 영국, 프랑스, 포르투갈 등 과거 아프리카를 식민지화했던 선진국들이 차관을 현지 정부에 제공하도록 하는 방안도 타진할 수 있다. 선진국의 자금력과 한국의 기술 관련 인적 자원이 결합된 국제 사회의 협업 모델을 만드는 것이다.

산업단지의 앵커 기업인 대기업의 직접 투자도 가능하다. 대기업이 사내 유보금을 활용해 적극적으로 투자에 나서게 하는 방안이다. 정부는 '신흥 개도국 진출 세액 공제' 혜택을 제공해 대기업의 초기 투자를 유도한다. 특히 극빈국 인프라 사업은 정부가 국책은행 등을 통해 위험 부담을 줄여주는 방안도 모색한다.

단지가 조성되면 한국의 해당 기업이 투자에 나선다. 생산 설비에 대한 실질적 투자는 한국 기업과 현지 기업이 공동으로 추진할 수도 있다. 물론 지분 비율은 현지법을 반영해 기본 원칙을 마련하되 여건에 따라 탄력적으로 운영한다. 설비 투자는 현지에 진출한 중소기업이 유휴 설비를 이전하는 방안과 중소기업대출 특화 전문은행인 IBK기업은행이 저리로 융자하는 방안 등을 검토할 수 있다.

현지 인력의 교육 훈련은 최소 6개월이 소요되며 교육 기간 중에는 기본 급여와 숙박비를 제공해준다. 프로젝트 총투자비 중에 대표적인 선행 투자비 항목이 교육 투자다.

- 1안: 주최 측인 한국이 솔선수범하는 차원에서 선행 투자 격인 현지인 기술 연수 교육 투자비는 공적개발원조자금으로 집행한다. 한국이 공적개발원조를 활용해 공단에 기술 학교를 설립하고 현지 인력을 교육시키는 일에 먼저 나서야 국제 사회로부터 지원을 요청하는 데 설득력이 있다.
- 2안: 국제구호자금을 현지인 교육비로 우선 배정한다. 구호 물품은 1회성이지만 물자 대신 급여로 제공하면 공단 가동 전에 이미 기아는 해결되고 1회성 비용이 아닌 교육 투자

비로 전용되는 효과를 얻을 수 있다.

국내 기술자 및 대졸 청년에 대한 파견 전 국내 교육은 다음과 같이 검토한다.

- 1안: 산업단지의 앵커 기업인 대기업이 교육 시설을 제공하고 사회공헌자금을 활용한다.
- 2안: 정부의 은퇴 인력 및 청년 실업자 취업 지원정책 재원을 활용한다.

중소기업 입장에서는 파견 인력의 체재비 및 사전 교육비가 가장 큰 부담이 된다. 중소기업은 초기 3년간의 체재비에 대해 감당이 어려우므로 다음과 같은 방안을 검토할 수 있다.

- 1안: 정부가 중소기업 인센티브 재원, 은퇴 기술자 재취업 교육 예산 및 실업자 수당, 청년 일자리 예산 등을 활용해 보조하는 방안을 검토한다. 손익분기점 도달 후 수익 확보 시 점진적으로 정부 지원을 축소한다.
- 2안: 기아 퇴치를 명분으로 세계부호단체의 투자 동참을 요청한다.

초기 밸류 사슬(Value Chain) 및 공급 사슬(Supply Chain, 어떤 제

품을 판매하는 경우 자재 조달, 제품 생산, 유통, 판매라는 흐름이 발생하는 것을 의미)의 구축 비용은 다음과 같이 검토할 수 있다.

- 1안: 각종 구호단체, NGO의 구호 활동자금을 부락단위의 원부자재 개발과 연계한다.
- 2안: 국제구호물자자금을 우선적으로 원부자재 개발 투자에 배정한다.
- 3안: 세계은행이나 아프리카개발은행에서 현지 정부에 인프라 투자 재원으로 차관을 확대한다.

이외에도 빌게이츠재단과 같은 국제부호단체에 정기적으로 메일을 발송하고 산업단지 운영과 기아 인구 구제 관련 통계 수치를 공유하여 동참을 유도한다. 바티칸의 카리타스(Caritas, 가톨릭교회 사랑의 행위를 의미하며 교회적 협동체 사상을 근원 및 동기로 하여 인격적 원조 활동을 목표로 하는 봉사조직)와 공조하면 더 큰 명분을 얻을 수 있다. 아울러 글로벌 캠페인도 실시한다. 세계 시민 모든 기부자를 산업단지 투자자, 산업단지 소유주화로 해서 재원을 확보한다. 이렇게 해서 '지구촌 최초 세계인의 평화단지=아프리카 생필품단지' 브랜드를 정착시킨다.

한국은 연간 1,000억 달러 이상의 에너지 자원 수입국이다. 자원 수입과 연계해 산업단지를 진출시킬 수도 있다. 만일 돈 없는 극빈국이 자금난을 겪어 공사비를 제대로 지불하지 못할 경우에는 자원으로 대체한다. 한국에 원유를 수출하는 이란은 천연가스와 원유 매장량이 각각 세계 2위와 4위에 달하는 자원부국이다. 현대건설은 이라크 카르발라 정유공장 프로젝트를 진행하면서 현지 정부로부터 공사 대금을 받지 못하자 현금 대신 원유를 받기로 했다. 미국 트럼프 정부는 무역 흑자국인 한국에 미국산 원유, 가스 등을 수입할 것을 요구하고 있지 않은가?

산업단지 인프라 건설업체도 투자 회수 포트폴리오를 다변화시키도록 여타 수익 사업과 연계하는 방안을 검토한다. 결재는 쌍무협정을 통해 국가 간에 이뤄지도록 해서 개별 기업의 투자 회수 관련 위험 부담을 줄일 수 있다.

생산성 확보는 가능한가?

아프리카는 현지 공장 건설 및 운영에 필요한 설비를 조달할 때 물류 비용이 과다하게 발생한다. 그래서 초기 투자 규모가 계획보다 커질 수 있다. 또한 내수 시장 규모가 작아 수입 대체 상품의 현지 판매에 어려움을 겪을 수 있다.

공장 운영에 필요한 현지 조달품의 품질이 떨어져 완성품의 품질 관리가 어려울 수도 있다. 현지의 제조업 기반이 취약해 부품 생산에 규모의 경제를 달성하기 어렵고, 단위 품목당 단가가 높아서 값싼 수입 상품과 가격 경쟁력 면에서 뒤질 수도 있다. 이외에도 예상하지 못한 다양한 장애 요인이 존재하고 모두 원가에 영향을 미칠 수 있다.

현지의 불확실성을 최소화하기 위해 쌍무협정과 현지법으로 산업단지의 여러 가지 특혜 조건을 보장받더라도 복잡한 행정 절차, 각종 규제 등으로 인해 무용지물이 될 수 있다. 도로, 철도, 항만, 통신 및 인프라 부족은 간접비 증가 요인이다. 전력은 빈번히 단전 사고로 이어져 제조업의 생산성을 떨어뜨린다. 정보통신분야의 경우 최신 기술을 적용해도 효율성이 떨어진다. 심지어 토지 사용에 대한 계약을 해도 정부가 바뀌면 기존의 계약이 무효화되기도 한다. 따라서 산업단지의 에너지, 수자원, 도로, 항공, 항만 물류 등에 특별 조치가 필요하다. 단지에 보조 설비를 구축해 안정적인 인프라 공급이 가능하게 하는 것이다. 싱가포르는 신흥 개도국의 인프라가 열악한 조건을 활용해 베트남이나 미얀마에 전용 공단을 조성하고, 현지에 진출하는 외자 기업 대상으로 분양 사업을 펼치고 있다.

열악한 현지 인프라 환경을 극복하는 데 한국 기업의 특성을 레버리지로 최대한 활용한다. 한국은 대기업 중심으로 중소기업이 납품업체 역할을 하는 수직 계열화된 경제구조다. 그래서 삼성그룹, 현대차그룹과 같은 대기업이 현지 진출 시 협력업체와 동반 진출이 용이하다. 이와 같은 산업구조는 한국 기업이 한국 기업 전용 공단을 구축하는 데 유리한 조건이 된다. 한국 기업 간 시너지가 크다는 뜻이다. 대기업이 앵커 기업이 되고 중소기업이 납품업체로 참가하면서 여러 업종을 융합시키고 제품 간 상호 의존도를 높여 인프라 환경을 극복한다. 독자 진출보다 초기 안정화에 효과적이다. 대기업이 종합상사 역할을 하면서 중소기업 판매 도우미 역할도 할 수 있다.

일부 국가에서는 외국 기업에 대한 반감을 갖고 있으며 부정적인 인식으로 인해 생산 활동의 효율이 낮다. 외국 기업에 대한 거부감으로 내수 시장 진출에 장애가 되기도 한다. 현지의 기업가, 근로자들의 동기 부여가 미흡해 합작 투자 시 의견 차이로 경영에 지장을 초래하기도 한다. 따라서 산업단지의 계획에 상대 국가의 보유 자원에 대한 활용방안을 반드시 포함시키고 부존 자원을 자국 내 제조업에 투입해 부가가치 있는 상품을 생산한다는 인식을 공유하는 것이 중요하다. 제조원가 측면에서 '원부자재 70퍼센트 현지 조달' 원칙은 판매가를 낮춰 좀 더 많은 주민이 구매할 수 있어야 수요가 형성되므로 단지 생산성 목표의 최우선 과제다. 따라서 현지가 원부자재 공급을 원활히 하도록 현지 기업에 기술을 전수하고 경영 관리 능력을 함양시켜 준다. 원료 투입에서 제품 생산, 영업 활동, 판매 유통까지 전체적인 가치 사슬을 형성하는 데 현지 기업과 파트너십을 조성한다. 인접 국가 간 원부자재 비교우위를 평가해 제품별로 특화단지를 병행 추진할 수 있다. 지역 내 특화단지는 인접 국가 간의 교역을 확대시키고 지역 평화에도 이바지할 수 있다. 아프리카 역내 교역은 GDP의 5~10퍼센트 이내를 넘지 못하고 있다.

산업단지는 현지 원자재를 구매해주는 엔진 역할을 한다. 현지 소득의 원천이므로 수요 확대로 이어진다. 아프리카 내에서 활동하고 있는 바티칸의 카리타스 사업, 제프리 삭스 교수의 MVP 사업, 한국의 새마을 사업, 한국국제협력단(KOICA)의 NGO 사업 등은 모두 지역 자립을 목표로 하고 있다. 이 활동들이 단지와 원부자재 납품 업체의 관계로 연결될 때 지속성과 효과는 배가 된다. 원부자재 납품을 중심으로 단지를 둘러싼 도시 인구에 대한 의료 활동, 교육 및 부락단위 자립 기반 구축 활동 등 주변 여건을 조성하는 외적 역할을 이 기관들이 분담할 수 있다. 단지가 경제 성장의 엔진 역할을 잘 수행하도록 외곽에서 돕는 일이다.

현지 주민들을 대상으로 하는 자립정신 배양 교육은 매우 중요하다. 현지 자립의 초석이 의식 수준 함양이기 때문이다. 1970년대 한국의 빈곤을 퇴치했던 새마을운동이 세계로 퍼져 나간 지 벌써 10년이 넘었다. '잘 살아보세!'의 새마을 정신을 '인류야, 같이 잘 살아보세!'의 글로벌 캠페인으로 발전시키자. 새마을운동의 세계화다. 가난은 극복될 수 있다는 걸 증명해낸 한국의 경험을 개발도상국에 전수한다. 현재 26개국 396개 마을에서 새마을운동이 진행되고 있다. 또한 정부의 공적개발원조 사업과 연계해 추진 중이다. 99개국 7,400명의 신흥 개도국 인력이 한국에서 새마을운동 교육을 받고 돌아갔다. 새마을운동 교육 콘텐츠와 결합된 산업단지는 경쟁국과 차별화된 한국만의 해외 사업 모델이다.

아프리카 민간 기업들의 경우 1960년대 신생 독립국가들이 대부분 사회주의를 채택하는 바람에 아직도 경쟁 개념에 익숙하지 않다. 국유화된 기업들은 효율성 및 생산성을 기대하기 어렵다. 인적 자원 개발을 위해 직업 기술 교육을 실시하고 있으나 교과과정 및 실습 환경 등의 한계로 학습 능력이 극히 부진하다. 낮은 수준의 기술력과 동기 부여는 낮은 생산성으로 연결된다. 외국인 투자를 저해하는 요인이기도 하다. 고급 인력이 절대적으로 부족해 여러 국가가 대학교를 늘리고 있으나 단기간에 교육의 질을 향상시키기는 쉽지 않다. 따라서 현지 교육에서 숙련공을 제공받는다는 기대는 접고 산업단지에 필요한 인적 자원의 원활한 공급을 위해 자체 기술학교를 운영한다. 학과과정의 70퍼센트는 기술 관련 교육을, 30퍼센트는 기본 정신 관련 교육으로 편성한다. 기본 정신 교육은 도난 방지, 안전 교육, 5S 관리, 노사 관리, 새마을운동 콘텐츠 등으로 구성한다. 기술학교에서는 생산라인에 투입할 기능공, 간접 업무를 담당할 사무직 스태프 인력 모두를 양성한다. 사무 관리직은 인사, 재무, 회계, 영업, 기획 등 각 업무분야별 인력에 대한 실무 직업 교육훈련(OJT: On-the-Job Training)도 포함시킨다.

운영 초기의 수요 부족 극복방안

아프리카에서는 인구 80퍼센트가 농촌지역에 거주하고 노동력의 60퍼센트가 농업에 종사하며 빈곤층 70퍼센트가 농촌지역에 있다. 유엔공업개발기구(UNIDO: United Nations Industrial Development Organization)에 따르면, 아직도 농산물 가공업이 전체 제조업에서 차지하는 비율이 절대적이다. 대부분 낮은 기술 수준과 구식 기술에 의존한 산업으로 제품의 질적인 저하 원인이 되고 있다. 해외 시장에서 인정받지 못하고 주변 국가들에도 판매가 어렵다. 따라서 단순 소비재 상품도 수입에 의존하는 상황이다.

산업단지는 초기에 수출 주도형 및 수입 대체형의 복합 형태로 운영해야 한다. 생산 제품의 판로는 내수 및 주변국 수요를 합쳐서 70퍼센트 판매를 목표로 한다. 세계 최대의 공정무역기구(FLO)는 세계 75개 신흥 개도국, 165만 명의 농부와 근로자가 참여해 공정무역 마크(공정무역 재료를 사용해 만든 제품 인증)를 부착한 제품의 소비를 홍보하는 역할을 하고 있다. 기아 퇴치용 산업단지의 생산 제품도 공정무역 인증과 같은 국제인증제를 도입해 글로벌 소비자가 기아 퇴치에 동참하도록 장려할 수 있다. 2015년 기준 OECD 산하 개발원조위원회(DAC)가 지출하는 조달 시장 규모는 160조 원에 달한다. 유엔이 국제적인 빈곤 퇴치 프로젝트로 인정해주면 산업단지의 제품을 유엔의 구호물자 조달 시장에 우선적으로 공급할 수 있다. 국제구호단체도 산업단지를 통해 구호물자를 우선적으로 구매하도록 유도하면 물량 확보에 큰 도움이 된다. 탄자니아에 현지인을 채용한 모기장 공장이 있었으나 국제구호단체가 모기장 수만 장을 무상 공급하면서 문 닫은 사례가 있다. 국제구호물자 구입 자금도 현지 인력 교육 훈련에 우선 투입되도록 유도한다. 글로벌 FMCG(소비재)그룹(P&G, 유니레버 등)도 CSR 차원에서 상품라인의 일부를 산업단지에서 글로벌 소싱하도록 유도한다.

대기업의 종합상사가 아프리카산 무관세 지역인 유럽과 미국 등에 수출 판로를 확보해준다. 미국은 사하라 사막 이남에 위치한 아프리카 국가에서 생산한 의류 등 1,837개 품목에 대해 무관세 수출 혜택을 주고 있다. 유럽연합은 동부아프리카공동체(EAC) 회원국의 생산 제품에 무관세와 무쿼터 특혜를 제공하고 있다.

현지 내수 시장의 판로 개척은 대기업의 종합상사나 유통 대기업, 코트라가 주도해 단지 내 공동 조합 브랜드를 만들고 공동 판매 및 마케팅을 추진한다. 한국 제품 전용 유통망 구축도 가능하다. 일례로 태국은 한류를 활용해 초대형 한류 쇼핑몰 '쇼 DC'를 준비하고 있다. 한국 드라마와 영화에 나오는 옷과 화장품을 사고 싶어 하는 한류 고객을 위한 한류 쇼핑몰이다. 한국이 개발도상국에 산업단지를 만들고 동시에 판로 확보를 위해 태국과 같은 한류 쇼핑몰을 만든다면 신흥 개도국에서 새로운 유통망으로 자리 잡을 수 있다. 또한 산업단지에서 생산된 제품의 판로를 개척하는 데도 도움이 될 것이다. 삼성과 함께 베트남에 동반 진출한 중견 및 중소기업이 200여 개나 되지만 수출을 위한 공장일 뿐이므로 현지 시장 중심의 산업단지와는 다르다. 이마트는 수출 비중이 45퍼센트에 달한다. 1만 2,000개 중소기업 품목을 취급해 전문 무역상사로 지정받았다. 유통사가 판로 개척에 앞장서면 현지로 중소기업 제조를 같이 진출시키기에 용이하다.

현재 아프리카는 공산품의 70퍼센트 이상이 수입품인데 수입품 대비 경쟁력만 확보하면 시장은 존재한다고 볼 수 있다. 현지산의 원가 경쟁력은 최소한 중국산 저가 수입 제품과 경쟁할 수 있어야 하고 품질은 높아야 한다. 기아 퇴치용 산업단지라고 해도 CSR 차원이 아니라 사업으로 성립해야만 지속이 가능하기 때문에 원자재를 70퍼센트 이상 현지 조달할 수 있고 생산품의 70퍼센트는 현지 판매가 가능한 입지 조건을 선택한 다음, 참여한 기업이 최소한 3년 이후에는 이익을 내도록 현지 잠재 수요를 개발한다.

아프리카 국가별 맞춤형 적합업종

동남아시아에 수출기지를 두고 있던 기업들이 현지 임금이 상승하면서 새로운 저임금국가로 이전을 서두르고 있다. 에티오피아는 면화 생산량이 풍부하고 현대식 면사공장과 방직공장에 이르기까지 전체 가치 사슬을 갖고 있다. 에티오피아에 진출한 한 봉제기업은 임금 수준이 베트남의 3분의 1에 불과하다고 한다. 아직 생산성은 낮으나 1~2년 내에 아시아 국가 수준으로 향상될 것으로 내다봤다. 따라서 섬유 산업의 진출 가능성이 높은 국가다.

신발 및 가죽 산업도 아프리카 진출 유망분야다. 한국 기업의 신발 제품은 세계 시장에서 인정받고 있으며 경쟁우위를 갖고 있다. 여러 기업이 아시아에서 대규모 공장을 운영하고 있으나 임금 수준을 고려했을 때 인프라 수준이 떨어져도 아프리카 진출이 유리하다. 에티오피아에는 이미 중국 기업이 대규모 신발 및 가죽 공장을 운영하고 있다.

기계 조립 및 금속분야는 제조업 발전을 위해 필수적인 산업분야다. 한국의 자동차를 비롯한 다양한 기계 조립 및 금속분야의 기술 수준은 세계적으로 인정받고 있다. 에티오피아의 거대한 내수 시장과 산업화 가능성을 보면 한국의 기계 조립 및 금속분야 진출 가능성도 높다. 에티오피아에는 중국의 자동차 조립공장이 진출해 있으나 질적인 문제로 시장 진출에 어려움을 겪고 있다. 한국의 자동차 산업이 진출하면 품질우위로 시장을 선점할 수 있다.

서부아프리카의 가나와 세네갈은 산업 거점국가로 발전시키기 위한 교두보 역할을 하도록 기계 조립 및 금속분야 진출을 추진할 수 있다. 가나는 주변 국가들에 비해 안정적인 전력을 공급하고 있다. 단지 운영을 위한 인프라 및 안정성을 고려하면 최종 소비재를 가나에서 생산하여 지역의 경제 통합기구인 서아프리카경제공동체(ECOWAS) 등 회원국에 수출이 가능하다.

대기업과 중소기업의 진출 동기

요즘 부실기업 관련 구조조정이 도마에 올라 있다. 234개 상장사가 좀비 기업으로 전락해 100조 원에 달하는 빚을 지고 있다. 대안 없이 도산시킬 수도 없고 계속 연명자금을 대줄 수도 없는 진퇴양난으로 시간만 흐르고 있다. 매년 중소기업 정책자금에 세금이 14~15조 원 정도 투입된다. 이 돈이야말로 밑 빠진 독에 물 붓기 아닌가?

개성공단은 123개 기업 중 섬유·봉제 관련 기업이 73개에 달한다. 입주 기업 대부분이 국내에서 채산성이 맞지 않아 해외로 이전해야 하는 섬유, 봉제, 신발, 단순 전기전자 조립 등 노동력 기반 업종이다. 개성공단에는 5,000여 개 협력 기업이 원부자재를 납품한다. 이들은 개성공단을 통해 숨통이 트여 산업구조 고도화를 준비해왔다. 공단 폐쇄로 이 기업들이 소속된 산업 생태계 전체가 망가지고 있는 것이다.

중소기업은 내수 시장에 매출 87퍼센트를 의존하고 있는데 이미 내수 시장은 10년 이상 성장이 정체된 상태다. 전통업종의 중소기업은 새로운 시장을 확보하지 않고서는 시한부 생명이나 다름없다. 정부가 중소기업 정책자금의 일부를 활용해 극빈국 진출에 응모한 중소기업의 부채 상환을 연기해주고 일부 빚을 탕감해준다면 경쟁적으로 나갈 것이고 구조조정도 속도를 낼 수 있다. 더욱이 지금의 경제 성장은 진정한 성장이 아니다. 부동산 중심의 건설 투자를 빼면 이미 1퍼센트대 성장이고 재고 증가를 감안하면 실제로는 제로 성장에 가깝다. 앞으로 우리 경제는 재정 확대로 근근이 버티면서 빚에 의한 2~3퍼센트대의 성장률을 이어 갈 가능성이 높다. 매년 100조 원의 빚이 늘고 있다. 그 상태를 더 이상 이어 나가지 못하는 부채 규모에 이르렀을 때 정부가 최후에 선택할 수 있는 마지막 카드는 무엇인가?

결국 중소기업이 더 이상 국내에서 생존이 불가능한 상태에 이르고 해외로 나가는 길만이 살길이라는 국민적 공감대가 형성될 것이다. 한계 기업 급증, 구조조정으로 인한 고용 시장의 위축으로 내수 침체 가속화에 이어 가계 소득 증가율이 0퍼센트대에서 마이너스로 전락해 가계 도산이 급증할 수도 있다. 중소기업 부채, 가계 부채가 뇌관이 되어 부채 탕감이나 상환 유예조건으로 기업과 국민이 해외로 나갈 수밖에 없는 상황으로 몰아가고 있다는 뜻이다.

국내 유휴 설비 외에 추가로 현지에 설비 투자가 필요할 경우 투자금을 무이자로 지원해주는 방안도 검토할 수 있다. 진출 초기에는 파견한 인력에 대한 체재비 부담이 가장 크다. 이 부담을 감당할 정도로 자금력 있는 중소기업은 많지 않다. 시장 수요 제한 등으로 최소한 3년 정도는 운영해야 손익분기점에 이를 것이므로 초기 3년간은 정부 정책자금이나 실업 수당, 재취업 교육비 등으로 입주 기업이 자생력을 갖도록 지원해준다면 중소기업에게는 강력한 동기 부여가 될 수 있다.

대기업은 무엇을 보고 극빈국 산업단지 조성에 동참할까? 사업성이 있어야 하는데 중소기업의 해외 진출을 도와주는 것만으로는 동기가 약하다. 산업단지가 조성되면 도시화로 이어지고 도시화는 각종 인프라 수요를 유발한다. 인프라 사업이야말로 문어발 업종으로 비난받던 한국 대기업의 강점이고 미래다. 인프라 사업은 단품 제조 경쟁우위의 한국 산업이 옮겨가야 할 새로운 성장 엔진 중 하나다. 요즘 유라시아 인프라, 고속철, 원전 등과 같은 인프라 시장이 주목받고 있지만 한국의 수주 성과는 미미하다. 개발도상국의 인프라 시장은 한국이 가장 잘할 수 있는 사업이지만 현지 신용을 얻는 것이 우선이다.

대기업 입장에서는 사업성을 확보할 수 있는 체제 구축이 가장 중요하다. 대기업이 투자 회수 기간을 2~3년이 아닌 5~10년의 중장기로 본다면 신흥 개도국 내 사업은 미래 시장을 선점하는 최고의 투자다. 맞춤형 산업단지 투자는 현지 정부와 국민의 신용을 얻기 위한 마중물이다. 실제로 산업단지와 연계해 인프라 시장, 자원 개발 사업에서 트레이드 오프(Trade Off, 두 개의 정책 목표 가운데 하나를 달성하려고 하면 다른 목표의 달성이 늦어지거나 희생되는 경우 양자 간의 관계) 수익원을 얻을 수 있다.

삼성의 컨트리 마케팅은 각사 차원을 넘어 그룹사 및 협력사 모두를 모아 특정국가의 인프라 사업에 토털 솔루션을 제공하는 사업 모델인데, 이미 베트남 등에서 성과를 내고 있다. 하노이에 HHP 공장이 진출해 베트남 수출에 기여한 신용을 바탕으로 현지 인프라 사업을 선점하는 데 도움을 받고 있는 것이다. 대기업의 경우 산업단지 인프라 투자에서 투자 회수 기간이 장기화되더라도 그 신용으로 도시 계획, 전력, 정보통신, 도로 등과 같은 인프라 사업 선점 기회를 얻으면서 단지 내 원부자재 납품과 연계해 자원 개발 사업으로 투자 회수를 할 수도 있다.

대기업이 글로벌 브랜드를 활용해 중소기업에 판로를 열어주는 것이 진정한 동반 성장이다. 대기업이 자발적으로 중소기업에 인센티브를 주고 공단 유치를 하기에는 부담이 크지만 정부가 중소기업과 대기업 간의 가교 역할을 해주면 대기업과 중소기업의 동반 진출이라는 상생 모델이 현실로 될 수 있다. 현재 지역별로 있는 창조경제센터도 기업 자체의 계획은 아니지 않은가? 중화학업종이 많은 한화그룹이나 생필품업종이 많은 CJ그룹, 사회적 기업을 지향하는 SK그룹 또는 종합상사 기능을 가진 대기업 하나가 앵커 기업이 되어 시범단지를 성사시키면 30대 그룹들도 경쟁적으로 참여할 것이다.

보호 및 경쟁력 확보를 위한 국가 간 쌍무협정

아프리카의 국가들은 중장기 산업 발전계획을 갖고 제조업을 육성하려고 하지만 숙련된 노동력, 기술력, 자본, 기업가정신의 부족으로 성공한 사례는 드물다. 외자 기업의 직접 투자를 유치하기 위한 인센티브 정책을 펴고 있지만 이 또한 유명무실하다. 투자 허가 과정이 복잡하고 행정 절차와 인프라 건설 등에 오랜 시일이 소요되기 때문이다. 아직도 여러 국가에 정치적 안정성까지 결여되어 있다.

이러한 경제 및 사회적 불안 요인 때문에 투자 자본의 유입이 어렵고 기업가정신의 발휘에도 영향을 준다. 일부 국가의 정치적, 사회적 불안 요인은 시장 발전을 저해하며 전통적인 거래의 비효율은 기업가정신 발휘를 더욱 어렵게 한다. 정책 및 제도가 마련되어 있어도 실제 운영에는 상당한 괴리가 발생한다. 약속된 인프라 건설의 지연, 약속된 정부 지원의 지연, 외환 부족 등으로 수출입에 어려움을 겪을 수도 있다. 절차상 예기치 못한 장애들이 언제든 발생할 수 있다.

따라서 지속적으로 정부 측과 핫라인을 유지하고 선행적으로 일을 처리할 수밖에 없다. 인·허가, 단지 관리 및 운영, 공장 설립, 노사관계, 인프라 건설 등 모든 분야의 활동에 정부 지원을 받을 수 있도록 해야 한다. 현지 정부와 한국 정부 간에 쌍무협정을 맺어 '무역자유지역'과 같은 특례법을 적용하도록 해서 산업단지의 효율을 높여야 경쟁력을 확보할 수 있다.

한국은 중국, 대만과 더불어 세계에서 가장 성공적인 경제 특구를 운영한 경험을 갖고 있다. 최근에는 인도, 베트남, 인도네시아, 말레이시아 등 여러 아시아 국가가 경제 특구를 운영하고 있다. 이 사례를 참고해서 현지 여건에 가장 효율적인 특구를 양국이 함께 설계한다. 특구는 지리적 제한을 두고 상대국의 특별기관이 통제하게 한다. 규제를 최소화하고 자율적인 생산 활동이 보장되어야 한다. 토지 이용에 대한 조치를 제공하고 공장 운영에 필요한 수자원, 전력, 통신 등 기본 인프라를 구축하면서 관세 및 행정절차를 간소화하고 투자와 관련된 여러 인센티브를 제공한다. 산업단지 인프라는 통합적으로 조성한다. 효율적인 IT 및 네트워크를 구축하고 특별 설비 증축이 가능하도록 해야 한다.

민간투자센터를 설립해 투자 절차를 간소화하는 방안도 모색한다. 산업단지별로 현지 정부나 한국 정부가 승인한 대기업이 합작 형태인 지주회사를 코스트 센터(Cost Center, Profit Center의 반대 개념으로 매출 이익의 생성 주체가 아닌 관리 등 비용 발생 주체)로 만들어 단지 인프라 운영 및 판매를 책임지게 한다. 단지가 원활하게 운영되도록 단지 내의 관리기관에 자율권을 부여하고 창구를 일원화하는 것이다. 특구는 초기 섬유·봉제와 같은 노동 집약의 단순 제조업으로 출발해 기계 조립, 전기 및 전자 조립분야 등으로 점진적으로 확대한다. 기본적으로 특구 운영의 원칙은 산업단지가 원가 경쟁력을 확보하도록 제반 인프라를 현지 제약조건에 구애받지 않게 구성할 것을 양국 정부가 합의한다.

입주 기업들에 대한 현지 정부의 역할이 분명하게 정리되어야 한다. 단지 부지, 인프라 및 공공부문은 기본적으로 현지 정부가 투자하고 입주 기업에 대한 세제 혜택 및 지원제도도 같이 운영한다. 단지 치안, 파견 인력의 신변 보호도 정부의 몫이다. 양국 정부 간에 이중과세 방지협정을 맺고 현지에 진출한 한국 기업에 대해서는 현지 정부의 과세권을 축소해 현지 진출을 적극 유도한다. 특히 인프라 사업은 사업 구상에서 착공까지 걸리는 시간이 보통 3년 정도인데 환경 영향평가에 많은 시간이 걸리므로 정부 간 협정으로 이 기간을 줄여줘서 생산성과 효율성을 높인다. 한국 기업의 현지 진출을 돕기 위해 현지 진출자금으로 현지 정부의 보증하에 한국 정부가 유상 차관을 제공할 수도 있다. 쌍무협정의 최근 사례를 보자.

2017년 일본과 사우디아라비아 정부는 '비전 2030'에 합의했다. 사우디아라비아에 설치되는 경제 특구에는 공장이나 연구기관 거점을 유치하며 외국인 투자 규제 완화, 세제 우대, 관세절차 간소화, 인프라 정비의 혜택이 주어진다. 자동차산업특구의 경우 공장 신설의 번잡한 절차를 줄이고 일본에서 반입하는 부품에 대한 관세를 없애는 것을 상정하고 있다. 전력망과 교육 시설 정비 등 공장의 근로 환경 개선도 검토하게 된다.

현지의 부정부패 등 현실적인 문제에 대한 위험 분산방안도 쌍무협정에 포함한다. 개발도상국의 공단 실패는 대부분 운영 실패에 있다. 공단을 총괄하는 정부기관의 비능률성과 부정부패, 전문 인력의 절대적 부족과 현지인의 무능력, 현지 금융기관의 부실로 인한 자금 조달 어려움 등이 가장 대표적인 실패 이유다. 현실적인 문제에 대한 위험 회피 시스템을 구축해 대응해야 한다. 자금 및 자원 관리는 정부나 현지인 기구에 맡기지 않고 별도 기구를 만들어 투명하게 파견 인력이 직접 관리하고 공개하는 시스템을 구축한다. 초기 3년간은 기술 인력과 관리 인력을 파견해 공단을 정상화시키고 직접 운영하면서 현지인을 일대일(맨투맨)로 가르치면서 시스템적으로 안착시켜주는 것이 중요하다.

맞춤형 산업단지는 현지 개발정책과 공조시킨다. 아프리카 국가 대부분이 5개년 단위로 경제 개발계획을 추진하고 있어 현지의 산업 유치 우선 업종과 진출 기업을 연결시키는 것을 원칙으로 한다. 세부적인 진출 업종 및 제품 선정은 국가별 타당성 조사를 통해 확정한다. 또한 현지 정부의 경제 개발계획과 연동된 차관 집행은 단지 투자와 우선적으로 공조시킨다.

현지 정부와 한국 정부 간에 쌍무협정을 맺어 3년 내 단지가 자생력을 갖추도록 공동 목표를 세우고 시설 비용 지원, 원부자재 현지 개발, 물류·통관·세제 지원, 현지 경제 개발계획과의 부합 공조는 물론, 정권 교체에 영향을 받지 않고 양국 간 협정이 준수되도록 양쪽 책임을 명확히 해야 한다. 한국 정부는 대기업과 중소기업이 연합하여 동반 진출하도록 묶어 주고 상대국과 국가 차원의 국책사업협정을 체결한다.

파견 인력 선정과 체제 비용 해결방안

3만 명이 일하는 대규모 산업단지를 운영하기 위해서는 현지인을 20~30명 단위로 밀착 관리할 수 있는 중간 관리자 풀이 절대적으로 필요하다. 안전 관리, 환경 관리, 노무 관리 등 내부 관리업무 실무자, 생산라인의 직·반·조장 등이 필요한데 이와 관련해 현지인이 중간 관리자로 육성되기까지 초기 3년 동안은 우리 청년 인력의 파견이 절대적이다. 또한 베이비 붐 세대인 기술 인력들은 해외 생활과 언어 문제가 가장 큰 약점이므로 영어를 구사하는 대졸 청년이 현지인 작업자와 한국 은퇴 기술 인력 간의 가교 역할을 해야 한다. 7(은퇴 기술 인력)대 3(대졸 청년)의 비율로 보내 은퇴 기술 인력을 보좌하게 한다.

급여는 정부와 기업이 공동으로 책정한다. 채용 형태는 해당 직무에 따라 최소 2~3년으로 하고 해외 근무 기간을 마친 인력은 국내 기업에서 가산점을 줘 채용한다. 본인 희망에 따라 제도적으로 현지 잔류 및 현지 창업을 지원할 수도 있다. 신흥 개도국의 어려운 환경 속에서 근무한 경험은 청년들에게 새로운 시야를 제공하며 한국에 돌아와서도 사회를 보는 긍정적인 에너지로 작용할 것이다.

청년 인력의 경우 국내에서 기초적인 관리자 교육을 3~5개월 동안 이수한다. 교육 기간 중에는 교육 수당을 지급하므로 실업자 상태에서 벗어날 수 있다. 정부가 인력을 인선하고 일부 대기업이 CSR 차원에서 교육을 대행할 수 있다.

기술 인력은 무작위 은퇴 인력이 아니라 먼저 생산 품목을 선정하고 해당 중소기업이 정해지면 그 기업의 현직 기술자나 퇴임한 인력을 다시 불러 현지로 보낸다. 은퇴 인력은 기본적으로 베이비 붐 세대를 주축으로 하고 명퇴자까지 포함해 모든 인력 대상으로 하되 업종에 따라 생산 제품별 유경험자를 선정한다. 급여는 체재비를 제외하고 한국과 동일한 수준을 원칙으로 한다.

고용노동부의 실업자 재취업 교육 예산을 활용해 파견 전 교육을 실시한다. 기술 인력은 간단한 언어, 현지 풍토와 문화, 현지 에티켓 교육을 묶어 2~3개월 출퇴근 교육을 시킨다. 현지 적응 문제를 최소화하기 위해 처벌규정도 상세하게 교육시킨다. 해외 주재원 파견 경험이 많은 대기업들의 연수 시설과 파견 전 교육 내용을 활용한다. 기술자들은 100퍼센트 기숙사 생활을 전제로 하고 생산라인에서 제품 생산에만 전력한다. 단지 운영이 안정된 3년차 이후부터는 베이비 붐 세대의 가정주부들을 투입해 지역 개발을 위한 봉사 활동을 대대적으로 전개한다. 특히 원부자재 개발과 연계해 부락단위로 새마을운동 전파에 참여시킨다.

가계 부채가 국가적인 과제임을 감안할 때 파견 인력 선발 시 선별적으로 채무를 조정해주는 방안도 검토한다. 도덕적 해이를 최소화시키기 위해서 파견 명분에 대한 국민적 공감이 절대적으로 필요하다. 요즘 학자금 대출로 인한 사회 문제가 심각하다. 25세인 청년 10명 중 4명은 빚진 채 사회에 첫발을 디딘다. 청년 부채는 원칙적으로 청년 개인의 책임이지만 충분한 일자리를 제공하지 못하는 사회에도 책임이 있다. 그래서 국가 차원의 대책이 필요하다. 대학생의 학자금 빚 부담을 덜어주는 사회적 합의가 필요한 때다. 해외 산업단지 공모에 참가한 학생은 해외 근무 기간과 현지 급여를 연계해 국가 차원의 채무 탕감 인센티브를 제공할 수 있다. 한국산업인력공단도 K—MOVE 사업을 주관하면서 청년들의 해외 취업을 알선하고 있지 않은가?

한국은 현재 세계 130여 개 최빈국 및 신흥 개도국을 대상으로 2조 6,000억 원의 공적개발원조를 제공하고 있다. 규모 면에서 앞서 있는 선진국과는 차별화된 원조 목적을 지향해야 한다. 원조 사업도 기업이 적극적으로 참여하지 않으면 지속할 수 없다. 한국국제협력단의 월드프렌즈코리아는 많은 청년에게 봉사 활동을 통해 개도국 현실을 체험할 기회를 제공하고 있다. 공적개발원조 영프로페셔널(YP)은 개발 협력분야에서 일하려는 청년들에게 징검다리 역할을 하고 있다. 특히 요즘 청년들은 신흥 개도국의 빈곤 해결과 인류의 복지 증진이라는 대의명분을 갖고 있는 공적개발원조 사업에 높은 관심을 보이고 있다.

산업단지 안정화 소요 기간

아프리카는 국제 사회가 빈곤 퇴치의 해법을 찾지 못하고 있는 지역이다. 기아 퇴치용 산업단지는 먼저 아프리카에서 시작해 중앙 아시아, 동남아시아, 중동 등으로 확대한다. 7년 내 30개 공단 조성 목표는 사하라 사막 이남의 아사 위기에 처한 900만 명의 인구를 구제하기 위한 최소한의 상징적인 수치다. 직접 고용에 의한 수혜 가족은 가족당 4.5명을 기준으로 할 때 450만 명, 원부자재 현지 개발과 연계한 연쇄 경제 효과로 수혜를 입는 가족은 500만 명에 이를 것으로 추산된다.

공단이 건설되기 전, 기아 가구당 1명씩 뽑아 최소 6개월~1년 전부터 작업자로 훈련시킨다. 교육 기간에도 이미 급여 일부가 지급되므로 교육생의 부양가족은 기아로부터 벗어날 수 있다. 3년 내 산업단지 30여 개 조성 계획을 확정하면 기아는 해결되는 것이다.

하지만 기아의 뿌리인 빈곤 퇴치는 현지에 경제 자립 관련 기초 체력이 구축되어야 가능하다. 현지 주민의 소득 증대에 기여할 원부자재 70퍼센트 현지화가 완료되는 데 추가 4년이 소요되므로 총 7년을 프로젝트 기간으로 보고 있다. 또한 생활필수품 300여 개를 생산하려면 150~200여 개의 중소기업 입주가 필요한데 100퍼센트 입주까지는 착공 후 7년 정도 시간이 걸릴 것으로 본다.

공동 팀의 사전 타당성 조사

단지 조성을 위한 입지 선정, 인프라 건설, 진출할 업종의 사업성 등 사전 타당성 조사는 단지 설계부터 공사 완료까지 3년이란 표준 기간 내의 시작점이다. 에티오피아 FS(Feasibility Study, 타당성 조사) 경험이 있는 도화엔지니어링 사례를 보면, 아프리카 지역의 실질적인 FS 소요 기간은 표준 기간인 3개월의 2배인 6개월이 소요된다. 국제기구, 진출 대상국 정부, 한국 정부의 공동 팀으로 구성하되 앵커 기업 후보인 한국 기업을 참여시킨다.

현지 사업 타당성 조사는 시장성을 감안한 적합업종, 원부자재 현지화에 유리한 제품, 현지 정부의 경제 개발계획에 따라 유치를 희망하는 산업, 현지 소비자의 생필품 우선순위 등을 세부적으로 현장 검증한다. 기존 FS가 정해진 품목으로 단지 인프라 조성에 주안점을 둔다면 생필품 단지 FS는 적합업종 및 생산 제품 선정에 주안점을 둔다. 일례로 에티오피아는 섬유 산업의 경쟁력이 높은데 인건비와 원부자재 비용 등이 중국의 30퍼센트 수준이라 역내에서 원가 경쟁력을 갖출 수 있다. 섬유 산업이 앵커 산업으로 될 수 있는 것이다. 비료, 석유화학, 재료, 금속, 시멘트, 알루미늄, 제철, 고무 등도 현지 수요가 상대적으로 큰 분야다. 특히 비료 산업은 거의 전무한 상태인데 향후 아프리카의 수요는 계속 늘어날 것으로 예상된다.

판로를 감안한 업종 선정이 최우선 조건이지만 진출 대상 국가의 정책 방향, 산업 현황, 기술 수준, 숙련 인력 보유 현황, 내수 시장의 시장성 등 다양한 분야에서 구체적인 조사가 필요하다.

생필품 단지의 경우 1차 목적이 기아 퇴치인 만큼 기아 인구 구제가 가장 시급한 지역과 국가가 우선순위가 되어야 한다. 단, 단지에 파견될 인력의 신변 안전 등을 감안해 안전성도 우선적으로 고려한다. 단지가 원가 경쟁력을 갖추려면 기본적으로 구매력과 인프라 비용을 감안해 부지를 선정하겠지만 특정국가만을 대상으로 할 경우 취지가 퇴색된다. 따라서 주변국에서 원부자재 납품과 완제품 판매가 용이하도록 국경에 위치한 도시를 원칙으로 한다. 단지 자체가 국가 간 교역을 증진시키고 평화 지대 역할까지 하는 것이다.

국경 지역에 위치한 산업단지 사례로는 태국과 미얀마 국경 지역의 매솟(Mae Sot) 경제 특구가 있다. 미얀마가 저임금 노동력을 제공하고 태국은 단지 인프라를 제공한다. 여기서 만든 부품을 인도차이나반도 각 나라에서 완제품으로 생산하는 구조다. 현지에서 지속적으로 소비가 일어나는 제품이나 수입량이 큰 제품의 제조 경로, 인접 시장의 잠재 수요도 고려할 요소다.

내륙국가 대부분은 물류 환경 때문에 산업 발전이 뒤처져 있다. 선진국이 수입하는 물품에서 차지하는 화물 운송료가 3퍼센트 내외인 반면 아프리카 내륙국 상당수는 10~20퍼센트를 넘어선다. 한국은 다행히 해양을 통한 무역과 개방성이 가능한 지리적 이점을 살렸기 때문에 무역입국이 가능했다. 내륙에 위치한 극빈국을 위해서는 내수 중심과 국경 중심의 산업단지 조성이 필요한 배경이다.

산업한류는 어디까지 와 있나?

'산업한류'는 글로벌 현장 경험을 가진 기업체 임원 100여 명이 주체가 되어 한국의 성장 기회를 글로벌 시장 관점에서 연구한 프로젝트다. 2015년 3월부터 공기업(LH, 한국전력 등), 대기업(현대, CJ, 삼성 등), 벤처기업, 중소기업 등의 임원 출신(전·현직), 교수, 자문단 등 각계 인사들과 함께 산업한류 테스크 포스를 구성하고 있다.

신흥 개도국을 중심으로 맞춤형 산업단지 진출의 국가 위험도, 국가 간 쌍무협정(경제 특구), 중국산 대비 원가 경쟁력 확보, 판로 확보, 생산성 확보, 투자 회수방안, 재원 조달방안, 시범단지 조성, 원부자재 현지화 등 전문분야별로 실효성을 검증하고 실무적으로 체계화시켜왔다. 유엔의 제프리 삭스 교수, 세계은행의 김용 총재, 국내 원로인 한승수 전 국무총리, 이홍구 전 국무총리, 진념 전 경제부총리, 김희중 대주교를 비롯해 이주영 국회의원, 임태희 전 대통령 비서실장 등 70여 명의 각계 인사들에게도 프로젝트를 알리고 국가 경영 차원의 고려 요소를 피드백 받았다. 특히 에티오피아 물라투 테쇼메 대통령은 직접 테스크 포스팀과 대구에서 미팅을 갖고 에티오피아를 파일럿국가로 선정해줄 것을 강력히 요청했다. 한국개발연구원(KDI) 교수진, 퇴임 전직 관료 등 개발 정책 경험이 있는 전문가들의 의견도 수렴해 프로젝트의 신뢰도를 높여왔다. 이진상 교수(총리실 산하 공적개발원조 심사위원)는 산업한류를 〈지속가능발전 목표하에서 아프리카 국가들과 한국의 경제 협력방안〉이라는 제목의 논문으로 작성했으며 세계은행 보에기레 이사는 산업한류 프로젝트를 〈아프리카 진출 시 우선 국가〉라는 보고서로 발표했다.

2015년 9월 유엔 총회에서는 '산업한류 프로젝트'가 빈곤 퇴치 의제로 지속가능발전목표에 채택되도록 양수길 한국 SDSN 대표를 통해 한국 정부에 건의한 바 있다. 또한 〈중앙일보〉는 산업한류 프로젝트를 국민에게 알리고자 창간 50주년 특집 기획 기사로(2015년 9월 20일자) 보도했다.

현재 산업한류 프로젝트는 국가 차원의 리더십을 찾지 못해 안타깝게 시간을 보내고 있다. 한국은 이미 리더십의 의지만 있으면 정부 주도로 개성공단, 창조경제혁신센터 등 국내 기업들을 융합한 범국가적 사업을 벌여온 경험이 있다. 개성공단 같은 산업단지가 왜 우리 동족에게만 필요하겠는가? 지구촌의 빈곤 문제를 한국의 산업화 경험을 활용해 해결하겠다는 비전은 한국 문제도 해결하고 지구촌도 살리는, 한국만이 국제 사회에 던질 수 있는 화두다. 국제 사회 속에서 한국의 새로운 역할이자 재도약의 길인 산업한류는 이 시대 한국에 주어진 소명이다. 그동안 현직 관료 및 많은 인사가 프로젝트에 적극 공감함에도 추진이 지연되고 있는 것은 특정 부처나 특정 기업이 혼자서 할 수 없는 범국민적 프로젝트의 성격 때문이다. 정부 부처 간 협업, 민관협업, 대기업과 중소기업의 협업, 청장년 협업이 필요하므로 이 모두를 통합할 수 있는 국가 리더십 의지가 관건이다. 경영학의 대가인 피터 드러커는 다음과 같이 말했다.

"어떤 일을 시작하기 전에 그 일이 가능한지, 아닌지를 검토하는

중앙일보 창간 50년 특집 아프리카에 희망을

"한국형 산업단지 30개 조성 … 청년·퇴직자 30만명 파견"

'지속가능발전목표(SDGs)'란 17개의 공통적 지향목표로 160개의 이행목표로 구성돼 있다. 사진 지난달 고 서울 프레스센터에서 열린 'UN2030지속가능발전목표2차 한국 콘퍼런스. [사진 SDSN코리아]

yunnie@joongang.co.kr

단순 원조 벗어나 홀로서기 지원
대기업의 인프라 구축 주도하고
중소기업 중심으로 생필품 생산
현지 인력 60만명 이상 고용 효과
국제사회 함께 나서면 성공 가능

사하라 남부 빈곤지역에서 우선 추진

지속가능발전목표(SDGs)란

성장·통합·환경 '세 토끼' 잡기 위한 유엔의 15년 계획

gaem@joongang.co.kr

새천년개발목표(MDGs)		지속가능발전목표(SDGs)

것은 중요하다. 그러나 더욱 중요한 것은 그것이 올바른 일인지, 아

닌지를 먼저 판단해야 한다."

선진국들의 일하는 방식은 대의명분이 있는 개념 틀을 먼저 제시

하고 협업과 혁신을 통해 구체적인 실행방안과 같은 세부적인 사항들을 보강해 나아간다. 대의명분이 있다면 탁상공론으로 실효성을 따지기에 앞서 실행방안에 지혜를 모으는 것이다. 우리 사회에 이런 협업 패러다임이 절실하게 필요한 때다.

산업한류를 지지하는 글로벌 인사

▌넬슨 만델라 전 남아프리카공화국 대통령

"지난 50년 동안 해결하지 못한 아프리카의 기아를 퇴치하려면 단순한 물자 지원이 아니라 한국의 새마을운동과 같이 아프리카 사람들의 자립정신 함양에 방점을 두고 기술을 전수할 수 있는 일거리를 제공해야 합니다. 의식 수준이 경제 수준을 결정합니다. 기업들은 교육에 힘써 주십시오. 내가 노벨 평화상 수상자가 아니라 아프리카 기아를 해결하는 개인, 기업, 국가 또는 단체가 진정한 노벨 평화상 감이라고 생각합니다."

넬슨 만델라 전 대통령은 2011년 11월 15일에 가진 필자와의 인터뷰에서 "과거 50년간 구호 활동이란 명분으로 아프리카에 행해졌던 원조형태의 지원들이 아프리카 사람들의 영혼을 빼앗고 자립의지를 훼손시켜 후손들에게까지 죄악이 되고 있다"라고 말했다. 그러면서 아프리카에 필요한 것은 물자 원조가 아니라 자립의지를 키워주는 교육이고 스스로 필요한 것을 생산하도록 기술을 전수하는 것이야말로 자립의지를 키우는 데 가장 효과적인 수단이라고 강조했다. 아울러 한국의 새마을운동은 국민에게 자립의지를 심어 주었다고 높게 평가하면서 아프리카에 진출해 있는 한국 기업들이 일자리를 많이 제공하는 노동 집약적인 경공업공단을 조성해주고, 특히 현지인 교육에 힘써 달라는 부탁을 잊지 않았다.

삼성전자는 넬슨 만델라 전 대통령의 요청으로 학교 시설은 물론이고 전기도 없는 시골 마을에 태양광으로 작동하는 인터넷 학교를 보급하기 시작했다. 40피트짜리 컨테이너를 개조해서 지붕에 태양광 패널을 얹고 인터넷을 연결해 이동식 학교를 만든 것이다. 1차 태양광 인터넷 학교는 넬슨 만델라 전 대통령의 고향인 쿠누에 설치했다(2015년 5월 송도에서 열린 '세계교육포럼' 때 최우수 실천 사례로 소개됨).

▮한승수 전 국무총리

"이 프로젝트가 정권에 관계없이 최소 15년에서 20년 이상 지속되도록 대기업과 중소기업 간에 협업을 시스템화해야 하고 중국을 견제하기 위해 제3국 협업체제도 필요합니다. 반기문 (당시) 총장이 자신의 임기 시작에 맞춰 본 프로젝트를 추진했더라면 가장 적기였을 것이나 이미 시간이 없기 때문에 일단 시작은 하되 차기 총장이 이어받아 추진하도록 다리를 놓아주는 게 중요할 듯합니다."

▌이홍구 전 국무총리

"(당시) 박 대통령께서 유엔 총회를 방문했을 때 반기문 (당시) 총장과 함께 신흥 개도국에 대한 새마을운동 확산 지원을 선언하신 바, 본 프로젝트가 새마을운동을 구체적으로 확산시킬 수 있는 실천방안이 될 수 있습니다. 또한 국내 경제의 문제 해결과도 연결되므로 정부 측에 적극적으로 제안해야 합니다."

▌진념 전 경제부총리

"뉴 프런티어 프로젝트입니다. 하지만 7년 안에 30개 공단을 한꺼번에 추진하는 건 무모한 계획으로 보일 수도 있습니다. 국제 사회에 선언한 이후 실행하지 못하면 국가의 신용도에 손상이 있을 수 있으니 먼저 에티오피아 등 안정적인 나라에 2~3개 시범공단을 추진해 성과를 내고 나서 점차 국제 사회를 동참시키는 게 좋겠습니다."

▌김희중 대주교

"아프리카 산업화를 지원하면서 한국이 산업화로 겪은 농촌 경제의 피폐 문제 등을 사전에 고려해 부작용을 최소화해주십시오. 현지인에 대해서는 기술 교육뿐만 아니라 인성 교육을 많이 시키는 것이 중요합니다. 바티칸 카리타스의 빈곤 퇴치 사업과 연계하는 것도 필요할 것 같습니다."

▌그라사 마셸(넬슨 만델라 전 대통령 부인)

"헝거 제로(Hunger Zero) 공단 프로젝트는 지구촌 기아를 없애자는 숭고한 뜻이 있으니 한국 국민으로만 한정하지 말고 세계 시민들이 동참하도록 글로벌 홍보 전략도 같이 추진하면 좋겠습니다."

▌제프리 삭스 컬럼비아대 교수

"한국의 차별화된 경제 개발 경험을 신흥 개도국에 전수해 기아 퇴치는 물론 경제 자립의 기초를 조성할 수 있는 프로젝트입니다. 중국의 아프리카공단을 벤치마킹하여 보완점을 찾아 추진하면 좋겠습니다. 저도 한국 정부가 프로젝트를 추진하면 국제 사회의 지지를 얻을 수 있도록 정치적 역할을 다하겠습니다."

▌물라투 테쇼메 에티오피아 대통령

"공단의 생산 품목은 2016년부터 시작되는 에티오피아 제2차 경제 개발 5개년 계획과 맞출 수 있으면 좋겠습니다. 유엔의 역할을 구체적으로 적시해준다면 에티오피아 정부가 직접 나서서 유엔에 협력을 요청하겠습니다."

물라투 테쇼메 대통령은 2015년 대구에서 열린 제7차 세계 물 포럼 때 아디스아바바에 섬유를 앵커업종으로 한 생필품공단 조성을 다시 한 번 요청했다. 2013년 6월 에티오피아 정부와 삼성 사이에 체결한 '아이티 파크(IT Park) 투자 양해각서'에 대한 후속 조치로 공단 설립을 적극 요청한 것이다.

▌산업한류의 테스크 포스에 참여하신 분들

김영균, 백승도, 정태진, 김주현, 김재현, 한수길, 임오규, 권경적, 신명윤, 김태형, 정민규, 신진욱, 하승윤, 박동익, 이준혁, 이정주, 박영호, 김세현, 윤범기, 김도일, 임제규, 김형환, 박일섭, 임문홍, 손영록, 김병삼, 신경애, 송기웅, 고형일, 이문수, 백현주, 오세주, 김혁동, 김태경, 김범희, 지송환, 김영곤, 정원희, 김홍일, 김경만, 박병준, 박수옥, 권오형, 이상기, 김완태, 김경일, 김상학, 김서준, 김명주, 주명룡, 이제훈, 강홍태, 장준석, 임기언, 박기출, 김철형, 김대호, 김선우, 문규출, 남보경, 김형기, 송창현, 전승원, 고광욱, 이기석, 문현문, 김대희, 지창진, 박노경, 김지혜, 박노섭, 박종갑, 손용, 손종익, 신종갑, 엄상수, 윤상욱, 전창수, 정대영, 조명수, 이의섭, 최익석, 권영태, 김남규, 김상태, 박성준, 김익겸, 구범준, 박세빈, 편보현, 비레이(세계은행), 데이비드(세계은행), 디바바(에티오피아 대사), 메스핀(에티오피아공사), 티에리(남아프리카공화국), 테데우스(에티오피아), 보에기레(유엔 SDSN)

▎산업한류 검증에 도움을 주신 분들

- 관계: 한승수, 이홍구, 진념, 김용, 양수길, 박준우, 유명한, 신용환, 김중근, 오영주, 안충영, 권오규, 이승철, 라종일, 오준, 함영준, 한충희, 이일형, 심윤종, 현정화, 김일수
- 정계: 이주영, 김세연, 이재영, 권영진, 오세정, 임태희, 최문순
- 학계: 정구현, 김영배, 최병일, 정무관, 제프리 삭스, 김부열, 최외출, 이진상, 곽수근, 이계우
- 재계: 최지성, 곽영훈, 이계안, 박상진, 김신, 박근희, 반기호, 전병조
- 언론계: 정규제, 남윤호, 권용국, 김민철, 이하경
- 종교계: 김희중

대한민국의 지구촌 허브 전략

산업한류혁명

제1판 1쇄 인쇄 | 2018년 2월 22일
제1판 1쇄 발행 | 2018년 2월 28일

지은이 | 박광기 외
펴낸이 | 한경준
펴낸곳 | 한국경제신문 한경BP
편집주간 | 전준석
외주편집 | 전용준
기획 | 유능한
저작권 | 백상아
홍보 | 남영란 · 조아라
마케팅 | 배한일 · 김규형
디자인 | 김홍신

주소 | 서울특별시 중구 청파로 463
기획출판팀 | 02-3604-553~6
영업마케팅팀 | 02-3604-595, 583 FAX | 02-3604-599
H | http://bp.hankyung.com   E | bp@hankyung.com
T | @hankbp   F | www.facebook.com/hankyungbp
등록 | 제 2-315(1967. 5. 15)

ISBN   978-89-475-4319-4   03320